中央大学社会科学研究所研究叢書……25

グローバル化のなかの企業文化

国際比較調査から

石川　晃弘
佐々木　正道　編著
白石　利政
ニコライ・ドリャフロフ

中央大学出版部

はしがき

　日本でも他の国ぐにでも，経済発展の過程で先進「欧米」型の経営様式や労働編成がスタンダードなものとして受け止められ，それにそって経営学のテキストが書かれ経営教育が組まれてきた。しかし現実にはそれぞれの国の企業はその国に根ざした価値，規範，慣行に沿った経営・組織・労働の様式を発達させ，非「欧米」的な独自の企業文化を築いてきた。また「欧米」型にしても，国による違いがあることが明らかになってきた。事実，それぞれの国で各企業はその文化に準拠した行動をとり，従業員を動機付けてきたといえる。市場における秩序も社内における調和も，その文化の下で成り立っていた。

　ところが現在，経済活動と市場競争は国境を越えて展開し，外国投資と国際労働移動が活発化し，国際ジョイントビジネスが日常化している。その下で各地の伝統的な企業文化は変容を余儀なくされ，新しい企業文化への脱皮，あるいは企業文化の再構築が要請されてきている。そしてその過渡期に企業文化の空洞化，その下での企業行動の無規制化と社会的逸脱が生じているかにみえる。この文脈でいま，企業の社会的責任と労働生活のありかたに関する再考が求められている。

　このような問題意識から，われわれは中央大学社会科学研究所「現代企業文化の国際比較」研究チーム（幹事，佐々木正道），労働調査協議会「仕事と企業文化」研究チーム（主査，白石利政），モスクワ国立大学心理学部「国際企業文化研究所」（主査，ニコライ・ドリャフロフ）の三者協力で国際共同調査研究を発足させた。その準備は2004年に始まり，調査は2007年から2008年にかけて実施され，そしてその総括として今年，まずモスクワの出版社「ナウカ」からロシア語と英語版で『企業文化―世界およびロシアにおけるその発展の諸問題と諸傾向―』が刊行され，そしていま，新たな編集方針の下に日本語版の本書が出版されることとなった。

　本書には外国人執筆者の章が多く含まれている。その日本語訳にあたって

音については人名・地名等の固有名詞では「ヴ」系統で表し，普通名詞で日本語化しているものについては「ブ」系統で記した．

　本書の刊行にあたり，この国際共同調査研究プロジェクトに参加した各国の同僚諸氏，日本での調査を実際に担ってくれた労働調査協議会のスタッフ，調査に協力してくださった企業や労働組合の関係者，研究の場を提供してくれた中央大学社会科学研究所とその事務担当者の鈴木真子さん，煩瑣な出版作業をお引受けくださった中央大学出版部とその編集担当者の長谷川水奈さんに，謝意を伝えたい．

2011 年 9 月

編者一同

目　　次

　　はしがき

序　論　理論的背景
　　　　　　　　　　　　　　　　　　　佐々木正道

序　章　研究の意図
　　　　　　　　　　　　　　石川晃弘，佐々木正道
　　　　　　　　　　白石利政，ニコライ・ドリャフロフ
　1．企業文化への関心……………………………………11
　2．問題の背景……………………………………………12
　3．研究の課題と方法……………………………………14
　4．本書の構成……………………………………………16

第1部　企業文化・企業の社会的責任・労働生活の質

第1章　企業の社会的責任と企業文化
　　　　　　　　　　　　　　　　　　　石川晃弘
　1．3つの「企業の社会的責任」観……………………21
　2．「企業の社会的責任」行動の測定…………………22
　3．企業文化の測定………………………………………25
　4．文化類型と社会的責任行動との関係………………28
　5．国際比較………………………………………………30
　6．労働組合に対する責任………………………………34
　7．総　　括………………………………………………36

第2章　企業統治と従業員の職場生活
——国際比較——

白石利政

1．問題の提起………………………………………………………39
2．従業員からみた企業統治の現状………………………………41
3．職場生活の現状…………………………………………………43
4．企業統治の背景…………………………………………………51
5．まとめにかえて…………………………………………………55

第3章　生活時間構造からみた日本的ワーク・ライフ・バランス問題

小林良暢

1．ワーク・ライフ・バランスをめぐる近年の動向……………57
2．なぜ日本人の生活に"ゆとり"がないのか…………………58
3．「休息時間」なくして「ワーク・ライフ・バランス」なし…………61
4．頓挫した日本版「ワーク・ライフ・バランス」……………63
5．「インターバル制度」と生活リズム改革………………………65

第4章　個人的・組織的諸要因の予測変数としての企業の社会的責任
——エストニアと日本の比較分析から——

ユッレ・ユビウス
ルート・アラス

1．前提的考察………………………………………………………69
2．一般的命題と分析素材…………………………………………76
3．分析結果…………………………………………………………77
4．結　　論…………………………………………………………85

第5章　企業文化と職務満足
　　　　――ベルギーにおける調査から――
　　　　　　　　　　　　　　　　ジョセリーヌ・ロベール
　　　　　　　　　　　　　　　　アイグル・アスファロヴァ
　1．本章の構成と企業文化の定義……………………………………93
　2．2005年調査と2007年調査から…………………………………94
　3．2008年調査から…………………………………………………101
　4．結　　論…………………………………………………………106

第6章　企業文化・職務満足・経済効果
　　　　――国際比較分析から――
　　　　　　　　　　　　　　　　ヴラヂミール・ダヴィデンコ
　　　　　　　　　　　　　　　　エヴゲニイ・ガイダルジ
　　　　　　　　　　　　　　　　エレナ・アンドリアノヴァ
　1．研究の目的と調査対象…………………………………………109
　2．企業内諸関係と職場風土………………………………………110
　3．企業文化の類型構成……………………………………………114
　4．職務満足と企業文化……………………………………………119
　5．結びに代えて……………………………………………………121

第2部　北欧における企業文化の動態

第7章　企業行動の変容と企業の社会的責任
　　　　　　　　　　　　　　　　　　　　エルッキ・アスプ
　1．問題の提起………………………………………………………125
　2．経営文化の変化と企業の社会的責任…………………………126
　3．外国移転企業の例………………………………………………129
　4．労働生活の文化――変化と持続………………………………130

第8章　信頼資本の変化
──グローバル化はなにをもたらすか──
ヴェリ・マッティ・アウティオ

1．グローバル化と企業文化 …………………………………………135
2．社会資本の変動部分としての信頼資本 …………………………137
3．グローバル化とローカル・レベルの不信 ………………………139
4．フィンランド企業の事例 …………………………………………142
5．結　　論 ……………………………………………………………146

第9章　グローバル圧力下のスウェーデン・モデル
──企業文化・労働市場・非定型雇用──
シモン・フライマン

1．研究の課題 …………………………………………………………149
2．スウェーデン・モデルと労働市場の組織化 ……………………150
3．非定型雇用──その定義と問題点 ………………………………153
4．パートタイム就労──それは女性に対する罠か，
　　ワーク・ライフ・バランスへの道か？ ………………………154
5．一時派遣就労──それは不安定就労か，正規就労への踏み台か？
　　……………………………………………………………………157
6．結　　論 ……………………………………………………………159

第3部　中欧における企業文化の動態

第10章　国際比較からみたチェコとスロヴァキアの企業文化
パヴェル・クハシュ

1．研究の背景と調査の方法 …………………………………………165
2．従業員と企業の相互評価 …………………………………………167

3．従業員による経営行為の評価——因子分析結果 …………………170
　　4．結　　論 ………………………………………………………………176

第11章　スロヴァキアにおける企業文化の変化と労働生活

モニカ・チャンバーリコヴァー
モニカ・チャンバーリコヴァー（ジュニア）

　　1．国民経済の状況 ………………………………………………………179
　　2．企業文化への関心 ……………………………………………………182
　　3．経営者の関心と態度 …………………………………………………183
　　4．企業文化変動下の労働生活 …………………………………………186
　　5．スロヴァキアの労働生活——その特徴と変動パターン …………192
　　6．結　　論 ………………………………………………………………196

第12章　独立変数としての企業文化
　　　　　——ポーランド製造業の管理者調査から——

ピオトル・ホムチンスキ

　　1．企業文化の先行研究 …………………………………………………199
　　2．研究の方法 ……………………………………………………………201
　　3．調 査 結 果 ……………………………………………………………205
　　4．結　　論 ………………………………………………………………210
　　5．終わりに ………………………………………………………………211

第13章　転換期ポーランドにおける外資系企業の信頼文化
　　　　　——理論と実践——

ゾフィア・ルンメル＝シスカ

　　1．信頼文化の今日的意義 ………………………………………………215
　　2．信頼の古典的言説と現代的定義 ……………………………………217

3．信頼文化構築の実践的取り組み ……………………………………222
　4．結　　　論 ……………………………………………………………235

第4部　ロシアにおける企業文化の動態

第14章　国際ビジネスにおける信頼と倫理
　　　　　──ロシアの特殊性──

リュドミラ・シモノヴァ

　1．経済のグローバル化とビジネス倫理の要請 ……………………239
　2．ロシアの問題 ………………………………………………………240
　3．国際ジョイント・ベンチャーにおける信頼の意義 ……………242
　4．結　　　論 …………………………………………………………244

第15章　企業文化のロシア的特性
　　　　　──ホフステードのパラメーターによる
　　　　　　比較分析から──

グルナラ・ロマシュキナ

　1．比較研究の視点 ……………………………………………………247
　2．先行研究にみるロシア人の心的傾向 ……………………………248
　3．調査の対象地域 ……………………………………………………254
　4．分析の方法と発見 …………………………………………………256

第16章　プロフェショナル文化の形成における
　　　　　企業文化の位置と役割
　　　　　──ロシアの経験に即して──

ニコライ・ドリャフロフ
アンナ・カレーキナ

　1．問題の提起 …………………………………………………………265

2．プロフェショナル文化の構造 …………………………………266
3．労働主体とプロフェショナル文化 ……………………………268
4．プロフェショナル文化と外部環境 ……………………………270
5．企業文化とプロフェショナル文化 ……………………………271
6．結　　　び ………………………………………………………272

第5部　中国における企業文化の動態

第17章　中国型企業文化の意義と特徴
張　世　忠

1．中国型企業文化の意義 …………………………………………277
2．企業成長における企業文化の作用 ……………………………278
3．中国型企業文化の特徴 …………………………………………280
4．中国型企業文化のモデル事例 …………………………………283
5．結びに代えて ……………………………………………………284

第18章　中国私有化企業の企業文化
――中国東北地域の製造加工業調査から――
北　　　蕾

1．問題の背景と本章の課題 ………………………………………285
2．データ源と調査対象の属性 ……………………………………287
3．人事管理の諸制度 ………………………………………………288
4．従業員の仕事観と会社観 ………………………………………297
5．労　働　組　合 …………………………………………………302
6．総　　　括 ………………………………………………………310

補章1　国際共同調査結果概要(1)
　　　　──企業文化と企業の社会的責任──
　　　　　　　　　　　　　　　　　　　　　　石川晃弘

　1．はじめに ……………………………………………………313
　2．企業文化の類型とその国際比較 …………………………314
　3．企業の社会的責任に関する国際比較 ……………………320
　4．要約と含意 …………………………………………………324

補章2　国際共同調査結果概要(2)
　　　　──労働生活──
　　　　　　　　　　　　　　　　　　　　　　小熊　信

　1．はじめに ……………………………………………………325
　2．仕事についての満足度 ……………………………………326
　3．職業生活における会社の位置 ……………………………332
　4．理想的な仕事にとって重要なもの ………………………338
　5．結びに代えて ………………………………………………340

付録　調査票（和文・英文）

Summary

序　論
理 論 的 背 景

佐々木正道

　組織文化（ここでは，企業文化を主に対象とする）に関して，"culture of factory"という用語が1952年にジャック（Jaques 1952）によって，また"organizational culture"は1957年にセルズニック（Selznick 1957）によって使われ始めた。しかし組織文化の社会化のプロセスについては若干関心が向けられたものの，文化の力に対する組織論への関心は1960年代後半から1970年代にかけて後退した[1]。そして組織文化に対する関心が復活したのは，1980年代になって"日本的経営"（Ouchi 1981; Pascale & Athos 1981）が脚光を浴び著書，雑誌，専門誌などで取り上げられるようになってからであり，主な研究書としてPeters & Waterman 1982; Van Maanen & Barley 1984; Siehl & Martin 1984等が続いて発表された（Ott 1989）。
　その後も組織文化への関心はいくつかの要因によって引き起こされた。第1にビジネススクールの研究者や企業コンサルタントが，しだいに巨大企業のグローバル化によって生じるコーディネーションの課題と今までの組織構造の調整の仕方に組織文化が挑戦することに関心を持ったこと，第2に組織のパフォーマンスの程度は特徴的文化のタイプによって説明ができる。つまり組織内に浸透する価値観によって特色づけられる強い組織文化が企業の業績に寄与すること（Kotter & Hesket 1992; キャメロンとクイン 2009），第3に組織文化は早急かつ簡単には競争相手に真似ができない点から，特徴的組織文化が長期間の競争において利点を持っていること，第4に企業の組織構造と戦略の研究に

ついて，狭義の"合理的分析"アプローチを否定することである（Goffee & Jones 2001）。

組織文化の定義は文化そのものの定義が160以上あるといわれるように（Kroeber & Kluckhorn 1952）多種多様である（組織文化の定義の多次元化についてはオット（Ott 1989）の"Appendix to Chapter 3"と飯田（2000）を参照のこと）。それは組織文化が国（社会）の文化，テクノロジー，市場，競争そして組織の創設・創業者または創設・創業初期の強力なリーダーの性格特性などを含む多くの要素によって形成され，組織間において差がみられるからである。

その組織文化は総体的に捉えることが必要といわれているが，組織文化を構成する多くの要素が取り上げられ主張された[2]。その理由の1つとして，組織文化は扱う範囲がきわめて広いことがあげられる。しかし研究するうえで焦点を絞らざるをえず，そのなかでもとくに重視される要素として，たとえばピーターズとウォーターマン（Peters & Waterman 1982）が価値観について，アレンやキルマンとサックストン（Allen 1986; Kilmann & Saxton 1983）が規範について，サピエンザ（Sapienza 1985）が信念，そしてシェイン（Schein 2010 (1985)）が前提条件（assumptions）に焦点を当て研究を行った（Sackmann 1991 and 2001）。

その組織文化の特徴については研究者の間で多様に論じられているが，いくつかにまとめることができる。

① それぞれの組織でユニークである。キルマンら（Kilmann, Saxton & Associates 1985）によると，「組織にとっての文化は個人にとってのパーソナリティーである。」と述べている（p.ix）。またオット（Ott 1989）は「人々の性格特性のようにそれぞれの組織は思考し，感じ，そして行動するユニークな特色を持つ。」と述べている（p.41）。

② 価値観，信念，前提条件，認知，人工物（artifacts）[3]，行動パターンによって形成され[4]，経営スタイル，リーダーシップスタイル，意思決定の仕方，コミュニケーションの取り方，仕事の進め方，日常業務，成功の定義，問題

解決のアプローチの方法などに影響を与える（Gancel, Rodgers & Raynaud 2002）。
③組織活動の背後にある社会的に構築された（Berger & Luckman, 1966; Holzner & Marx 1979; Sackmann 1991）組織の内部者にしかわからない力である。しかも自文化を中心においた感情が反映され，組織文化の力はわれわれの認知が及ばないところで作用する（キャメロンとクイン 2009）。また組織文化は組織の内部者によって共有される独自の言葉や意味あるいは組織を象徴するシンボルなどによってつくり出される集合的に定義づけられたダイナミックなリアリティーであり，維持および継承される。そして帰属意識と安定感と方向性を組織の内部者に与え，社会的現実認識を共有することによって曖昧さを減らし，人的コミットメントを増大させる一方，過度に同調する行動や不適応な態度そして組織の硬直化を引き起こす（Ott 1989; Alvesson & Sveningsson 2008）。また，キャメロンとクインは「組織文化はその組織で実際に起きていることの鏡像であり，そこで働く人々の頭のなかにある支配的な価値観や考え方を反映したものである。組織文化は組織メンバーの一体感を強め，組織のなかでうまくやっていくための暗黙のガイドラインとなり，社員が属する"社会システム"を安定的なものにする。」と述べている（キャメロンとクイン 2009: 41）。この意味で儀礼や儀式[5]は成員に組織における安定と意味とアイデンティティを確立する一方，後述⑤の制御のメカニズムとしても機能する（Bernstein 1975; Popkewitz 1982）。
④組織の内部者を仕事に駆り立てる社会的エネルギーである（Kilmann, Saxton & Associates 1985）。
⑤組織の制御メカニズムとして機能し，許容されるビジネスについての行動のフレームワークを提供する（Martin & Siehl 1983; Ott 1989）。つまり組織の内部者は公式のルール，権威，規範，信念と前提条件にコントロールされ（Ott 1989），道徳的倫理的コードならびに制御された行動パターンを持ち，組織での行動を正当化する。しかしオット（Ott 1989）によると

組織文化の見方として，組織の内部者は公式のルール，権威，合理的行動による制約よりもむしろ文化規範，価値観，信念，前提条件による制御をよしとする傾向があるとし，組織が困難な状況においてどのように行動するかは，組織文化の基本的前提条件のパターンを知る必要があると述べている。

⑥それぞれの組織において文化に強弱がある。コッターとヘスケット（Kotter & Heskett 1992）によると組織文化の強弱は組織によって異なり，強い組織文化はとくに競争の激しい環境下で業績にプラスに働き，従業員にハイレベルの動機を与え，時として確固たる共有の価値観と行動をつくり，企業で働く上での満足感を与え，企業に対するコミットメントまたは忠誠心が仕事への意欲を高める[6]。そして，逆も真なりと主張している（この議論については Schein 2010（1985）を参照のこと）。しかしとくにその生産性との関係が明らかにされておらず（Ott 1989; Wilkins 1983），これは組織文化の定義が定まらないことと生産性の指標が明確でないことにもよる。また強い組織文化（詳細については Deal & Kennedy 1982 を参照のこと）は成員の行動を制御し，場合によっては環境変化への適応に必要な組織の変革を阻害する。

それまで漠然と捉えられてきた組織文化[7]を分析し理解するためには，組織の内部者の行動レベルを深層まで調べなければならないとして，シェイン（Schein 2010（1985））は組織文化を相互関係を持つ3つのレベル（上，中，下層）に分けるモデルを構築し，組織文化の研究分野に影響を与えた。この分類（各レベルの項目と論文は Ott（1989: 63-66）を参照のこと）は，組織文化の分析に使用され，また組織文化の変革の研究にとって有効とみなされた。第1レベル（上層）は視聴可能な組織がつくり出す諸々の人工物である。サーシ（Sathe 1985）は次の第2レベル（中層）を理解することなしには第1レベルの組織構造と過程を理解するのは難しいと述べている。第2レベルは第1レベルを基礎として目的，標榜されている信念，価値観，イデオロギー，向上心，合理化（rationalization) 等である。サーシ (Sathe 1985) によるとこのレベルでは，人々が自分たちの言動についてどのようにコミュニケーションし，説明し，合理化し，正当化するかを示す。第3レベル（下層）は最下層であり，第2レベルを基礎として基本的に根付いている前提条件つまり事実認識（社会構築主義 (Berger & Luckmann 1966) による），行動，考え方，感情を決定する無意識の自明視される信念と価値観である。

また，組織文化は"4象限シンドローム"と称される理念型として，ディール・ケネディーモデル，ハリソン・ハンディモデル，ハンプデン・ターナーモデル等に分類され (Hampden-Turner 1990)，1993年にはフェイセー (Pheysey 1993) が文化を次の4タイプに分けた。タイプ1．役割文化 (role culture) ――種々の期待または予期したこと (expectations) に応えることを強調する文化。これは政府機関の部署や大企業にみられる。目的を遂行するための合理的手段に制約され，明確に定義づけられた仕事を効率的に遂行するタイプである。タイプ2．達成文化 (achievement culture) ――規則に同調するより仕事そのものを達成することに焦点を当てる伝統的でローカルな比較的小規模の企業とか，コンサルタント会社や研究所にみられる。経営者と従業員との身分格差は少なく，仕事に喜びを見出し，共同で問題解決にあたる。タイプ3．パワー文化 (power culture) ――主従関係において権力が極端にアンバランスな組織である。そのため秩序が制約され比較的安定している。最良の場合は正義と家父長的な面倒見の良さによって強力なリーダーシップが発揮されるが，最悪の場合は恐怖を伴う規則によって成り立つ。タイプ4．支持文化 (supportive culture) ――これは組織のメンバーの参加型経営であり，場合によっては広く各種の労働者の代表を委員として決定に参加させ，彼らの帰属意識と満足度は高い。フェイセーはホーフステッド (Hofstede 1980) の国民文化としての4タイプが組織にも当て嵌まると述べている。つまり個人主義 (individualism) が達成文化に，女性らしさ (feminity) が支持文化に，権力の格差 (power distance) がパワー文化に，そして不確実性の回避 (uncertainty avoidance) が役割文化に対応するとしている。

また，2006年にはキャメロンとクインは企業文化を"官僚文化"，"マーケット文化"，"家族文化，""イノベーション文化"に分類している（キャメロンとクイン 2009）。官僚文化はウエーバーの官僚制度に基づくもので，組織の目的を達成するのにきわめて有効とみなされてきた。マーケット文化とは中央集権によって維持される官僚文化と異なり，主に経済市場のメカニズムや通貨取引に従う，つまり「競争上の優位性をつくり出すために他の組織と取引（交換，販売，契約）を実施することである。」（p.58）。家族文化（The Clan Culture）とは日本的経営にみられるように「チームワークや社員の事業活動への深い関わりであり，また企業側の社員に対するコミットメントである。」（p.60）。イノベーション文化（The Adhocracy Culture）とは「不確実性が高く，しかも実態がよくわからず曖昧さが残り，かつ情報が多すぎるという状況が典型的にみられるような場合に，適応性，柔軟性，創造性を促進する。」（p.63）文化である。そしてキャメロンとクインは企業文化はダイナミックな環境の変化に対しては変革を余儀なくされるとして，これら4つの文化の型を用いて組織変革について論じた。そこでは，「組織の業績改善が組織文化の変革に大きく依存している理由は，たとえ業務の手順と戦略が変わったとしても，組織の価値観，方針，定義，目標が変わらない場合は，組織が現状維持に簡単に逆戻りしてしまうからである。」と述べている（p.35）。

　国際社会におけるビジネス環境は諸次元でグローバル化している。グローバル化は進歩のシンボルであり，急速な経済的発展と統合の証拠であり，発展途上国の生活レベルの向上の証拠とみなされている。他方，グローバル化はアイデンティティと伝統への脅威であり，西洋諸国とりわけ北アメリカの多国籍企業による新たな経済的覇権であるとみなされている。そのグローバル化の進展により世界中において企業買収（acquisition），合併（merger）提携（alliance）が増加し，1990年代以降，多数の企業が企業文化の課題に真剣に取り組まなければならないことになった。そして組織の統合のための既存の公式なメカニズムに対する依存が弱まってきている現在，企業文化は"接着剤"としてその

重要性が高まってきている（Evans 1996; Goffee & Jones 2001）。

　文化の統合については国（社会）の文化や宗教的信条の領域では難しい。また個人のレベルではある程度可能だが集合体のレベルでは，技術または経済の統合の速度でもって統合することは難しく，この速度の相違が種々の問題を引き起こしている。しかし企業文化の相違を明確にしてオープンにし，それぞれの文化をつなぐ（bridging）ことによって国家間の異なる企業文化が収斂する基軸を形成することが可能となる。企業が提携または合併する場合に，集団としての企業の統一を図るためどのような文化を形成すべきかについては，ギャンセルらはもっとも望ましい企業文化とは，外的脅威に対して効果的かつ適切に対応できる文化であると述べている（Gancel, Rodgers & Raynaud 2002）。

　少子高齢化で国内市場が縮小する日本では，企業は成長の見込まれる海外市場に活路を見出していかなければならない。これまで日本企業の多くは独自の企業文化を重視してきたが，今後は多国籍多文化の環境での企業文化に適応，またはそれを形成する必要が生じてくる。もはや大企業だけでなく中小企業もグローバルな経営に軸足を移しているビジネス環境においては，進出先の国（社会）の文化と企業文化への理解なくしては今後の企業の生き残りと発展はないといえる。そして，このことはグローバル化した世界の共通の認識であろう。

1) キャメロンとクインは「組織文化が組織のパフォーマンスを説明するための重要な要因として扱われなかったのは，組織文化の組織に関わる人々の価値観や基本的前提，期待，記憶，定義を含んでいるので，組織文化はその組織にとって当たり前すぎたからである。」（キャメロンとクイン 2009：41）。キャメロンはさらに「人は自らの組織文化が脅威にさらされたり，違う組織文化を経験したり，フレームワークやモデルなどを通じて自らの組織文化がみえるようになるまで，自分自身の組織文化に気づかないものである。これが長い間，組織のマネージャーと学者が組織文化を無視してきた理由だ。」とも述べている（キャメロンとクイン 2009：41-42）。
2) 組織文化の要素として73の語句が58の種々の著書や専門誌で使用されている（Ott 1989）。
3) ここでは組織において創造された視聴覚項目を含む有形，無形のすべてのもの，

例として建物構造，部屋の配置，テクノロジー，ヒーロー，物語，ルール，慣行，行動，文書や口頭による言葉，行動規範などを指す（詳しくは Ott（1989：63-64）を参照のこと）。しかし研究者によってはこれらのなかから視聴覚項目を除外する（Alvesson & Sveningsson（2008）など）。
4）梅澤（2004）は，組織文化を視聴覚文化，観念文化，制度文化，行動文化に分類している。
5）儀式・儀礼としては会議や社内行事などがある。
6）また彼らによると日米の有能な経営者は，強い企業文化を形成し共有し維持していると述べている。
7）アルベソンとスベニングソン（Alvesson & Sveningsson 2008）によると組織文化の研究分野の問題は文化概念の潜在的価値は表面的に捉えられているとし，組織文化の特徴は組織のなかの生活を深く理解するよりスローガンとして，また切望する考えとファンタジーとしてしばしば用いられている。たとえば「わが社は顧客を重視します」「わが社は従業員を大切にし，彼らは貴重な人的財産です」「わが社は変革を良しとします」等である。これは曖昧で表層的表現である。これらは意味する場合と無意味な場合があるため，組織文化は把握することが難しい。時としてそれを理解するためにはある程度の想像力と創造力が必要となる。組織文化の分析の次元は人々，関係，意味と感情などに焦点を当てた生きた経験が中心となり，場合によってはシステム構造は2次的とみなされる。

参 考 文 献

飯田史彦，2000，「研究ノート―企業文化とは何か」梅澤正・上野征洋（編）『企業文化論を学ぶ人のために』世界思想社。

梅澤正，2004，『組織文化，経営文化，企業文化』同文舘。

キャメロン，キム S.・ロバート E. クイン，（中嶋豊監訳）2009，『組織文化を変える』ファーストプレス。

Allen, R. F., 1986, "Four Phases for Bringing About Cultural Change", in R. H. Kilmann, Mary Saxton, R. Serpa & Asociates, *Gaining control of the Corporate Culture*, San Francisco, Jossey-Bass.

Alvesson, M. & S. Sveningsson, 2008, *Changing Organizational Culture: Cultural Change, Work in Progress*, London and New York: Routledge.

Berger, P. L. & T. Luckmann, 1966, *The Social Construction of Reality*, Garden City, N.Y.: Doubleday.

Bernstein, B., 1975, *Class, Codes and Control, vol. 3: Toward a Theory of Educational Transmissions*, London: Routledge and Kegan Paul.

Deal, T. E. & A. A. Kennedy, 1982, *Corporate Cultures: The Rites and Rituals of Corporate Life*, Reading, Massachusetts: Addison-Wesley.

Evans, R., 1996, *The Human Side of School Change*, San Francisco: Jossey-Bass.

Goffee, R. & G. Jones, 2001, "Organizational Culture: A Sociological Perspective", in Cary L. Cooper, Sue Cartwright & P. Cristopher Earley (eds.) *The International Handbook of Organizational Culture and Climate*, New York: John Wiley and Sons.
Hampden-Turner, C., 1990, *Corporate Culture: From Vicious to Virtuous Circles*, London: Hutchinson Business Books.
Hofstede, G., 1980, *Culture's Consequences*, Beverly Hills, CA.: Sage (萬成博・安藤文四郎監訳『経営文化の国際比較』産業能率大学出版部, 1984年).
Holzner, B. & J. H. Marx, 1979, *Knowledge Application: The Knowledge System in Society*, Boston: Allyn and Bacon.
Jaques, E., 1952, *The Changing Culture of Factory*, New York: Dryden Press.
Kilmann, R. H. & M. J. Saxton, 1983, *The Kilmann-Saxton Culture Gap Survey*, Pittsburgh: Organizational Design Consultants.
Kilmann, R. H., M. J. Saxton, R. Serpa & Associates., 1985, *Gaining Control of the Corporate Culture*, San Francisco: Jossey-Bass.
Kotter, J. P. & J. L. Heskett, 1992, *Corporate Culture and Performance*, New York: The Free Press (梅津祐良訳『企業文化が高業績を生む』ダイヤモンド社, 1994年).
Kroeber, A. L. & C. Kluckhohn, 1952, *Culture: A Critical Review of Concepts and Definitions*, New York: Vintage Books.
Martin, J. & C. Siehl, 1983, "Organizational Culture and Counterculture: An Uneasy Symbiosis", *Organizational Dynamics*, 12：52-64.
Ott, J. S., 1989, *Organizational Culture Perspective*, Pacific Grove, California: Brooks/Cole.
Ouchi, W. G., 1981, *Theory Z: How American Business Can Meet the Japanese Challenge*, MA: Addison-Wiley (徳山二郎監訳『セオリーZ－日本に学び、日本を超える－』CBSソニー出版, 1981年).
Pascale, R. T. & A. G. Athos, 1981, *The Art of Japanese Management: Applications for American Executives*, New York: Simon and Schuster.
Peters, T. J. & R. H. Waterman, 1982, *In Search of Excellent*, New York: Harper and Row (大前研一訳『エクセレント・カンパニー：優良企業の条件』講談社, 1983年).
Pheysey, D. C., 1993, *Organizational Cultures*, London and New York: Routledge.
Popkewitz, T. S., 1982, "Educational Reform as the Organization of Ritual: Stability as Change", *Journal of Education*, 163：5-29.
Gancel, C., I. Rodgers & M. Raynaud, 2002, *Successful Mergers, Acquisitions and Strategic Alliances: How to Bridge Corporate Cultures*, Berkshire, U. K: Mcgraw-Hill.

Sackmann, Sonja, 1991, *Cultural Knowledge in Organizations: Exploring the Collective Mind*, London: Sage.

Sackmann, Sonja, 2001, "Cultural Complexity in Organizations: The Value and Limitations of Qualitative Methodology and Approaches", in Cary L. Cooper, Sue Cartwright & P. Cristopher Earley (eds.), *The International Handbook of Organizational Culture and Climate*, New York: John Wiley and Sons.

Sapienza, A. M., 1985, "Believing is Seeing: How Organizational Culture Influences the Decisions Top Managers Make", in R. H. Kilmann, M. J. Saxon & R. Serpa (eds.), *Gaining Control of the Corporate Culture*, San Francisco: Jossey-Bass.

Sathe, Vijay, 1985, *Culture and Related Corporate Realities: Text, Cases, and Readings on Organizational Entry, Establishment, and Change*, Homewood, Illinois: Irwin.

Schein, Edgar H., 2010 (1985), *Organizational Culture and Leadership*, San Francisco, California: Jossey-Bass (清水紀彦・浜田幸雄訳『組織文化とリーダーシップ』ダイヤモンド社, 1989年).

Selznick, P., 1957, *Leadership in Administration: A Sociological Interpretation*, New York: Harper and Row.

Siehl, C. & J. Martin, 1984, "The Role of Symbolic Management: How Can Managers Effectively Transmit Organizational Culture?", in J. G. Hunt, D. M. Hosking, C. A. Schriesheim & R. Stewart (eds.), *Leaders and Managers: International Perspectives on Managerial Behavior and Leadership*, New York: Pergamon Press.

Van Maanen, J. & S. R. Barkley, 1984, "Occupational Communities: Culture and Control in Organizations", in B. M. Staw & L. L Cummings (eds.), *Research in Organizational Behavior* (vol. 6) Greenwich, Conn.: JAI Press.

Wilkins, A. L., 1983, "Organizational Stories as Symbols which Control the Organization", in L. R. Pony, P. J. Frost, G. Morgan & T. C. Dandridge (eds.), *Organizational Symbolism*, Greenwich, Conn.: JAI Press.

序　章
研究の意図

石　川　晃　弘
佐々木　正　道
白　石　利　政
ニコライ・ドリャフロフ

1．企業文化への関心

　企業文化は，ふつう，企業の成員が企業内で明示的あるいは黙示的に準拠している習慣，慣行，規範，価値などの複合体で，経営も従業員もそれに沿って思考し行動することが当然とされている，一定の行為パターンを意味しているといってよい。しかし企業文化論には，二通りの立場がある。
　ひとつは，企業業績を上げるには，どのような企業文化を打ち立てればいいかといった，効用的企業文化論である。企業業績の最大化に向けて，組織をまとめ従業員を特定の方向に動機づけして動員するのに最適な企業文化を追求することが，ここでの主要課題となる。ここでは経営的見地から「望ましい」企業文化が関心の中心に置かれ，それは樹立されるべきもの，刷新されるべきもの，強化されるべきものとして論じられる（梅澤・上野編 1995; Asp and Uhmavaara eds. 1992）。ここでは経営学的な関心からの企業文化論が展開される。
　これに対してもうひとつは，企業が組織として一定のまとまりを持つ存在である限り，そこには成員が準拠しているなんらかのルールないし行為パターンがあるはずだという観点から，その特性に関心を向ける立場である。ここでは

「あるがままの」企業文化が関心の的となる。企業合併に随伴して生じかねない異なる企業文化の衝突，外国進出企業の文化と当該国の国民文化との緊張葛藤など，「あるがままの」企業文化の自覚的認識を求める事態がその背景にある。ここでの企業文化論の展開は，すぐれて社会学的である。

われわれの研究は，「あるがままの」企業文化への関心に基づいている。それは以下のような問題状況を背景としている。そしてその「あるがままの」企業文化が，経済社会のグローバル化のなかでどのように変化し，あるいは持続し，外部的には企業の社会的責任，内部的には労働生活の質とどう関わっているかを追究することが，本書全体の基本的課題となる。

2．問題の背景

工業化と経済発展の過程で，各国の企業はその国に特有な企業文化を発達させてきた。そしてその特有性は，経営や労働の実務や研究に携わる人びとの関心を引きつけてきた。欧米圏の外にある日本が，なぜ工業化と経済発展に成功したのか。コンピュータが作業組織に及ぼす影響が，ドイツとイギリスでなぜ異なるのか。それはその国の企業文化に関係しているに違いない。このような関心を背景に，1970年代およびそれ以降，企業文化に関わる数多くの国際比較調査研究が打ち出された（たとえば Dore 1973; Hofstede 1980; Morice, Sorge & Warner 1980; Industrial democracy in Europe International Research Group 1981; Warner (ed.) 1984; Lincoln & Kalleberg 1990; Ishikawa, Martin, Morawski & Rus 2000）。そしてそれらの調査研究から，国と国の間の経営と労働の文化の類似性と相違性が明らかにされてきた。たとえばドーア（Dore 1973）は日本とイギリスの工場の文化の違いを浮き彫りにし，モーリス，ゾルゲ，ウォーナー（Maurice, Sorge & Warner 1980）はドイツ，イギリス，フランスの労働文化の違いを明らかにし，フュルシュテンベルク（Fürstenberg 2006）は現代資本主義企業のモデルとされている英米型企業モデルに対して日独型企業モデルを提起し，それを福祉型企業主義と特徴づけている。

1980年代になると，多国籍企業の世界規模でのビジネス展開を背景に，企業文化への関心は，たんに国と国を比較してそれぞれの国の特有性を描き出すのにとどまらず，ひとつの国から別の国への企業文化の移植と現地適応に広がっていった。たとえば日本的経営スタイルが外国でどう受け入れられ変化していくかといったテーマが，多く取り上げられるようになった（たとえばLincoln 1990; Kaplinsky & Posthuma 2004）。この時期には外国企業からの経営技術の受容とそれに絡まる当該企業の文化変容が注目された。この文脈で，たとえば日本企業で発達した「QCサークル」「カイゼン運動」「提案制度」「労使協議制」などの，海外での受容と限界などが議論を呼んだ。

　たしかに所与の国の伝統的な企業文化は，その国の経済社会の変動に対応して何らかの修正を迫られ変容していくとしても，その基本的特徴は維持され，経営も従業員もその文化に馴染みつづけ，深刻な緊張を経ずにその修正を受け入れてきたとみられる。そして各国は，その修正されたモデルの下で経済発展をさらに進めえたといえる。たとえば日本では1980年代から1990年代にかけて，年功主義を修正しながら能力主義さらには成果主義を人事処遇に取り入れながら，環境変動に対応してきた。

　日本がそれ特有の企業文化に依拠しながら経済発展に成功してきた間，北欧諸国は福祉国家に基礎を置いて独自の企業文化を築いてきた。ドイツやフランスなどヨーロッパ大陸の先進工業諸国では，それぞれの国の産業発展のなかで固有の企業文化が発達し存続してきた。また，共産圏の国ぐにでは社会主義的工業化の下で，市場経済下の企業とは異なる特殊な企業文化が生み出された。そして少なくとも1990年ごろまでの間，各国経済はそれぞれの企業文化に支えられながら一層の発展を遂げ，その企業文化は環境変動に対応して一定の修正を経ながらも基本的には維持されてきたといえる。

　ところがその後現在にいたる20年ほどの間，経済のグローバル化がいっそう進行し，企業間競争が国際場裡で熾烈を極めるようになるなかで，伝統的な企業管理のありかたやその修正版の見直しが根本的に行われ，各国企業はグローバル経済に適合したモデルを追求してきた。そこで取り入れられてきたの

は「アメリカ的モデル」あるいは「アングロサクソン的モデル」と呼ばれるもので，それは新自由主義のイデオロギーと政策に促され，世界の各地域でそれを模範としたビジネス教育ないしマネジメント教育が展開している。これは市場経済の急激な導入がなされた脱共産諸国においてとくに顕著である。

　この変化の過程で，企業文化も変容を余儀なくされてきたとみられる。かつてそれぞれの国の企業が準拠してきた社会規範と組織規範が多かれ少なかれ時代遅れとみなされるなかで，逸脱的企業行動が発生し，また企業内では諸階層に戸惑いが生まれ，労働組合は新たな環境への対応に苦戦を強いられてきた。そして，伝統的な企業文化に馴染みそれに準拠した労働と生活のパターンを慣行化していた従業員の期待は揺らぎ，労働生活の将来展望は不確実性を増した。ここ20年ほどの間の問題状況を，企業文化の空洞化と労働生活の不確実化，そこから派生する職業世界におけるアノミー状況の広がりにみるとすれば（梅澤 2000），現在求められていることのひとつは，社会に統合をもたらし，労働生活に確実性を与えうるような，企業文化の再構築にあると思われる。

3．研究の課題と方法

　こうした問題意識から出発して，われわれは，非アメリカ的ないし非アングロサクソン的世界で固有の企業文化を発達させてきた国ぐにににおける，企業文化の今日的状況を把握する目的で，国際共同調査研究を実施した。この調査研究のキイ・ワードは，グローバル化した条件下における「企業文化」「企業の社会的責任」「労働生活の質」の3つである。われわれはこれら3つの点に関して，調査対象企業の行動パターンを従業員の認知と評価から把握するというアプローチを採り，標準化された質問形式を用いて従業員サンプルから回答を集め，それを統計的に分析するという方法を採った。その際に用いた調査票は本書巻末に載せてある。なおこの質問紙調査と並行して，われわれは当該企業の管理者と組合幹部の面接聴取調査を行って，その企業の基本情報を収集した。調査活動は2007年に開始され，従業員質問紙の回収は2008年6月までに

終了し，同年6月16日〜17日に中央大学で国際中間検討会が行われた。本書は主としてこの検討会での中間報告をベースとして書かれた諸論文を収録している。

　この調査はかつて電機連合「電機労働者意識国際共同調査」（1984年〜85年，1994年〜96年，1999年〜2001年）をコーディネートした石川晃弘と白石利政のイニシアチブで発案され，中央大学社会科学研究所「現代企業文化の国際比較研究」チーム（幹事・佐々木正道），労働調査協議会企業文化研究会（主査・白石利政），ロシア国際企業文化研究所（所長・ニコライ・ドリャフロフ）の共同企画で調査枠組と質問紙が用意され，これら三者の呼びかけに応じた諸国の研究者の参加の下に実施された。

　当初われわれが想定した調査対象国は，非アングロサクソン系の先進国として日本とドイツ，脱共産国ないし準脱共産国としてロシアと中国の，4カ国であったが，後にフィンランド，スウェーデン，ベルギー，エストニア，チェコ，スロヴァキア，ポーランドからの参加を得て，11カ国となった。

　調査は，各国において電気電子機器製造業，工作機械製造業，大型小売業の3業種からそれぞれ従業員規模500人以上の企業を2社ずつ選び，各社でそれぞれ200人の従業員を無作為に抽出して，標準化された質問紙を用いて自社の企業文化に関する従業員の認知と意見を問う，という方法的手続きをとった。しかし国によってはこの手続きにそった調査が実施できず，回収された回答済み質問紙の数もまちまちとなった。電気電子機器製造業と工作機械製造業をひとくくりにして「機械」，大型小売業を「小売」として業種をまとめ，各国で回収された質問紙の数を示すと，日本（機械と小売，1,570），中国（機械と小売，1,150），チェコ（機械，化学，繊維，その他，1,110），エストニア（機械と小売，623），フィンランド（機械と小売，239），ドイツ（製紙，113），ロシア（機械，小売，その他，684），スロヴァキア（機械，流通，化学，605）であり，ポーランドではサンプルを管理職に限定して製造業一般で質問紙調査が行われ，ベルギーではわれわれの設問の一部を取り入れた形で別途調査が行われ，スウェーデンでは質問紙調査が実施されなかった。各国データの比較分析を行う

際には，一部におけるサンプルのこうした不揃いに留意する必要がある。

　分析と総括において留意しなければならないもうひとつの点は，この研究が従業員の認知と意見を通して企業文化を把握するという方法的立場に拠っているということである。つまりここでの企業文化は客観的指標によって観察されたものではなく，当該企業の従業員の主観的な自社評価をもとに構成されたものである。ところで従業員の認知と意見の表明様式は，それぞれの国の文化に制約されて一様ではない。この種の質問紙調査では，たとえば日本人と欧米人を比較すると，欧米人はイエスかノーかはっきりした答えをする傾向があるが，日本人は中間的な曖昧な回答を与えがちで，白か黒かをはっきり表明したがらない（統計数理研究所 1991：第3部）。また，われわれが過去に行った労働者意識の国際比較調査では，日本人はとかく批判的，否定的な回答をしがちである（石川・白石編 2005）。したがって従業員の自社評価の数値を単純に集計して国と国とを比較するだけでは，それぞれの国の企業文化の特徴を言い当てることはむずかしいといえる。たとえば日本における数値がかりに低く出ているとしても，それによって一概に日本の企業文化が弱いとはいえない。分析結果の総括に当たって，この方法的限界を踏まえておく必要がある。

4．本書の構成

　本書全体を貫くキイ・ワードはさきにふれたように「企業文化」「企業の社会的責任」「労働生活の質」である。

　第1部はこの3つのキイ・ワード間の関連を分析した諸論文からなる。

　第1章はどのような型の企業文化が企業の社会的責任行動と関連しているかを問い，第2章は企業統治が株主本位か従業員本位かに着目し，従業員の労働生活の質をその違いに絡ませて分析し，第3章は生活時間構造から日本におけるワーク・ライフ・バランスの問題点を析出し，第4章は企業の社会的責任を独立変数，個人意識や組織行動の諸特徴を従属変数として，その間の有意な相関を追究し，第5章は主に職務満足に焦点を置いた企業文化の分析をしてい

る。そして第6章は企業文化を従業員の職務満足と経済効果との関連で国際比較している。

　第2部以下では調査対象各国のグローバル化の下での企業文化の諸相が描き出されている。

　第7章，第8章，第9章では，北欧における福祉国家の企業文化と労働生活の現状が報告されている。第7章と第8章はフィンランドの事例から，グローバル化の下での企業の社会的責任行動と信頼資本の状況を批判的に描き出し，第9章はスウェーデンに関して，企業の雇用政策と労働市場の変化にもかかわらず労働生活の高度な質が基本的に維持されていることを指摘している。

　これに続く4つの章は，中欧の脱共産諸国の企業文化を扱っている。第10章はチェコとスロヴァキアの企業文化の現状を国際比較から提示し，第11章と第12章はそれぞれスロヴァキアとポーランドでの調査データに基づいて，企業文化の変容の下での労働生活の現状を分析している。第13章では，ポーランドの外資系企業における企業文化の構築に筆者自身が人事部長として関わった経験をもとに，その実践経過が述べられている。

　この後の3つの章のうち，第14章と第15章はロシア人の心的特性を批判的に捉えながら，ロシアの企業文化の現状とその特殊性を解明しようとしている。第16章は現代ロシアにおけるプロフェショナル文化の構築の必要性を唱え，それと企業文化との関係を探っている。これらの章ではロシア人執筆者によってロシアの現状が批判的に描きだされている。

　これに対して，最後の2つの章における中国の企業文化に関する中国人執筆者の論調は，現状肯定的である。第17章は中国型企業文化の卓越的特色を強調した論文である。そして第18章は，中国東北部の私有化企業を調査対象として，そこに形成されている企業文化の新しい諸相を析出している。

　なお，各章で調査と分析から導き出された諸発見のほかに，多くの章の冒頭部分では企業文化，企業の社会的責任，信頼資本に関する先行研究の検討と理論的整理が行われている。この部分から既存の諸知見をかなり包括的に把握することができる。

参考文献

石川晃弘・白石利政（編），2005，『国際比較からみた日本の職場と労働生活』学文社。

梅澤正，2000，『企業と社会――社会学からのアプローチ―』ミネルヴァ書房。

梅澤正・上野征洋（編），1995，『企業文化を学ぶ人のために』世界思想社。

統計数理研究所，1991，『意識の国際比較方法論の研究』（研究レポート71）統計数理研究所。

Asp, E. & H. Uhmanvaara (eds.), 1992, *Corporate Culture and European Integration*, Sociological Studies Series A No. 19, University of Turku.

Dore, R. P., 1973, *British Factory, Japanese Factory*, Allen& Unwin（ドーア『イギリスの工場　日本の工場』山之内靖・永易浩一訳，ちくま学芸文庫，筑摩書房，1987年）.

Fürstenberg, F., 2006, "Welfare Corporatism in Transition: A German-Japan Comparison", in: G. Széll (ed.), *Corporate Social Responsibility in the EU and Japan*, Peter Lang.

Hofstede, G., 1980, *Culture's Consequences*, Sage Publications（ホフステード『経営文化の国際比較』万成博監訳，産業能率大学出版部，1984年）.

Hofstede, G., 1991, *Cultures and Organizations*, McGraw-Hill International（ホフステード『多文化世界』岩井紀子・岩井八郎訳，有斐閣，1995年）.

Industrial Democracy in Europe International Research Group, 1981, *Industrial Democracy in Europe*, Oxford University Press.

Ishikawa, A., R. Martin, W. Morawski & V. Rus (eds.), 2000, *Workers, Firms and Unions-Part 2 : The Development of Dual Commitment*, Peter Lang.

Kaplinsky, R. & A. Posthuma, 2004, *Easternization: The Spread of Japanese Management Techniques to Developing Countries*, Routledge.

Lincoln, J. R., 1990, "Japanese Management in the United States: A Qualified Success", *JAMA Forun: A Quarterly Journal on International Trade and Automotive Issues*. 8 (May,) : 14-18.

Lincoln, J. R. & A. Kalleberg, 1990, *Culture, Control, and Commitment: A Study of Work Organizations and Work Attitudes in the U. S. and Japan*, Cambridge University Press.

Maurice, M., A. Sorge & M. Warner, 1980, "Societal Differences in Organising Manufacturing Units: A Comparison of France, West Germany and Great Britain", *Organization Studies*, I.

Warner, M. (ed.), 1984, *Microprocessors, Manpower and Society*, Gower.

第１部　企業文化・企業の社会的責任・労働生活の質

第 1 章
企業の社会的責任と企業文化

石 川 晃 弘

1．3つの「企業の社会的責任」観

　ひとくちに「企業の社会的責任」といっても，社会が企業にどんな責任を持たせるか，あるいは企業人が社会のなかでどんな責任を負うべきだと考えているかによって，その中身は変わってくる。いろいろな見方，考え方をまとめてみると，だいたい次の3つの立場に集約できると思われる。

　ひとつは「企業の社会的責任はその利潤を増大させることにある」という立場である。つまり，適正利潤をあげることで企業は社会のニーズに応え，社会の進歩のために稼ぎださねばならない，それが企業の社会的責任だ，という考え方である。これは〈自由主義的責任観〉といえる。企業は利潤追求の組織であって，福祉団体ではない，などという意見（ホワイトハウス産業社会会議編1974）は，ここに根拠を持つ。

　しかし，企業は自らの利潤を最大化させるために勝手なことをやって，社会に迷惑をかけてはならない。企業は市場を媒介として社会とつながっているからには，まずはその市場のルールを守り，その規範に従わなければならない。この点を強調する立場から出てくるのは，〈制度主義的責任観〉である。ここでいう市場とは，株主・顧客・消費者や下請・関連会社との関係だけでなく，労働市場をも含む（梅澤 2000：6章）。

　さらに企業の活動は，市場の外の社会や自然環境にも影響する。この点の自

覚から，企業は社会のなかの一市民であり，また一定の環境が保全されるなかではじめて活動が可能なのであり，したがって社会との共存，社会への貢献をその行動原理の基礎に据えるべきだ，という考え方が出てくる。これは＜市民主義的責任観＞になる。企業のフィランソロピー活動，環境保全や地域活動への関与などはこの責任観から派生する（梅澤　2000：9章）。さらにまた近年では，グローバル化を背景にして国連が提起している人権や労働生活に関する企業の責任も，この考え方に含まれてくる。

これらのうち，折に触れ社会から投げかけられてきた企業批判や企業糾弾は，制度主義的責任観と市民主義的責任観に関わるものだったといえよう。本稿で議論の対象とするのは，この2つに関する企業行動である。

2．「企業の社会的責任」行動の測定

2007年に実施したわれわれの国際共同調査（白石ほか 2009）では次のような質問を設けて，特定企業の従業員に自社の社会的責任行動の状況を問うてみた。つまり，従業員が自分の企業に関して，どれだけ関係筋や外部社会に対して配慮した行動をとっているとみているか，という点を尋ね，従業員の認知をとおして当該企業の社会的責任関連行動の現状を診断しようと試みた。具体的な設問は2つからなる。ひとつは活動内容に関するもの，もうひとつは活動相手に関するものである。

(1) 活動内容の測定

活動内容に関する設問は次のようなものである。
「あなたの会社では次の事柄にどの程度取り組んでいると思いますか」
（「5. 行っている」から「1. 行っていない」までの5段階で評価）
　A．企業活動に関する法律を厳守している。
　B．労働基準法などの労働者保護に関する法律を厳守している。
　C．消費者の保護に熱心である。

D．環境の保全に熱心である。
　　E．得意先との約束を厳守している。
　　F．製品やサービスの安全確保に熱心である。
　　G．製品やサービスの最高レベルの質を目指している。
　　H．ユーザーへのアフターケアは最大限行っている。
　　I．企業情報を社会へ向け公開することに熱心である。
　　J．学術・文化の発展に寄与している。
　　K．地域に開かれた活動をしている。

　これに対する回答を因子分析にかけてみると，2つの主な因子が浮かんでくる（石川 2008：6）。そのうちの第1因子で得点が高いのはAからHまでの活動内容であり（これを「事業関連活動」と呼ぼう），第2因子で得点が高いのはIからKまでのそれである（これを「対外貢献活動」と呼ぼう）。このうち「事業関連活動」は制度主義的責任観に，「対外貢献活動」は市民主義的責任観に対応していると考えられる。

　ところで「事業関連活動」と「対外貢献活動」のそれぞれについて，5段階評価で求められた各設問への回答を合計し，その平均点を5点満点で換算してみる。その結果を日本の調査対象3業種について示すと，表1-1のようになる。

表1-1　活動内容別にみた企業の社会的責任行動の度合い（範囲：5.00－1.00）

	機　械	電　機	流　通
事業関連活動	3.36	3.93	3.41
対外貢献活動	2.73	3.44	2.97

　当該活動を「行っている」と「行っていない」のちょうど中間点が3.00で表せるとしたら，「事業関連活動」はどの業種でもその中間点を上回る数値を示しているのに対して，「対外貢献活動」は機械と流通では中間点を下回っており，とくに機械産業の企業ではそれがあまり活発でないとみられる。電機産業の企業では「対外貢献活動」は中間点を上回っていて，比較的活発に行われ

ているとみられるものの,その水準は「事業関連活動」よりも低い。

なお業種間の比較をすると,2つの活動領域を通じて電機産業がもっとも活発であり,流通産業がそれに続き,3業種のなかでは機械産業がそれほど活発ではない。

(2) 活動相手の測定

次に活動相手からみてみる。これに関連する設問は以下のようになっている。

「あなたの会社は次のような人たちや組織・機関をどの程度重視していると思いますか」(同じく5段階で評価)

　　A. 取引先
　　B. 下請・協力会社
　　C. 消費者
　　D. 株主
　　E. 従業員
　　F. 労働組合
　　G. 行政
　　H. 地域社会

これについても因子分析にかけてみると(石川 2008:7),2つの主な因子が得られる。その一方の因子で得点が高く出ているのはAからDまでの項目で(「事業相手」と呼ぼう),他方の因子で得点が高いのはEからHまでの項目である(「社会相手」と呼ぼう)。これをさきにあげた社会的責任観のタイプと対応させるなら,「事業相手」は制度主義的責任観,「社会相手」は市民主義的責任観に,それぞれつながるものと考えられる。なお,ここで「従業員」を外部関係者に含めてしまうことには違和感を持たれるかもしれないが,調査に参加した他の国ぐにでは,これを「事業相手」に含めている国もあり,その位置づけは国によってまちまちである。

さて,上でまとめた「事業相手」と「社会相手」に対する重視度を,さきに

活動内容に関して行ったのと同じ方法で数値化して示してみると，表1-2のようになる。

表1-2 活動相手別にみた企業の重視度（範囲：5.00 - 1.00）

	機 械	電 機	流 通
事業相手	3.48	3.87	3.47
社会相手	2.84	3.36	3.10

この表から判断すると，サンプル企業が属する各業種とも「事業相手」の重視度は中間点（3.00）を上回っているが，「社会相手」に対する重視度はどの業種でも「事業相手」に対するそれよりも低く，とくに機械産業ではそれが中間点を下回っている。業種間比較でみると，電機産業が他の2業種にくらべていずれの関係者に対しても重視度が高い。

以上の分析結果を社会的責任観のタイプに対応させて解釈すると，制度主義的責任観からすれば各業種とも一定の責任水準をクリアしているが（とくに電機産業），市民主義的責任観からみるとかならずしもそうとはいえない（とくに機械産業）。

ここにみられる業種間の差異は，その業種が一般消費者と直接接するような事業をしているかどうかに有意に関係しているとみられるが，さらにまた，その業種に属する企業の経営者が，自覚的に消費者，またその背後の社会と良好な関係を築こうとしているかどうかにも，大きく影響されていると考えられる。この後者の点は企業文化のありかたと深く関わっているといえる。

3．企業文化の測定

(1) 測定方法

われわれの調査では質問紙のなかに企業文化を探るための数多くの設問が含まれている。

そのうち企業文化の諸相を当該企業の従業員に尋ねている設問が3つある。Q 18, Q 20, Q 21 である（巻末掲載の調査票を参照）。これらの設問には企業文化の諸相を記した合計39の項目がある。これらへの回答を因子分析にかけて3つの成分を析出し，企業文化の3類型を構成してみる。「統合型」「非公式型」「アノミー型」である（その方法手順については補章1「国際共同調査結果概要(1)」を参照されたい）。本章ではそのうち「統合型」を取り上げて，その分布状況，およびそれと企業の社会的責任との関連を追究してみる。

まず「統合型」をさらに5つのタイプに分類する。「（狭義の）統合型」「革新型」「公式型」「参加型」「指導型」である。そして，それぞれをよく表現していると思われる項目を各5つずつ設問のなかから取り出し，被質問者に自社についてそれぞれ「5. まさにその通りだ」から「1. まったく違う」までの5段階回答方式で答えを求めている。集計の際に回答のベクトルを合わせるため，否定的な文章の回答は逆方向にして（「まさにその通り」を1，「まったく違う」を5として）計算した（その否定的文章には末尾に（反）というマークをつけておいた）。

各タイプとそれを構成する項目文は次のとおりである。

1. 統合型（「会社の行動を方向づける社是がある」「困難な問題が生じても合意ができる」「グループのメンバーは共通目標を共有している」「不一致を丸く治めようと努力する」「必要な情報は誰でも入手し活用できる」）

2. 革新型（「市場が要求すれば自己変革できる」「失敗は成長のためのいい刺激だ」「競争に勝つため仕事の方法を改善している」「新しいアイデアが活用されず陳腐化する（反）」「市場の変化と対応に遅れがちだ（反）」）

3. 公式型（「会社のため規則を曲げることがある（反）」「会社はピラミッド型になっていない（反）」「社内全体がうまくいっていない（反）」「仕事の進行過程が細かく管理されている」「会社の目標は各部門で明確に設定されている」）

4. 関与型（「自分は会社が採用できるアイデアを持っている」「会社の意思決定に参加したい」「管理的な仕事を引き受ける用意がある」「了解が得られれば

リスクをとる用意がある」「会社のため犠牲を払うのは当然だ」)
5. 指導型(「「経営者の約束事はきちんと実行されている」「経営者は全部門の活動を完全掌握している」「経営者は長期的な到達目標を持っている」「経営者は従業員に明確な到達目標を提示している」「経営者は従業員のために定められた規定に自らも従っている」)

上にあげた5類型はそれぞれ5つの文章内容を集めたものだが，各類型内の各文章内容に対する回答の関係をピアソンの積率相関係数でみると，どの類型でもプラスの有意相関がみとめられた。したがって，これらの回答分布から各類型の強度を測るリッカート尺度が構成できるとみていい。

これらの文化類型はひとつの企業のなかにある下位文化という位置づけにあり，どの下位文化が強力かによって特定企業の文化総体が特徴づけられてくる。

さて，これら5つの類型について業種別に5点満点で平均値を出すと，表1-3のようになる。

表1-3 業種別にみた各文化類型の強度 (範囲：5.00-1.00)

	平　均	機　械	電　機	流　通
統合型	3.09	2.89	3.23	3.15
革新型	3.08	2.85	3.10	3.10
公式型	2.99	2.83	3.12	3.04
関与型	2.74	2.67	2.91	2.62
指導型	3.12	2.86	3.35	3.13
文化総体 (平均)	3.00	2.82	3.14	3.01

この表でみる限り，総合的な文化強度も，各類型の強度も，電機産業がいちばん高い値を示している。その逆に3業種間でいちばん弱いのは (関与型を例外に) 機械産業である。

4. 文化類型と社会的責任行動との関係

次に,これらの文化類型とさきにあげた社会的責任類型との関係を分析してみる。その方法として,社会的責任類型を従属変数とし,文化類型を独立変数とした,重回帰分析を採用する。これによって,企業の社会的責任行動がどんな型の企業文化と関連しているのかを追究する。

重回帰分析の結果は以下のように出た。

まず,社会的責任活動内容との関係に関しては表1-4のようになる。

表1-4　社会的責任活動内容と企業文化との関係（重回帰分析）

	標準化係数(ベータ)	t値	有意確率
事業関連活動			
統合型	.182	6.396	.000
革新型	.135	4.752	.000
公式型	.085	3.255	.001
関与型	.036	1.678	.093
指導型	.319	11.192	.000
対外貢献活動			
統合型	.150	5.054	.000
革新型	.220	7.468	.000
公式型	.145	5.313	.000
関与型	.066	2.936	.003
指導型	.156	5.244	.000

この表から次の点が読み取れる。

企業の社会的責任の活動内容のうち,事業関連の活動ともっとも強く関係している企業文化は「指導型」文化である。他の文化類型,とくに「統合型」も多かれ少なかれこれと関係しているが,「関与型」の関係度は比較的弱い。

一方,対外貢献活動にもっとも強く関係しているのは「革新型」であり,「指導型」「統合型」「公式型」もこれと多少関係しているが,「関与型」の関係度

はさらに弱い。

次に社会的責任対象の相手との関係は，表1-5にみてとれる。

表1-5 社会的責任相手と企業文化との関係（重回帰分析）

	標準化係数（ベータ）	t値	有意確率
事業相手			
統合型	.152	4.796	.000
革新型	.162	5.186	.000
公式型	.009	0.315	.753
関与型	.075	3.130	.002
指導型	.228	7.208	.000
社会相手			
統合型	.119	4.060	.000
革新型	.167	5.744	.000
公式型	.145	5.416	.000
関与型	.059	2.685	.007
指導型	.270	9.260	.000

ここから読み取れるのは次の点である。

事業関連の相手への配慮にもっとも関係しているのは，ここでも「指導型」である。ここで関係がほとんどみられないのは「公式型」であり，「関与型」の関係度も強くない。

外部関連に対する配慮ではやはり「指導型」がもっとも強く関係しており，逆に関係度がもっとも弱いのは「関与型」である。

以上を要約すると，事業関連活動，事業関係者重視および外部関係者重視ともっとも強く関係しているのは「指導型」である。つまり，経営者が明確な長期的達成目標を持ち，それをはっきりと従業員に提示し，全部門の活動を全面的に掌握していると同時に，従業員に対して定めた規定を自らも遵守し，約束事はきちんと守って実行しているような企業文化の下では，企業の社会的責任がもっともよく行動に移されているとみることができる。社会関連活動に関しては，むしろ，その企業が革新的経営を行っているかどうかのほうが強く関係

している。一方，従業員のなかに旺盛な関与意欲があることとか，組織が合理的・公式的に整備されているかどうかということは，企業の社会的責任行動とはあまり関係していない。

5. 国際比較

　日本での調査からは以上のような結果が得られたが，諸外国でも同じことがいえるだろうか。

　調査に参加した各国における社会的責任行動と企業文化との関係を，同様な方法で分析してみる。ただし資料上の制約から分析対象に2つの限定をつける。第1に，分析対象国からロシアとチェコを除く。ロシアの質問紙には社会的責任に関する設問が欠けており，チェコの質問紙では回答選択肢が6段階に設定されていて，5段階に設定している他の国の調査結果と比較しにくいからである。第2に，社会的責任行動のうち，分析対象をその活動内容に関するものに限定する。活動相手については，因子分析をしてみると国によっては「従業員」が事業関連相手のグループに入っていたり，「株主」が社会のグループに入っていたりして，日本の分類と合わないからである。それゆえここで分析するのは，中国，エストニア，スロヴァキア，ドイツ，フィンランドの5カ国で，扱う項目は社会的責任の活動内容である。もっともドイツとフィンランドはサンプル数が少なく（ドイツ＝113，フィンランド＝239），サンプルの業種別構成もまちまちなので，以下の分析結果を読む際，この点を念頭に置く必要がある。

(1) 事業関連活動と文化類型

　まず事業関連活動と関係する企業文化の析出を各国ごとに行ってみる。

　この表にみられるように，中国，エストニア，スロヴァキアでは日本と同じく，事業関連活動にもっとも強く関係している企業文化は「指導型」であり，フィンランドもそれに近いが，ドイツではそのような関係は弱い。ドイツに関

表1-6　事業関連責任活動と企業文化との関係（重回帰分析）

	標準化係数(ベータ)	t値	有意確率
中　国			
統合型	.217	6.557	.000
革新型	.131	4.314	.000
公式型	.131	4.986	.000
関与型	.061	2.295	.022
指導型	.299	9.276	.000
エストニア			
統合型	−.177	−3.190	.001
革新型	.020	4.166	.000
公式型	−.087	−2.535	.011
関与型	.377	7.482	.000
指導型	.398	7.933	.000
スロヴァキア			
統合型	.109	2.505	.013
革新型	.107	2.496	.013
公式型	.126	3.640	.000
関与型	.141	4.315	.000
指導型	.460	10.229	.000
ドイツ			
統合型	.120	0.402	.697
革新型	−.404	−1.246	.244
公式型	.477	2.079	.067
関与型	.094	0.416	.687
指導型	.734	2.055	.070
フィンランド			
統合型	.078	0.959	.339
革新型	.150	2.009	.046
公式型	.011	0.172	.804
関与型	.038	0.641	.522
指導型	.427	5.631	.000

してあえていえば，やはり「指導型」と，それとならんで「公式型」が多少の関連をみせているが，他国にくらべて顕著な特徴はみられない。概してドイツでは企業の社会的責任は企業文化とあまり関係ないようだ。また，日本では「関与型」があまり関係しておらず，中国もそうであるが，エストニアではこれが「指導型」とならんで強く関係している。しかしエストニアでは，日本や中国で一定の関係の強さを示している「統合型」が弱く，「公式型」はさらに弱くて，むしろマイナスに働いている。「指導型」が強く関係しているという点では日本，中国とエストニアは共通しているが，「統合型」と「関与型」はこれらの国の間で異なる方向をむいている。

(2) 対外貢献活動と文化類型

次に対外貢献活動と文化類型の関係を探ってみる。

対外貢献活動と主に関係している企業文化は，日本の場合は「革新型」であるが，他の国ではだいぶ違う。日本では「革新型」のt値が7.000を超えている（前出表1-4参照）のに対して，他の国ぐにではどこでもそれが5.000を下回っており，とくに中国，フィンランド，ドイツではその値が非常に小さい。中国で対外貢献活動に強く関係しているのはやはり「指導型」であり，それが事業関連活動にも対外貢献活動にも強い関係を示している。フィンランドでは中国ほど強力ではないが，同じような傾向が表れている。スロヴァキアでは「指導型」とならんで「統合型」が強く関係している。エストニアで強く関係しているのは「関与型」である。また，エストニアでは「公式型」と「統合型」がマイナス値を示しており，これらが強いと対外貢献活動が不活発，という関係がみられる。各国それぞれ異なる企業文化をベースとした対外貢献活動がなされているようだ。ドイツではどの型の企業文化もこの活動とは関係しておらず，企業の社会的責任行動と関係しているのは，なにか他の要因のようだ。

表1-7 対外貢献活動と企業文化との関係（重回帰分析）

	標準化係数(ベータ)	t値	有意確率
中　国			
統合型	.220	6.119	.000
革新型	.055	1.674	.094
公式型	.060	2.079	.038
関与型	.062	2.179	.030
指導型	.294	8.420	.000
エストニア			
統合型	−.248	−3.708	.000
革新型	.282	4.836	.000
公式型	−.402	−9.773	.000
関与型	.370	6.110	.000
指導型	.121	2.006	.450
スロヴァキア			
統合型	.337	7.354	.000
革新型	.105	2.301	.022
公式型	.012	0.315	.753
関与型	−.027	−0.785	.433
指導型	.331	6.952	.000
ドイツ			
統合型	.344	1.287	.215
革新型	.404	1.699	.108
公式型	−.222	−0.990	.336
関与型	−.495	−2.614	.018
指導型	−.138	−0.427	.675
フィンランド			
統合型	−.008	−0.080	.931
革新型	−.009	−0.110	.912
公式型	.048	0.660	.510
関与型	.067	0.977	.330
指導型	.356	4.110	.000

6．労働組合に対する責任

　最後に，企業の社会的責任の対象として組合がどの程度重視されているかということと，企業文化の類型との関係を示しておこう。企業の組合に対する重視度を被説明変数とし（5段階評価による），文化類型を説明変数として重回帰分析をしてみると，表1-8のような結果が得られる。

　この表の数値をみると，日本では「指導型」文化が強く関係している。中国も同様である。この2つの国では，労働組合が重視されているのは「指導型」が強い企業だとみられる。スロヴァキアでは「統合型」とともにやはり「指導型」が強く関係している。

　ところが，他の国ではそのような特徴はみられない。エストニアでもっとも強く関係しているのは「革新型」文化であって，「指導型」はむしろマイナスに関係している。ドイツではどの文化類型も強い関係をみせていないが，あえていえば「統合型」，つまり企業内部のまとまりのよさが多少関係している。フィンランドではどの文化もほとんど無関係である。

　労働組合重視と企業文化との関係は，このように国によってまちまちである。日本の場合は経営者の指導性の質が高い企業で，労働組合は重視されているという傾向がみてとれる。組合重視は「関与型」文化，つまり従業員の関与意欲が高いかどうかとは無関係である。

表1-8　組合重視度と企業文化との関係（重回帰分析）

	標準化係数(ベータ)	t値	有意確率
日　本			
統合型	.069	2.181	.029
革新型	.155	4.959	.000
公式型	.102	3.519	.000
関与型	.032	1.326	.185
指導型	.253	8.019	.000

中国			
統合型	−.040	−1.011	.312
革新型	.482	1.333	.183
公式型	.118	3.725	.000
関与型	.124	3.967	.000
指導型	.291	7.609	.000
エストニア			
統合型	−.162	−2.290	.022
革新型	.531	8.603	.000
公式型	−.261	−5.983	.000
関与型	−.064	−1.000	.318
指導型	−.331	−5.174	.000
スロヴァキア			
統合型	.326	6.727	.000
革新型	.024	0.503	.615
公式型	.084	2.178	.030
関与型	−.003	−0.092	.927
指導型	.312	6.242	.000
ドイツ			
統合型	.486	3.092	.004
革新型	−.297	−1.680	.101
公式型	.391	2.534	.015
関与型	−.257	−2.024	.050
指導型	−.055	−0.318	.752
フィンランド			
統合型	.117	1.243	.215
革新型	.076	0.883	.378
公式型	.088	1.203	.231
関与型	−.015	−0.215	.830
指導型	.188	2.153	.033

7．総　　括

　ふたたび日本のデータに戻って，分析結果を総括しよう。

　市場のルールの遵守とか，さらには優良な商品を提供し，消費者や顧客との信頼ある関係を築くとか，環境の保全に努めるなど，事業に多かれ少なかれ関連する活動を特定企業がどの程度行っているかは，その企業の「指導型」文化にもっとも強く関連している。いいかえると，事業に関連した社会的責任がよく遂行されている企業は，経営者がきちんと長期的到達目標を持ち，それを社員に明確に提示し，社内の全部門の活動を完全に掌握しながら，その一方で社員との約束を誠実に実行し，自らも社会の諸規定に従って行動するといった文化を色濃く持つ企業である。この点は調査対象としたフィンランドやエストニア，とくにスロヴァキアや中国にも当てはまり，またドイツにも多少当てはまる。

　要するに，日本の企業では，経営者の指導性の質がその企業の事業関連の社会的責任行動に大きく関係しているといってよい。経営者の指導性の質が高い企業では，また，労働組合も重視されている。これに対して，組織がきちんと明確にできているかどうかとか，従業員の関与意欲が高いかどうかということは，企業の事業関連の責任行動とはあまり関係していない。

　社会への情報公開とか，学術・文化への支援とか，地域への開放とかといった，対外貢献活動という面での企業の社会的責任行動に関しては，日本の企業の場合，これといちばん強く関係しているのは「革新型」文化である。新しいアイデアの活用，市場の変化へのチャレンジ，絶えざる改善と自己変革への志向，こういった文化を強く持つ企業が対外貢献活動に積極的であるという傾向がみてとれる。経営者の指導性の質が高いとか，企業内部のまとまりがいいとか，組織がきちんとしているといったことも対外貢献活動の活発さに多少の関係があるが，いちばん強く関係しているのは「革新型」文化である。つまり，他のどの下位文化よりも「革新型」文化を強く持つ企業が，対外貢献活動を活

発に行っているといえる。このような特徴は調査対象とした他の国ぐにではみられない。この点は日本の特徴として特記できるかもしれない。

参 考 文 献

石川晃弘，2008，「従業員意識における『企業の社会的責任』―現代企業文化国際比較調査中間報告―」『中央大学社会科学研究所年報』第12号。

梅澤正，2000，『企業と社会』ミネルヴァ書房。

白石利政ほか，2009，「国際比較からみた仕事と企業文化」『労働調査』労働調査協議会，3月号。

日本生産性本部，1974，『問われる企業の社会的責任と労使の役割』（昭和49年度労使関係白書）日本生産性本部。

ホワイトハウス産業社会会議編，1974，『1990年のビジネス：企業の責任と限界』（経団連事務局訳）ダイヤモンド社。

第 2 章
企業統治と従業員の職場生活
―――国際比較―――

白 石 利 政

1．問題の提起

　1960年代後半から1980年代前半にかけての日本経済は，国内総生産においてイギリス，フランス，（西）ドイツを抜き，2度にわたるオイルショックを乗り切り，欧米先進国がスタグフレーションと高い失業率に苦悩していたこの時期，マイクロエレクトロニクスやロボットなどを組み込んだ技術革新を導入し，失業問題を引き起こすことなしに成長を続けていた。これらのことは，欧米先進国の経営者や学者・研究者の関心を引きつけ，良好なパフォーマンスを支えている仕組みへの関心が高まった。そこで脚光を浴びたのが日本的経営である。

　エズラ・ヴォーゲルの『ジャパン・アズ・ナンバーワン』が出版されたのは1979年で，日本の大企業について「20世紀後半の要求にうまく応えられる効果的な近代組織を作り上げた」とし，日本の大企業の組織は国際的な尺度からみて成功しており，その原因は「集団的忠誠心ではなく，この組織が個人に帰属意識と自尊心を与え，働く人びとに，自分の将来は企業が成功することによってこそ保証されるという自覚を与えているからである」と述べている。何かにつけ，欧米先進国にくらべ日本のモデルは遅れているとの呪縛にとらわれていた日本人の意識をも解放した。

　日本の経営者からも，日本的経営について，海外での企業経営の経験を踏ま

えたメッセージが発信された。盛田昭夫らの『MADE IN JAPAN』で，当初から英語版での出版を企画し上梓されたのは 1986 年である。盛田は，「日本でもっとも成功している企業は，全社員に運命共同体意識を植えつけた企業である。この点が，企業を構成している人たちを，株主，経営者，労働者の3つのグループにはっきり分けて考えるアメリカとの大きな違いである」とし，株主と社員との関係について「株主は利益を求めて気の向くままに出たり入ったりするが，社員とは長い付き合いをしなければならない。社員あっての企業なのである」と指摘している。

　両氏とも，企業の利害関係者のうち，従業員の役割を重視している。しかし，日本経済の良好なパフォーマンスは長続きせず，日本経済のバブルは 1990 年代に入ってはじけた。その後，国内外で注目を浴びたのは，長引く不況からなかなか脱出できない日本経済であり，日本の経済や社会の構造改革である。この過程で先鋭化したのが「会社は誰のものか」であり，従業員の福祉と長期的経営施策を重視した日本型資本主義が問われ，株主の所有権と決定権を最重視する英米型資本主義へ踏み出すべきとの声が大きくなった。市場重視のなかで，企業統治の軸を従業員から株主へ踏みかえる圧力が強まった，ということである。ロナルド・ドーア（2008）は，1996 年の橋本内閣での6大改革から始まり小泉内閣での一連の構造改革で，「日本型資本主義」がグローバル・スタンダードと称する「アメリカ型資本主義」に作り変えられ，構造改革後の日本企業は「一般従業員と，自分を『株主の代理人』と解釈するようになった経営者との間に，『楔』が打ち込まれ」，「長期的展望に立った戦略が後退」，「"亡くなった" 日本型資本主義は，やはり『惜しい制度だったな』と嘆いていいと思う」との診断を下した。

　同時に，この時期，日経連の「新時代の『日本的経営』」で提唱した雇用ポートフォリオ（雇用の最適編成）や労働時間，労働者派遣，職業紹介事業などに関する規制緩和・柔軟化などが，セイフティネットの張り替えなしに推し進められた。その結果，マルガリータ・エステベス・アベ（2008）が「福祉機能で米国に劣り，雇用環境で欧州以下の日本こそが，先進国で一番冷たい格差社会」

と指摘するような事態を招来することとなった。

　企業統治をめぐって，大きな転換に直面したのは日本だけではない。とりわけ，この間の社会主義体制の変容や崩壊は世界史的事件であった。中国は1978年に市場経済への改革・開放に舵を切り，いまや世界の工場として世界経済の動向を左右する存在へと飛躍している。ロシアや中欧諸国では1990年前後，「『（軍事的）配分から交換（市場）』への原理的転換」を行った（盛田 2010）。混乱の10年を経て各国は，新たな企業統治の構築に向けて模索している。

　従業員はこのような状況下で企業統治についてどのようにみているのであろうか，またその影響はどのような状況や環境の下で現れているのであろうか。われわれが2007年9月から2008年の7月にかけて従業員を対象に実施した企業文化に関する国際比較調査を通して，日本の位置を確認しつつ考察していくこととする[1]。

　ここで検討の対象としたのは，日本，中国，チェコ，エストニア，フィンランド，スロヴァキアの機械（工作機械，電子・電器）と商業（小売り）部門のデータである（なお，機械部門についてフィンランドでは電子・電器のみ，スロヴァキアでは工作機械のみである）。

2．従業員からみた企業統治の現状

　企業統治における株主重視と従業員重視の現状をつかむため，会社の利害関係者に関する重視度の設問から株主と従業員の2つを取り出し，次のような5つのパターンを作成した（フィンランドでは従業員の重視度に対する回答が得られなかったため省略している）。

・「双方重視」──株主と従業員の双方とも重視している。
・「株主重視」──株主は重視しているが従業員については「どちらともいえない」か重視していない。
・「どちらともいえない」──株主と従業員の双方とも「どちらともいえない」。
・「従業員重視」──従業員は重視しているが株主については「どちらともいえ

ない」か重視していない。
・「その他」——上記4つのパターン以外。

　その結果を図示したのが図2-1である。まず目に飛び込んでくるのは中国の結果である。機械，流通の両部門とも「双方重視」が半数近くを占め，その多さが際立っている。中欧の機械では「株主重視」がチェコで5割，スロヴァキアで4割強，エストニアでも3割を超え，多い。しかしこれらの国の流通部門では，スロヴァキアの多数派は「双方重視」の4割強であるが，エストニアでは「従業員重視」がなんと8割にもなっており，国による違いが大きい。このようななか，エストニアの流通部門を除いて，各国・部門とも「従業員重視」は1割前後にとどまっている。大半の従業員は，現在の企業が「従業員重視」で統治されているとは考えにくい，とみていることになる。

　日本の特徴は，他の国・部門にくらべ見方が分散しており，そのなかで「どちらともいえない」という回答が多いことである。日本の結果を比率で確認しておくと，「双方重視」，「株主重視」，「どちらともいえない」，「従業員重視」は，順に，機械では19.7%，26.5%，25.7%，4.4%，同じく流通では13.9%，16.7%，28.1%，12.3%である。また，機械の内訳に目を向けると，工作機械では「どちらともいえない」（34.3%）が最多，電子・電器では「どちらともいえない」（18.1%）が2割を切り，「双方重視」と「株主重視」がともに3割前後にもなり，それだけ勤務先の企業統治に対する見解が，従業員間で割れていることになる。

　日本の企業統治はバブル経済の崩壊後，依然として変化の過程にあり，従業員の認識をひとつに集約するような状況にない，ともいえる。いいかえれば，従業員を吸引する力が定まっていないということである。いずれにせよ，1980年前後，国際的に注目された「従業員重視」は，いまや影を薄めているようだ。

　このような，株主重視と従業員重視のパターンでみた企業統治は，従業員の日常の職場生活やそのおかれている条件や環境と，どのような関係を取り結んでいるのであろうか。次に，これらの点を確認してみることにする。

図 2-1　会社の株主と従業員の重視パターン

(%)

凡例：■双方重視　□株主重視　□どちらともいえない　■従業員重視　■その他

		N=	双方重視	株主重視	どちらともいえない	従業員重視	その他
中国	機械	698	49.7	15.9	12.8	7.0	5.6
	流通	424	46.5	13.7	9.2	8.0	7.1
チェコ	機械	358	35.5	50.8	7.0	1.4	3.4
エストニア	機械	409	31.5	32.3	6.4	10.5	18.8
	流通	214	4.7	0.9	0.5	81.3	2.8
日本	機械	1,075	19.7	26.5	25.7	4.4	13.9
	工作機械	501	10.2	20.2	34.3	5.6	21.0
	電子・電器	574	28.0	32.1	18.1	3.3	7.7
	流通	424	13.9	16.7	28.1	12.3	15.8
スロヴァキア	機械（工作機械）	197	28.4	43.1	15.2	1.0	9.1
	流通	194	42.3	26.3	18.6	1.5	8.8

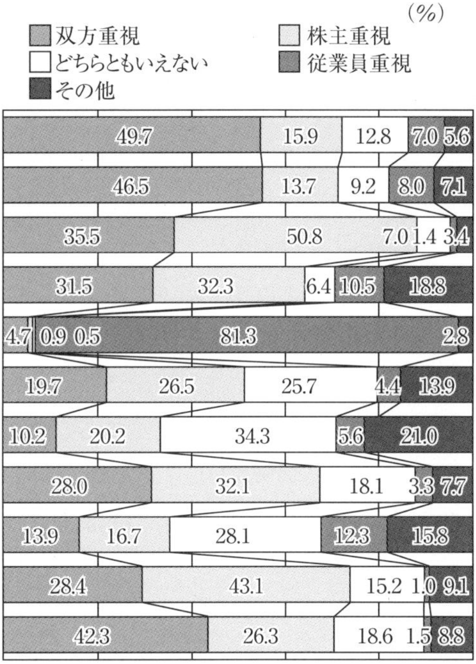

3．職場生活の現状

　職場生活に関連した項目のなかから，従業員個人に着目して仕事の満足度を，そして職場に注目して作業集団の自律性を，それぞれ取り出した。

(1) 仕事の満足度

　日本の従業員は，仕事の満足度について低い評価をくだしている。白石 (2005) は 80 年中葉，90 年中葉，2000 年前後の 3 回にわたって実施した電機労働者の意識に関する国際調査（「電機連合調査」）の結果から，日本の仕事の満足度は下位グループに入り，このことが日本経済の成熟期，バブル経済の前後を問わず，変化の少なかったことを指摘している。

われわれの調査の設問は「電機連合調査」と同じ 16 項目から組み立てられている。まず，回答結果を因子分析を用いて 3 つの因子に要約し，各因子中から成分 0.6 以上の項目を取り出した。その結果は次のようにまとめられる。

・賃金や労働条件（福利厚生，男女の機会平等，教育訓練，雇用の保障，給料・諸手当）

・仕事の質と量（仕事上の自己裁量，仕事上の能力発揮，労働時間の長さ，作業量・作業方法）

・人間関係（同僚との関係，上司との関係）

項目間の関連性を示すクロンバックの α 係数は順に 0.805，0.788，0.666 で，おおむね尺度作成の条件は満たしている。そこで，リッカート尺度を作成しその結果を図示したのが図 2-2 である。理論値は，賃金や労働条件は 0～90，仕事は 0～72，人間関係は 0～38 の間である[2]。

各領域の尺度値でみた上位 2 つに着目すると，機械部門（6 ヵ国）の賃金や労働条件では中国とフィンランド，仕事の質と量ではエストニアとフィンランド，人間関係では中国とスロヴァキアが，それぞれ該当する。流通部門では，各項目ともトップはエストニアで，そのポイントの高さは図抜けている。これに次いでいるのが，賃金や労働条件では中国，仕事の質と量ではスロヴァキア，人間関係では中国である。

このようななか，日本の機械部門は 6 位，流通部門は 4 位で，ともに最下位である。日本の機械のなかでは工作機械部門の従業員による評価が芳しくない。今回の国際調査からも，日本の従業員は仕事の満足度について，低い評価をくだしていることになる。したがって，日本の仕事の満足度が国際的にみて低位水準にあることは 80 年中葉から今日までの約 30 年間，変わっていないことになる。

このような仕事の満足度の背後には，従業員が職場で受けている評価も少なからず影響しているものと思われる。つまり，日本の従業員は自分自身が受けている評価に対して満足していないのではないかということである。と同時にこのことは，従業員の会社観をも左右するものと考えられる。

図 2-2 仕事の満足度

		N =	賃金や労働条件	仕事の質と量	人間関係
中 国	機械	718	56.8	45.9	27.0
	流通	424	56.6	41.1	25.7
チェコ	機械	332	52.0	41.1	26.5
エストニア	機械	405	45.9	52.0	25.5
	流通	212	86.2	68.3	32.0
フィンランド	機械	204	54.0	46.8	26.7
日 本	機械	1,078	41.3	35.1	19.8
	工作機械	515	35.9	33.2	18.4
	電子・電器	563	46.3	36.8	21.1
	流通	419	41.1	30.2	18.5
スロヴァキア	機械	179	46.5	41.2	26.7
	流通	164	55.3	41.8	24.5

注：理論値は，賃金や労働条件は 0〜90，仕事は 0〜72，人間関係は 0〜38。

そこで，われわれの調査項目のなかから，職場でされている評価と会社観を組み合わせ，"最善・最強の組み合わせ"である「職場でされている評価に満足し，会社にも最善をつくしたい」従業員の全体（= 100％）に占める構成比を算出してみた。それを図示したのが図 2-3 である。

ここにおいても中国の結果が目を引く。この層だけで，なんと全体の 6 割前後にもなる。また，エストニアでは流通部門の 7 割に対して機械部門は 4 分の 1 で，部門による違いの大きいことを示している。チェコの機械も 3 分の 1 で少なくない。

このようななかで，フィンランドの機械部門とスロヴァキアの機械部門および流通部門は 1 割強にとどまっている。しかし，さらに少ないのは日本である。この層は，機械部門では 8.4％，流通部門ではわずか 2.8％ でしかない。そして，機械部門のなかでは，電子・電器の 12.1％ に対して工作機械では 4.1％ を数えるのみである。日本の従業員でもっとも多い回答は，職場でされている評価は「どちらともいえない」で，会社に対しては「会社が私に報いて

くれる程度に会社につくしたい」というギブ・アンド・テイク型の組み合わせである。これが全体の2割を占める（機械 20.5%，流通 20.9%，機械の内の工作機械 20.8，電子・電器 20.3%）。日本の従業員の主流は，仕事に満たされないものを抱え，自分のされている評価には不満を持ち，会社への積極的貢献には躊躇し，ギブ・アンド・テイクで対応することを選択している人たちということになる。

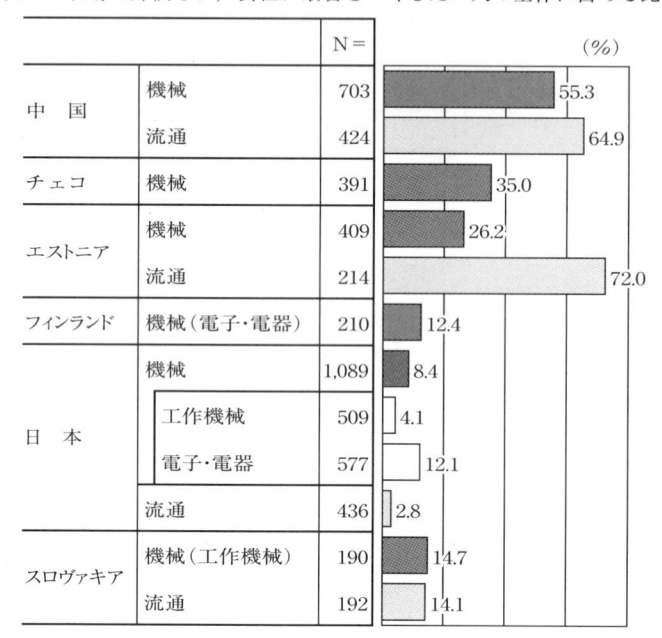

図2-3 職場で評価され，会社に最善をつくしたい人の全体に占める比率

		N =	(%)
中国	機械	703	55.3
	流通	424	64.9
チェコ	機械	391	35.0
エストニア	機械	409	26.2
	流通	214	72.0
フィンランド	機械（電子・電器）	210	12.4
日本	機械	1,089	8.4
	工作機械	509	4.1
	電子・電器	577	12.1
	流通	436	2.8
スロヴァキア	機械（工作機械）	190	14.7
	流通	192	14.1

(2) 作業集団の自律性

従業員の日常作業は，成文化されたマニュアルや上司の指示のみならず，職場の慣行や暗黙の了解事項などをも含めて遂行されている。企業統治の見直しは，職場の作業規律の見直しや処遇制度の改廃などを伴うことが多い。このことを念頭において，われわれの調査では職場での慣習や問題発生時の対処に関

する13項目をあげ，それぞれについてその実態をきいた。

そのなかから，因子分析を用いて作業集団の自律性に関する6項目（合意の形成，情報の入手，共通目標の共有，合意形成への努力，仕事方法の改善，およびプロジェクトの円滑な運営）を抽出した。ちなみに，これら項目間のクロンバックのα係数は0.814で，リッカート尺度作成の条件を満たしている。その結果を図示したのが図2-4で，この理論値は0～126で，数値は大きくなるほど支持が

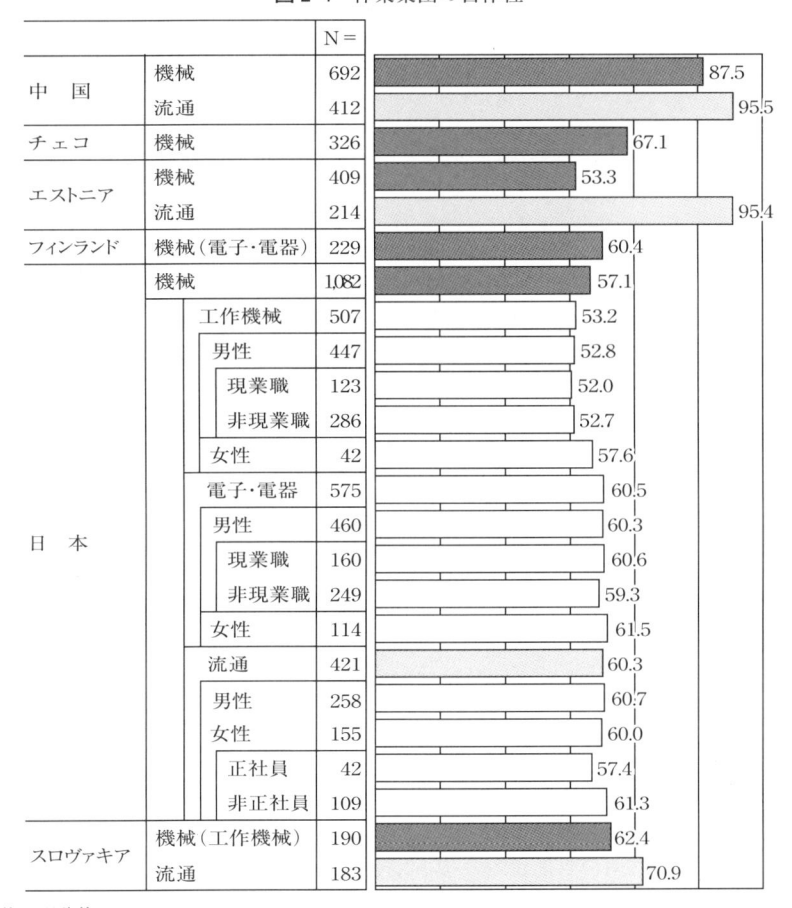

図2-4 作業集団の自律性

国	区分	N=	値
中国	機械	692	87.5
	流通	412	95.5
チェコ	機械	326	67.1
エストニア	機械	409	53.3
	流通	214	95.4
フィンランド	機械(電子・電器)	229	60.4
日本	機械	1,082	57.1
	工作機械	507	53.2
	男性	447	52.8
	現業職	123	52.0
	非現業職	286	52.7
	女性	42	57.6
	電子・電器	575	60.5
	男性	460	60.3
	現業職	160	60.6
	非現業職	249	59.3
	女性	114	61.5
	流通	421	60.3
	男性	258	60.7
	女性	155	60.0
	正社員	42	57.4
	非正社員	109	61.3
スロヴァキア	機械(工作機械)	190	62.4
	流通	183	70.9

注：理論値は0～126。

強まることになる。

　機械部門でのトップは中国の87.5ポイントで，作業集団の自律性の強いことを示唆している。これに次いで，ポイントを大きく下げてチェコの67.1ポイント，スロヴァキアの62.4ポイント，フィンランドの60.4ポイント，日本の57.1ポイント，そしてエストニアの53.3ポイントが似通ったウエイトで続いている。日本の機械のなかでは，電子・電器部門は60.5ポイント，工作機械部門は53.2ポイントである。工作機械で作業集団の自律性の低いことが目を引く。

　流通部門では，中国（95.5ポイント）とエストニア（95.4ポイント）が図抜けて強く，スロヴァキア（70.9ポイント）と日本（60.3ポイント）は大きく引き離されている。

　このように，日本の作業集団の自律性は弱い。この点は性や職種による違いを超えていえることである。ここからは，日本の職場では，作業管理（コスト，納期，品質）が行き届き，作業がルールや目標に沿って粛々と遂行されているということになるが，反面，"余裕"のない，マニュアルに縛られた作業風景が目に浮かぶ。

(3)　企業がおかれている条件や環境

　次に企業統治との関係を，従業員の意思を超え，働く日常に影響を与える，企業のおかれている条件や環境を検討していくことにする。この課題に接近するため，われわれの調査のなかから商品やサービスの競争力，労働組合の経営施策活動，および市場の重要性に対する認識の程度の3つを取り出した。その結果を5点法で図示したのが図2-5で，数値は大きくなるほど肯定が強まることを示す。

①　商品・サービスの競争力

　従業員は，勤務先の会社が取り扱っている商品やサービスの質に関する競争力について強い自信を持っている。このことは日本の従業員にも当てはまる

図 2-5　会社のおかれている条件や環境

(5点法)

		N=	商品やサービスの質の競争力	労組の経営政策への影響力に関する取り組み	市場の変化への対応の重要性
中国	機械	693	3.8	3.5	4.2
	流通	423	4.2	3.4	4.2
エストニア	機械(電子・電器)	204	4.0	3.8	4.9
フィンランド	機械(電子・電器)	205	4.0	2.9	4.2
日本	機械	1,055	3.5	2.8	4.0
	工作機械	484	3.2	2.6	3.9
	電子・電器	571	3.7	3.1	4.2
	流通	408	3.5	2.8	3.8
スロヴァキア	機械(工作機械)	182	4.0	2.4	4.4
	流通	186	4.0	2.6	4.7

が，ポイントの多少にこだわると，日本の結果は機械，流通とも3.5で，これは他の国や部門の4点前後にくらべると低い。そして，機械部門のなかでは，電子・電器の3.7に対して工作機械では3.2で，さらにポイントを下げている。

② 労働組合の経営施策活動

この設問は，労働組合の取り組みについて，その取り組み状況をきいた16項目中のひとつで，その内容は「経営施策への影響力」である。従業員の目を通してみた，労働組合の企業統治への取り組み評価ということになる。

中国とエストニアは3.5前後で，評価が高い。これが，フィンランドでは2.9，スロヴァキアでは2.5前後へと下がり，日本は機械，流通とも2.8で下位グループに属している。機械のなかでは，電子・電器の3.1に対し，工作機械は2.6で，さらに下がる。

この結果をみていくに当たっては，従業員の労働組合との関係が問題とな

る。表2-1は，このことを念頭において組合員と非組合員に分けて集計した結果である。これをみると，エストニアの機械（電子・電器）では組合員の評価が非組合員を明らかに上回っているものの，他の国や部門では組合員籍の有無による違いはいたって小さい。非組合員にとっても，労働組合の「経営施策への影響力」を与える活動は同じ程度にみえているということになる。

　日本の結果の特徴は，今回の対象となった企業では，組合員比率が高いにもかかわらず，「経営施策への影響力」という点では評価が低いことである。今日，日本の経営 ― 組合関係は，労使協議会への経営トップの出席が減少するなど経営サイドの労働組合軽視が進行している。また，労働組合の職場における代表性が，従来，日本の労働組合が組織化の対象としていなかった非正規労働者が増えるなどで脅かされている。これらのことは，「経営施策への影響力」への効果的な取り組みを難しくしている。それだけに，労働組合の，この課題への取り組み状況の弱さには検討すべき課題が内包されている。

表2-1　労組の経営施策への影響力に関する取り組み

		N=	組合員比率（%）	組合員（5点法）	非組合員（5点法）
中　国	機械	684	65.4	3.5	3.4
	流通	421	35.6	3.4	3.5
エストニア	機械（電子機器）	206	14.6	4.3	3.7
フィンランド	機械（電子機器）	213	83.6	2.8	2.8
日　本	機械	1,047	97.1	2.8	2.9
	流通	400	72.5	2.8	2.8
スロヴァキア	機械（工作機械）	179	47.5	2.5	2.4
	流通	182	55.5	2.7	2.6

③　市場の重要性に対する認識の程度

　この設問は，「大変重要なことは，市場の変化を的確に感じとり，それに適宜対応することである」で，これを検討の素材に取り上げたのは，従業員がどの程度，市場への適応に切迫感を持っているのか，その実情を知りたいと考え

たからである。

　この点についての認識は，機械部門ではエストニア（4.9）とスロヴァキア（4.4）で，流通部門ではスロヴァキア（4.7）できわめて強く，中国（4.2）が次いでいる。これらの国ぐには，市場との関係の弱かった旧体制から，市場経済の体制へ，急速なカーブを切ったことで共通している。

　市場への適応が大切なことは日本も例外ではない。何よりも冷戦体制の終焉は，経済のグローバル化を一気に進め，企業を熾烈な国際競争のなかに投げ込んだからである。結果をみると，機械部門（4.0）が流通部門（3.8）を上回っており，機械部門のなかでは電子・電器（4.2）が工作機械（3.9）より強い。

4．企業統治の背景

　それでは，企業統治のパターンは，他の利害関係者（組織，機関を含む。以下同じ）や従業員の職場生活，企業のおかれている条件や環境と，どのような関係を取り結んでいるのであろうか。次にこれらの課題を検討していくことにする。

(1) 企業統治のパターンと利害関係者との関係

　まず，企業統治のパターンと他の利害関係者との関係をみておくことにする。この点に関して，われわれの調査では取引先，下請け・協力会社，消費者，労働組合，行政，地域社会のそれぞれについて勤務先の会社がどの程度重視しているかを5段階できいている。図2-6は企業統治のパターン別に，その結果を5点法で図示したものである（1≦理論値≦5。5に近いほど重視度は強い）。

　各国・各部門とも，「双方重視」とみている人は，他の利害関係者のいずれにおいても高い重視度を与えている。したがって，このパターンの多い中国の従業員は，勤務先の会社がすべての利害関係者に十分に配慮した経営を行っているとみている人が多いことになる。

　「株主重視」で留意すべきことは，組合重視の程度が，エストニアを除いて，

明らかに低いことである。この傾向はチェコの機械部門で1.7と，その低さが際立っている。図表は省略しているが，日本の場合，電子・電器の3.0に対し，工作機械では2.4まで下がっている。従業員は，「株主重視」は労働組合の軽視や弱体化と同じ動きの線上にあるとみている。

また，「どちらともいえない」のパターンでは，他の利害関係者に対する重要度はいずれも低い傾向をみせている。日本は，すでに紹介したようにこのパターンが多い国であるが，その分，他の利害関係者の重視を抑制する結果とつながっているようである。

図2-6　企業統治のパターンと利害関係者との関係

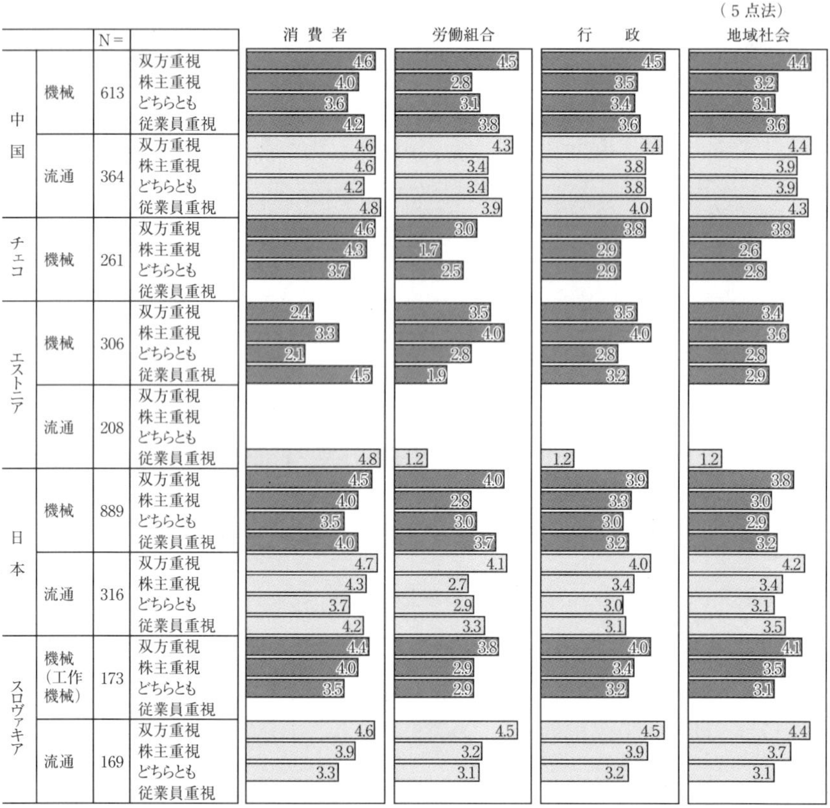

(5点法)

		N=		消費者	労働組合	行政	地域社会
中国	機械	613	双方重視	4.6	4.5	4.5	4.4
			株主重視	4.0	2.8	3.5	3.2
			どちらとも	3.6	3.1	3.4	3.1
			従業員重視	4.2	3.8	3.6	3.6
	流通	364	双方重視	4.6	4.3	4.4	4.4
			株主重視	4.6	3.4	3.8	3.9
			どちらとも	4.2	3.4	3.8	3.9
			従業員重視		3.9	4.0	4.3
チェコ	機械	261	双方重視	4.6	3.0	3.8	3.8
			株主重視	4.3	1.7	2.9	2.6
			どちらとも	3.7	2.5	2.9	2.8
			従業員重視				
エストニア	機械	306	双方重視	2.4	3.5	3.5	3.4
			株主重視	3.3	4.0	4.0	3.6
			どちらとも	2.1	2.8	2.8	2.8
			従業員重視	4.5	1.9	3.2	2.9
	流通	208	双方重視				
			株主重視				
			どちらとも				
			従業員重視	4.8	1.2	1.2	1.2
日本	機械	889	双方重視	4.5	4.0	3.9	3.8
			株主重視	4.0	2.8	3.3	3.0
			どちらとも	3.5	3.0	3.0	2.9
			従業員重視	4.0	3.7	3.6	3.2
	流通	316	双方重視	4.7	4.1	4.0	4.2
			株主重視	4.3	2.7	3.4	3.4
			どちらとも	3.7	2.9	3.0	3.1
			従業員重視	4.2	3.3	3.1	3.5
スロヴァキア	機械(工作機械)	173	双方重視	4.4	3.8	4.0	4.1
			株主重視	4.0	2.9	3.4	3.5
			どちらとも	3.5	2.9	3.2	3.1
			従業員重視				
	流通	169	双方重視	4.6	4.5	4.5	4.4
			株主重視	3.9	3.2	3.9	3.7
			どちらとも	3.3	3.1	3.2	3.1
			従業員重視				

注：サンプル10件未満については省略。

残るもうひとつのパターンの「従業員重視」は，各国・各部門とも「双方重視」の結果ほどではないが，「どちらともいえない」や「株主重視」よりは，他の利害関係者に対する重視度は強い傾向が窺える。

(2) 企業統治の背景

ところで，このような企業統治のパターンはどのような特徴を持っているのであろうか。ここでは日本の機械部門のデータで検討していくことにする。われわれの調査に参加している機械部門は日本を代表する製造業の大企業であり，それだけに，日本的経営における企業統治の変化を検討する材料が含まれていると思われる。

表2-2は，日本の機械部門の株主と従業員の「双方重視」と「株主重視」について，「従業員重視」を準拠先とし，従業員の日常の職場生活や，そのおかれている条件や環境を説明変数とした多項ロジスティック分析で推計した結果である[3]。

工作機械

「双方重視」は，市場の変化に対応することの重要性を強く感じ，仕事に満足している人で押し上げられている。また，「株主重視」は，労働組合の経営施策への取り組みが弱く，賃金や労働条件に不満を持っている人，作業集団の自律性が弱く，会社の商品やサービスの競争力が弱いとみている人と関係のあることがわかる。

電子・電器

「双方重視」は，市場の変化に対応することの重要性を強く意識し，会社の商品やサービスの質に競争力があるとみており，労働組合が経営施策への影響力を強める取り組みに力を入れているとみている。また，賃金や労働条件への満足度も高い人たちでもある。この部門の労働組合は，経営参加活動に熱心に取り組んでいる。「双方重視」のウイン・ウイン関係の構築に，労働組合の長

年の取り組みが少なからず寄与しているものと思われる。また，この部門で「株主重視」を選んだ人は，市場の変化へ対応することの必要性を強く感じ，賃金や労働条件には不満を持ち，作業集団の自律機能が弱いとみている人たちのようである。

表 2-2　企業統治の背景

			工作機械			電子・電器		
			β	Wald値	Exp(β)	β	Wald値	Exp(β)
双方重視	職場生活の満足度	賃金や労働条件	−.681	2.767	.506	−.443	3.055*	.506
		仕事の質と量	.780	3.906**	2.182	−.096	.166	2.182
		人間関係	−.292	1.162	.747	.160	.594	.747
	作業集団の自律性		.403	1.019	1.497	.077	.086	1.497
	商品やサービスの質		.132	.162	1.141	.527	5.072**	1.141
	経営施策への影響力		−.233	.529	.792	.549	5.643**	.792
	市場の変化への対応の重要性		.670	3.447*	1.955	.595	4.695**	1.955
株主重視	職場生活の満足度	賃金や労働条件	−.893	4.434**	.409	−1.006	15.412***	.409
		仕事の質と量	−.095	.056	.910	−.390	2.650	.910
		人間関係	−.357	1.749	.700	−.262	1.693	.700
	作業集団の自律性		−.775	3.461*	.461	−.606	4.977**	.461
	商品やサービスの質		−.563	3.548*	.570	−.039	.030	.570
	経営施策への影響力		−1.147	12.169***	.317	−.019	.007	.317
	市場の変化への対応の重要性		.488	1.921	1.629	.451	2.777*	1.629
N=				176			382	
疑似 R^2 = （Cox と Snell）				.376			.285	

注：準拠先カテゴリーは「従業員重視」。
　　***：1％水準で有意，**：5％水準で有意，*：10％水準で有意。

この結果は，次のようにもいいかえられる。
・「双方重視」のためには，市場への目配り，商品やサービスの競争力，従業員のやる気を引き出す処遇面での配慮，そして労働組合の取り組みが求められている。
・「株主重視」になると，賃金や労働条件が下がり，作業集団の自律性は押さ

えられる。このパターンには，労働組合の経営施策対策の弱体化・軽視が附随している。

5．まとめにかえて

　以上の検討から，国家社会主義下で株主と従業員のウイン・ウイン関係を模索し従業員の高いモチベーションを引き出している元気な中国，市場経済へ移行し株主重視や従業員重視など多様な中欧，企業のリストラ下で苦悩するフィンランド，明確な企業統治のメッセージがみえず，仕事の満足度が上がらず職場に「余裕」のない日本，といった印象が残る。東西冷戦体制が崩壊し，世界がひとつの市場となり，企業間競争が熾烈さをきわめているが，各国・各部門で実施されている企業統治には，各国の企業活動を規制している国内法やそれぞれの企業が受け継いでいる「伝統」や「文化」があり，多様な展開を繰り広げているともとれる。今後の展開を待つ必要があるものの，市場化が株主主権に単純に収斂していくとは考えにくい。

　企業統治に関する日本の推計結果からは，株主と従業員の「双方重視」のためには市場の動きへの的確な対応と競争力のある製品・サービスの質，従業員の仕事の満足や作業集団の自律性を追求することが大切であり，「株主重視」には従業員の処遇面の見直しや作業集団の自律性を抑制していることの影響が明らかになっている。

　これらの点に加えて注目しておきたいのは，企業統治に果たす労働組合の役割である。「双方重視」では労働組合の経営施策の取り組みがプラスの，「株主重視」ではマイナスの作用を与えている。労働組合の経営施策への取り組みに関して，自動車総連（1992）が1990年代前半に行った取り組みが思い出される。当時，日本の自動車産業は「従業員はくたくた，会社は儲からず，海外からは叩かれっぱなし」という三重苦の下におかれていた。労働時間の短縮の検討から始まった議論は，三重苦を解消する施策の検討に発展し，今後の自動車産業のあるべき姿は「世界・消費者・従業員との共生」にあるとの考えにい

たった。労働組合の活動に失業保険を組み込んでいるスウェーデンやデンマーク，フィンランドを除いて，各国とも労働組合の組織率は低下し，歯止めがかかっていない。日本も同様である。経営者の労働組合軽視や，日本労働組合総連合（連合）の支持や推薦を受けている民主党のなかからも労働組合敵視の声すら聞こえてくる。労働組合自身も職場における代表性が，非正規労働者の構成比が高まるなかで怪しくなっているところさえある。自動車総連の提言から20年経った今日，世界・消費者・従業員に株主が加わり，よりバランスのとれた「解」が求められている。労働組合の果敢な挑戦を期待したい。

1）調査票と集計結果の一部は労働調査協議会のホームページに掲載されている。http://www.rochokyo.gr.jp/html/2009 bn.html
2）リッカート尺度はシグマ法で求め，最小値を0にすべき数値を加え，5を乗じて作成した。以下，今回の分析で紹介している仕事の満足度，職場集団の自律性についても同じ方法で作成した。
3）説明変数：賃金や労働条件，仕事の質と量，人間関係の満足度，職場集団の自律性は3分位で「1. 低」，「2. 中」，「3. 高」。商品やサービスの質の競争力は「1. まったく競争力はない」〜「5. 非常に競争力がある」。労働組合の経営施策への影響力は「1. まったく取り組んでいない」〜「5. 十分取り組んでいる」。市場の変化への対応の重要性は「1. まったくそうは思わない」〜「5. まさにその通り」。

参 考 文 献

アベ・マルガリータ・エステベス，2008，http://diamond.jp/articles/-/2319。
ヴォーゲル，エズラ，1979，『ジャパン・アズ・ナンバーワン』TBS ブリタニカ（英語の初版も1979年）。
自動車総連，1992，『第13期産業政策委員会答申 ― 世界・消費者・従業員と共生する自動車産業 ― 三重苦と決別・高付加価値産業への構造転換―』自動車総連。
白石利政，2005，「職場生活の満足度とその構造」石川晃弘・白石利政編著『国際比較からみた日本の職場と労働生活』学文社。
ドーア，ロナルド，2008，「今は亡き『日本型資本主義』を悼む」『エコノミスト』1月8日号。
盛田常夫，2010，『ポスト社会主義の政治経済学‐体制転換20年のハンガリー：旧体制の変化と継続』日本評論社。
盛田昭夫・下村満子・E. ラインゴールド，1990，『MADE IN JAPAN』朝日文庫（英語の初版は1986年10月，日本語の初版は1987年1月）。

第 3 章
生活時間構造からみた日本的
ワーク・ライフ・バランス問題

小 林 良 暢

1．ワーク・ライフ・バランスをめぐる近年の動向

　「ワーク・ライフ・バランスの日」という記念日があるのをご存じだろうか。毎年11月23日である。それって，勤労感謝の日ではないか。
　そうである。平成18年に公益財団法人日本生産性本部が，この日を勤労に感謝するだけでなく，生活の重みも改めて認識して全体としてバランスのとれた生活を送るための記念日にすることを提唱したものである。しかし，勤労感謝の日を「ワーク・ライフ・バランスの日」にただいいかえただけのいかにも安易な発想のためか，ちっとも流行らなかった。
　政府の方も平成20年，福田内閣のときに「ワーク・ライフ・バランス推進官民トップ会議」を設置，「ワーク・ライフ・バランス憲章」を取りまとめて，官民上げてその盛り上げを図ったが，福田退陣とともにすっかり忘れ去られてしまった。
　このようにわが国の「ワーク・ライフ・バランス」はご難続きである。だが，今年の夏，ひょんなことから「ワーク・ライフ・バランス」が実現しそうな気配になった。
　きっかけは「3.11東日本震災」，福島第1原子力発電所の事故による東京電力管内における電力不足に伴う夏の節電対策である。
　政府の節電対策の要請に対して，森永乳業やソニーをはじめ，ユニ・チャー

ム，東京証券取引所，さらにはキヤノンやカルビーなどの大企業が，独自の"サマータイム"を取り入れる動きがでてきた。また，東京都も職員のうち2万5000人を対象に"サマータイム"を段階的に導入するという。出勤時間は通常より30分から1時間早めて午前7時半，8時，9時の3つのグループに分け，退勤時間はもっとも早いグループで午後4時15分となるという。

"機を見て敏なる"はビジネス界の常，喫茶店が朝の営業開始時間を30分早め午前6時30分にしたり，バーが夕方の開店時刻を午後4時に繰り上げるのは，早めに帰宅するサラリーマンを取り込む作戦だ。また，ビジネススクールや各種専門学校がサラリーマンやOLの自己啓発向けコースを夕方の時間帯に新設するのも，「アフター4」に勝機ありとみた素早い動きなのだろう。

この朝7時半とか8時に出勤して，夕方4時過ぎに退社するという試みは，ひょっとするとサラリーマンやOLの生活のリズムを変え，もっといえば，日本人の日々の暮らし方のなかでいちじるしくバランスが欠けているものを是正する壮大な"社会実験"になるのではないか，と筆者は期待を込めて注視してきた。

どうしてそう考えるかは，生活時間の国際比較調査の結果を使って説明していきたい。

2．なぜ日本人の生活に"ゆとり"がないのか

ここで使う「生活時間の国際比較」データは，日本，ドイツ，フランス，フィンランド，エストニア，チェコ，スロヴァキア，中国の8カ国の社会学者や企業・労使関係の研究者が，それぞれの国で労働者を対象に実施した「企業文化の国際比較調査」から得られたものである。この調査には，平日の「1日の仕事と生活の時間」の質問がある。朝起床してから，出勤，出社，退社，帰宅，そして就寝までの"6つの時刻"を，「あなたの平均的な出勤日の状況」についてたずねている。この設問には，調査参加国のうちドイツ，エストニア，チェコ，スロヴァキア，中国，日本の6カ国から回答が得られた。

朝起きて，出勤をして仕事をして，夕方帰宅をして就寝するという「1日の生活リズム」は，各国の労働者とも皆同じである。しかし，起床の時刻，また出勤・退社の時刻，さらには就寝の時刻については，国によって違いがある。それをまとめたのが図3-1である。

図3-1 平日の生活リズムの国際比較

(時：分)

時刻 生活行動	5 起床	6 出社	7	8	9〜14 (在社時間)	15 退社	16 帰宅	17	18	19	20・21	22 就寝	23	〔休息時間〕
ドイツ	5:35	6:52			(9:16)		16:08	←16:35				22:16		〔14:41〕
チェコ	5:16	6:18			(9:16)	15:40	16:17					22:28		〔14:41〕
スロヴァキア	5:12	6:18			(9:22)	15:29	16:07					22:10		〔14:38〕
エストニア		6:34		8:09	(9:01)			17:04	←17:45			22:59		〔14:59〕
中 国		6:18		8:11	(9:21)			17:39	18:31			22:14		〔14:32〕
日 本		6:16	7:54		(11:40)					19:34	20:16		23:51	〔12:20〕

これによると，一番早く起きるのはスロヴァキアで5時12分に起床，チェコも5時16分とほぼ同時刻である。ドイツも5時半過ぎと早起きである。これに対して，エストニア，中国，日本は6時台である。また，出社時刻もチェコとスロヴァキアは6時02分ともっとも早く，ドイツも6時52分と早い。エストニア，中国，日本は出社も8時前後と遅い。

さらに，1日の仕事を終えて退社時刻が一番早いのは，やはり出社の早いスロヴァキアは15時29分，チェコも15時40分には退社している。次いでドイツの16時08分。エストニア，中国はやや遅く，それでも17時台には退社。ところが，日本だけ退社は19時34分と遅い。

そのため，帰宅時刻も，チェコとスロヴァキアは16時過ぎ，ドイツも16時半，エストニアは17時台，中国も18時台には家に帰っているのに，日本だけは20時16分と遅い。その結果，就寝時刻は日本を除く4カ国が22時台であるのに対して，日本だけは23時51分で，もう日付が変わる時間である。

以上のことをまとめると，日本には2つの特徴がある。

第1は，日本の労働者は，朝起きるのも，会社に行くのも，また退社・帰宅

も，さらに就寝も遅いという「遅い生活リズム」という，顕著な特徴がある。

第2は，帰宅してから就寝するまでの自由時間が，ドイツ，チェコ，スロヴァキア，エストニアは5時間から6時間と長くあるが，日本は3時間35分と一番短い（中国も短いが，それは欧州並みに早く寝るからである）。

この2つの事実は，日本の労働者あるいはサラリーマンの平日の生活の仕方を考えるときに，きわめて重要な示唆を与えてくれる。たとえば，ドイツやスロヴァキアの労働者は，夕方の4時台の早い時間に帰宅している。夕食の時間は，これまで実施された生活時間の国際調査をみると，これら帰宅時間の早い国ではおよそ6時頃には済ませてしまう。

この夕方の4時頃から10時過ぎに寝るまでが，平日の「自由時間」であるが，この時間にスポーツやコーラスなどの活動に参加したり，夫婦でゲームに興じたり，ホーム・パーティーやバーでの懇親，地域活動やボランティア，あるいは政党の地域支部の会合など，多様でアクティブな行動をしているのである。これに対して，午後8時近くに帰宅する日本の労働者は，風呂に入って，食事をして，テレビをみて寝るのがせいぜいである。

日本人の生活に"ゆとり"がないのは，このように平日の夕方から就寝までの「自由時間」がいちじるしく短いということの1点につきる。それは，出社してから退社するまでの「在社時間」が長いからである。

ふたたび図3-1をみて欲しい。そのなかの薄い網かけの部分が「在社時間」である。各国別に比較してみると，日本を除く各国の「在社時間」はいずれも9時間台，中国でさえも9時間21分であるのに，日本だけが11時間40分と，ドイツと比較して2時間半，中国よりも2時間も長い。

一方，退社してから次の朝の出社までの時間を，国際的には「休息時間」と呼んでいるが，そのなかには睡眠時間，自由時間，通勤時間の3つが含まれる。この「休息時間」が，日本以外の4カ国は14時間半から15時間近くもあるが，日本だけは12時間20分と際立って短い。

1日24時間はどこの国も同じで，これはグローバル・スタンダードである。問題は，この24時間を「在社時間」と「休息時間」でどう時間配分している

か，その仕方が「ワーク・ライフ・バランス」である。これを5カ国で比較すると，日本だけが「ワーク」への配分が2時間半余り長く，「ライフ」の時間が3時間近く短い。

要するに，わが国の現状は「ワーク・ライフ・バランス」社会ではなく，「ワーク・ライフ・アンバランス」なのである。

「ワーク・ライフ・バランス」の実現とは，平日の時間配分の「アンバランス」を是正すること，すなわち1日2時間半から3時間ばかりを，「ワーク」から「ライフ」の時間にシフトさせることである。

3．「休息時間」なくして「ワーク・ライフ・バランス」なし

日本に限らず，どこの国にも「在社時間」が長い人と短い人はいる。図3-2は「在社時間」の長さ別に分布状況をみたものである。

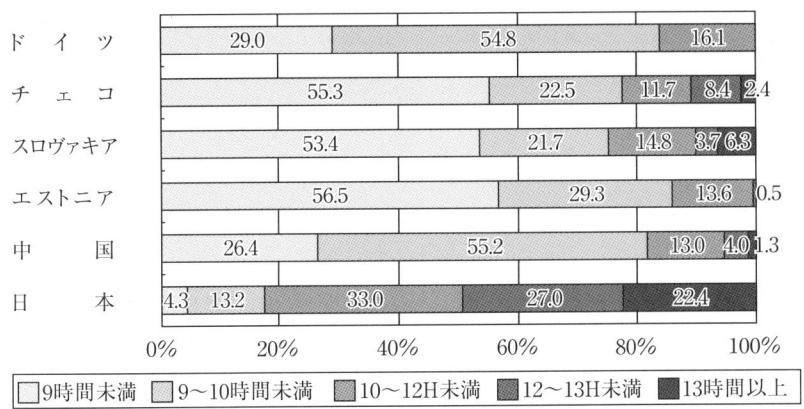

図3-2 平日の「在社時間」（出勤〜退社）の長さ別割合

	9時間未満	9〜10時間未満	10〜12H未満	12〜13H未満	13時間以上
ドイツ	29.0	54.8	16.1		
チェコ	55.3	22.5	11.7	8.4	2.4
スロヴァキア	53.4	21.7	14.8	3.7	6.3
エストニア	56.5	29.3	13.6	0.5	
中国	26.4	55.2	13.0	4.0	1.3
日本	4.3	13.2	33.0	27.0	22.4

ここで注目するのは在社時間が「13時間以上」の人の比率である。なぜ13時間超に注目するかは，1日24時間の半分以上の時間を会社に居て仕事をしている人がいるからである。そのような人は，ドイツ，エストニア，中国では

ゼロないしは1％にすぎない。スロヴァキアが6.3％なのは，サンプルのなかに管理職レベルの人が紛れ込んだためだという。これに対して，日本はじつに22.4％と，5人に1人もいる。こういう働き方は「レッド・カード」もので，国際的にはレアケースである。

他方，「在社時間」が「9時間以下」の人は，ドイツでは3人に1人，スロヴァキア，エストニアでは半分以上いるが，日本では4.1％しかいない。

このような在社時間「13時間以上」の労働者は，どのような人たちなのだろうか。本調査の年齢・職種・学歴・所得水準・意識に関する設問項目とクロス集計をかけてみると，いくつかの特徴がみられる。その結果を要約すると，在社時間「13時間以上」で働く人は，大卒で技術職ないしは技能職が多く，所得は高・中・低に分けると高所得で，仕事そのものが面白く，昇進の可能性が重要と考えている。しかし労働時間の現状に「満足していない」。当然だといえる。

このように日本のサラリーマンの「休息時間」の状況は，ドイツや北欧・東欧諸国に比較して劣悪で，さらにロシア，中国以下である。

こういうと，必ず先進国のドイツや北欧諸国はともかくとして，スロヴァキアとか，ましてやロシアや中国などの新興国と比較するのはいかがなものかという疑問が湧こう。

この点については，次の2点を指摘したい。

第1は，1日24時間は先進国だろうと新興国や低位貧困国だろうと同じである。また，朝起きて，会社に行って仕事をして，夕方帰宅して夜寝るという生活はどこも同じである。国際生活時間調査は，対象労働者の属性を揃えて調査すれば問題はなく，今回の調査もそのように調査している。

第2に，日本と中国とを比較しても，そもそも経済発展段階が違うのだからその結果が違うのは当然だという疑問があるが，しかし今回の調査では日本の方が中国より「在社時間」が長いという逆の結果なのだから，これには別の要因があるということになる。

この点については，海外の研究者から「なぜ日本は残業が多いのか」という

質問を受けた。筆者は，企業が国際競争の観点から雇用を増やしたがらず，既存の要員で操業するために残業を増大させていること，これに対して労働組合とりわけ連合の大企業労組には，要員を増やして将来の雇用調整のリスクを負うよりも残業増大を容認する傾向が強いこと，また労働組合員の方も余暇・自由時間選好よりも賃金・所得選好が強いこと，この3点をあげて答えた。

このように「在社時間」が，"世界一"長くても，日本のサラリーマンはむしろ時間外手当を半ば期待しているのだから，問題にする必要はないかもしれない。しかし，このことの最大の問題は，働き過ぎによる心身への影響という，まったく別の次元の問題がある。電機連合の2004年の調査が，「在社時間」別にみた健康状態への影響についてたずねている。この結果によると，「働き過ぎで翌日に疲れが残る」と答えた人の比率は，在社時間が「9時間未満」とか「9～10時間」程度の人たちでは30～40％程度であるが，「12～13時間」になると60％を超え，「13時間以上」では74％に達する。

この意味は重要である。「働き過ぎで翌日に疲れが残る」ことが恒常化する状態は，いわゆる「慢性蓄積疲労」で，過労死や過労自殺の基礎的な因子となるといわれている。この電機連合の調査でも，在社時間「13時間以上」の人が4人に1人おり，技術者では3人に1人もいるので，このように過労死や過労自殺の潜在的な予備軍を抱えているということは看過できない。にもかかわらず，政・労・使ともに，このことを見過ごしている。

4．頓挫した日本版「ワーク・ライフ・バランス」

欧州では，以前からトラックドライバーの連続運転による事故防止の観点から，その対策として次の運転までの間の休息時間をとることを義務づける法制面での整備を図ってきた。この勤務終了から次の勤務までの「休息時間」をとることを義務づけた規制は，今ではEU「労働時間指令」として広く一般の労働者にも拡張されるようになっている。

EU労働指令とは，「1日の休息時間（勤務終了と次の勤務開始との間の時間）を

最低連続11時間とする。週労働時間は48時間（時間外労働を含む）を超えてはならない。年次有給休暇は最低4労働週を与える」というものである。このなかで重要なのは，「休息時間を最低連続11時間とする」という部分である。これだと，残業で夜11時に退社すると，次の日は朝10時前には出勤できないのである。

　この「休息時間」については，日本ではあまり注目されていない。しかし，経済財政諮問会議の労働市場改革専門調査会における1997年の1月から3月にかけてのワーク・ライフ・バランスの検討のなかで，「休息時間」の導入について論議された。この専門調査会は会議の後に必ず議事録が公表されたことから，「休息時間」に関心のある人びとの間ではひそかに話題になったと聞くが，確かにワーク・ライフ・バランスを実現する有力な手段として「休息時間を11時間以上とする」という項目が検討された。

　しかし，2007年6月の「骨太方針」に盛り込まれる「ワーク・ライフ・バランス憲章」の最終案が官邸に上がって，経済界や関係省庁との調整の段階で，この項目は本文のなかからは消えて脚注のなかに足跡を止めるだけになり，「休息時間」が国の政策として日の目をみるにいたらなかった。ここで「休息時間」が消えたことは，その後のわが国の「ワーク・ライフ・バランス」の実現にとって，きわめて残念なことであった。

　EU労働指令のような「休息時間」の導入を議論しようとすると，必ずまた外国の例の引き写しかといわれる。しかし，わが国も憲法のなかにも「休息時間」の考え方があることを指摘しておきたい。「日本国憲法」の憲法27条は，「勤労の権利・義務，勤労条件の基準，児童の酷使禁止」を定めている。また，その2項には「賃金，就業時間，休息その他の勤労条件に関する基準は，法律でこれを定める」と明記されている。ここでいう「休息」とは，労働時間の中断を意味する「休憩」（break）とは異なる「休息」（rest）である。ところが，労働基準法ではこの「休息」が「休憩」にすり替えられてしまったのである（この点については，田中清定「概説労働基準法二〇〇六」参照）。

　今，ワーク・ライフ・バランスの議論が高まりつつあるなかで，今こそ憲法

27条の2項の原点に立ち戻って,「休息時間」の拡大を以て「健康で文化的な生活」の実現を目指すときが来たのではないか。

　福田内閣が「ワーク・ライフ・バランス憲章」を掲げた2008年,その年の春闘で経団連と連合は「連合白書」で共に「ワーク・ライフ・バランス」の推進の方針を掲げ,この点では労使ともに完全に一致していた。

　しかし,このときの連合の2008年春闘方針は,相変わらずの「時間外割増率の引き上げ要求」であった。こうした「ワーク・ライフ・バランス」の推進のために時間外割増率を引き上げるという方針について,当時筆者は「気の抜けたサイダー」みたいのもので,仮にこの要求を獲得しても「ワーク・ライフ・バランス」の実現に役立つとは思えず,「在社時間」が12時間とか13時間以上の長時間残業をしている人たちには,かえって喜ばれるだけではないかと指摘したものだが,じっさいこの要求は空振りに終わった。

　「ワーク・ライフ・バランス」の目的は,「日々のゆとりある生活」を実現することにあるので,「割増率引き上げ→時間外労働の削減→実労働時間の短縮」などという回りくどい方法ではなく,もっとプリミティブかつ直接的に「休息時間11時間以上」にして「在社時間」を削減するためにといったほうが,労働者大衆にはもっとわかりやすいだろう。

　だが,「休息時間」の概念のない日本では「ゆとりある生活」を実現する第一歩から躓いてしまった。「休息時間」のない「ワーク・ライフ・バランス」は,「クリープのないコーヒーなんて」といっても若い人には通じないだろうが,「休息時間なくしてワーク・ライフ・バランスなし」で,その責任の一端は休息時間の要求に取り組まない連合にある。

5.「インターバル制度」と生活リズム改革

　しかしながら,2009年になって連合の内部から「休息時間」への地道な取り組みをする動きが出てきた。2009年春闘で情報労連が「勤務間インターバル制度」を経営側に要求したのである。情報労連は,NTT, KDDI, NTTデー

タなどの通信情報サービスの大企業の労組を中心に組織する産業別組合であるが，傘下には通信建設や通信電気工事の組織をも抱えていて，これらの会社では夜間・深夜にかかる作業現場が多く，慢性的な時間外労働による身体的・精神的な負荷がかねてから問題になっていた。そこで，残業を伴う就業時間の後，次の勤務開始までの間に「勤務間インターバル時間」の要求をし，2単組が「10時間のインターバル制度」を設けることで妥結し，また7単組が同じく「8時間のインターバル」を設けることを合意した。情報労連としては，EUが「連続11時間の休息期間規制」を設けているのを参考に要求したもので，ワーク・ライフ・バランスの観点から妥結にいたったと総括している。

その後，2011年春闘において連合最大の産業別組織であるUIゼンセン同盟が，産別要求として「インターバル制度」の要求を掲げ，また三菱重工労組も独自に経営側に要求した。この取り組みは，東日本大震災で棚上げになってしまったが，連合の主要組合の一角で「休息時間制度」が春闘要求として掲げられた意義は大きい。

なお，「休息時間」の導入に当たっては「EU労働指令」にもある"オプト・アウト"（適用除外）条項の設定について労使合意する必要がある。労使は，どの職種まで，どのレベルからの労働者を"オプト・アウト"にするかは労使でじっくり話し合い，労使の協議のうえで対象者は本人の意思を最優先することを基本に，条項を導入する必要があろう。ただし重要なのは，心身への健康障害の問題もあるので，"オプト・アウト"労働者には「年4労働週の連続有給休暇」（または10日間2回）の取得を義務づける法的措置を設け，その有給休暇の取り方を工夫する必要がある。

今年の夏，夕方7時過ぎに東京駅から大手町の高層ビルを眺めると，暗くなったオフィスが多かった。節電によるサマータイムで，さすが日本のサラリーマンも早く退社するようになったようだ。

インターネット調査会社のマクロミルの調べによると，サマータイムを導入した企業の退社時間は「16時台」が23％，「17時台」も38％と，6割の人が夕方6時前には退社している。しかも，そのうち54％の人は「まっすぐ帰宅」

しているという。また，日本経済新聞の消費者調査でも，「早く家に帰る」がもっとも多い。

これは，日本のサラリーマンや OL が欧米並みの働き方に転換する"社会実験"を試みているのではないかと，筆者はおおいに期待を寄せた。

じっさい，マクロミル社の調査でサマータイム導入後に感じているメリットについて聞いたところ（複数回答），もっとも多かったのは「自分の時間が増える」(41%)，次いで「朝型の生活で健康になる」(28.3%) と「家族と過ごす時間が増える」(28.0%)，さらに「通勤電車が空いている」(26.7%)，「平日にショッピングできる」(23.0%) などを選んだ人が多かった。しかも，「自宅の消費電力が減った」と答えた人は 7.3% にとどまっており，サマータイムは節電よりもワーク・ライフ・バランスの方に効果があったということである。

しかしながら，サマータイムは夏が過ぎれば終わる。サマータイムのこうした効果を持続するにはどうしたらいいのか。

ひとつは企業のレベルで，サマータイムのような働かせ方を通年化することである。

ユニ・チャームは，夏の電力不足への対応策として導入した「サマータイム制」を来年春まで延長するという。同社は，主に本社勤務の社員を対象に，就業時間を 1 時間繰り上げるサマータイム制を実施してきたが，節電意識の高まりに加え，時間外労働が減少，自己啓発や家族と過ごすための時間が増えるなどの効果が確認されたという。また，会社にとって何よりも，業務が朝型にシフトしたことで生産性の向上の効果があったことから，まず来春までの延長を図り，いずれ季節に関係なく"通年サマータイム"も視野に入れているという。

いまひとつはマクロのレベルで，退社してから翌日の出社までの「休息時間」（インターバル時間）の制度を定着させることである。とくに連合は，傘下の構成組織の先駆的なインターバル時間要求の成果を踏まえて，春闘の統一要求に掲げて社会運動として取り組むことである。さらに，その次のステップとして政・労・使のトップ協議の場に乗せて法制化を図ることを期待したい。

参 考 文 献

電機連合,2007,『21世紀生活ビジョン研究会報告』電機連合。
連合総研,1996,『五カ国生活時間調査』連合総研。

第 4 章
個人的・組織的諸要因の予測変数としての企業の社会的責任
―― エストニアと日本の比較分析から ――

ユッレ・ユビウス
ルート・アラス

1．前提的考察

(1) 研究の目的と焦点

　本章ではエストニアと日本の企業を取り上げて，一方に企業の社会的責任，他方に従業員の職務満足，仕事の意味づけ，企業に対する態度，企業の競争力，経営の行動と企業の政策といった個人レベル・組織レベルの諸要因を置き，両者の間のつながりを分析する。研究の主眼は，企業の社会的責任から個人レベル・組織レベルの諸現象がどの程度予測しうるかを問うことにある。
　タニモトとスズキ（Tanimoto & Suzuki 2005）によれば，企業の社会的責任に対する日本的アプローチは，日本の経済社会の特殊性のため，欧米的アプローチとは異なる。多くの企業が今日グローバルな規模で活動しているにもかかわらず，まだそれは一国的，あるいは少なくとも地域的な特徴を帯びているという。
　この点を念頭に置いて，エストニア企業と日本企業の比較をしていく。データはエストニアと日本の電気機器企業，工作機械企業，大型小売業での国際共同調査から得たものである。

(2) 企業の社会的責任（CSR）

　CSR は企業間でかなりの共通点があるが，その定義づけは各企業でそれぞれ異なる枠組みでなされている。CSR は企業がそのビジネスをいかに倫理的に行うかに関わっている。別な言い方をすれば，CSR は，企業が社会全般に肯定的なインパクトを生むようにビジネスを営んでいるかどうかに関わっている。CSR とは，企業が社会的・環境的関心をそのビジネス活動に取り込みながら株主に対する責務を全うすることを示す概念である（Tanimoto & Suzuki 2005）。

　今日では CSR は，価値創造の全連鎖に沿って広がっている。たとえば，企業は供給業者と取引先業者に，その提供する製品やサービスが有用で安全であることを保証する，必要な情報・教育・訓練を行わねばならない。CSR を厳密に定義するならば，それは社会や環境への責任をふまえたアイデアを，製品やサービスの形に変換することである。ここ 10 年ほどの間，人間社会の具体的な社会的・環境的ニーズに応える刷新的アイデアを持った人びとが，多数立ち現れてきた。今日パイオニア的企業は，研究開発能力を社会にとって有益な刷新的な製品やサービスに積極的に振り向けることによって，CSR をその企業活動の核としている（Schwab 2008）。

　ヨーロッパ的モデルは社会的な責任をふまえて中心事業を行うことに焦点を置き，人間社会への投資でそれを補完している。しかし人間社会における集団的活動（企業のような）には，「単一サイズ」というものはない。国が違えば何を優先するかも異なるし，ビジネス活動をどう営むかに関する価値も異なる。

　CSR に対する日本的アプローチは，社会経済的特徴の違いを反映して欧米的アプローチとは異なりうる。CSR に関する議論は日本でも欧米でもまだ定まっていない（Tanimoto & Suzuki 2005）。また，一口に「欧米」といっても，それは一様ではない。欧米諸国の間でも CSR へのアプローチは大きく異なる（Adams et al. 1998; Maignam & Ralston 2002）。

⑶ CSRと個人レベル要因

　CSRの調査研究によれば，就職志願者と従業員がその企業のCSRをどう認知しているかは，志願者や従業員がその会社に抱く魅力度に影響している（Greening & Turban 2000）。実際，従業員が公正感を抱いている場合には職務満足度が高く，組織への献身が顕著で，職務遂行も良好であるという，肯定的な諸結果がみられることが理論的に確かめられている（Colquitt et al. 2001）。

　フォルガーの道徳論は，個人の公正ニーズに影響するものは人間的威厳と価値に対する敬意だと論じている。すなわち，組織との相互作用において公正に扱われているという認知を持って働くことが，個人の存在感ニーズを満足させるという（Folger, Cropanzano & Goldman 2005）。このタイプの動機を敷衍すれば，CSR観はこのようなニーズを充足させる役割を演じるということにつながる。実際，従業員は，自分たちが属している組織が「正しいこと」を道徳的に行っていることを知りたいと思っており，組織はその行動に説明責任があると考えている。ここでの基本的に重要な点は，他者が何をもって倫理的に正しいとみているかということにある（Rupp et al. 2006）。

　フランクル（Frankl 1965）やマズロウ（Maslow 1973）は，仕事が意味を持つのは，それが利己的ニーズを超えて社会への寄与を含意する場合だと強調している。マズロウは「ある特定の任務，自己の外側にあって自己よりも大きなもの，単に利己的なものではないなにかあるもののために，自己を祭壇にささげる」ことについて語っている。また，フランクルは責任の概念を取り入れて，「意味と価値が付与されるのは社会への貢献としての労働に対してであって，実際の職業そのものに対してではない」と述べている。

　CSRは倫理規範と個人的職務満足とを全面的あるいは部分的に媒介する変数であり，倫理学の文献で裏書きされているように，企業は従業員の倫理認知と労働態度を多様な政策で取り扱うべきことが示唆されている（Valentine & Fleischman 2008）。

　ここで強調されているのは，企業が職場における目的と意味を明らかに欠い

ていて，その結果従業員のモチベーション，職務満足，企業忠誠心が低水準にある場合，それから抜け出す道のひとつはCSR活動に取り組むことだということである。別な言い方をすれば，任意的にせよ，企業の企画によるにせよ，あるいは他のなんらかの契機によるにせよ，職場で社会的責任活動に自ら関わろうとする従業員は，生きがい感の高揚を経験する傾向がある（Visser et al. 2008）。

(4) CSRと組織レベル要因

　CSRの検証にはいくつかの理論的枠組が用いられてきた。フリードマン（Friedman 1970）は，CSRへの取り組みはエージェンシー問題，いいかえると経営者と株主の利害対立の兆候を示すものだという。彼によれば，経営者は株主の利益を損なっても自らの社会的・政治的指針を推進する手段として，CSRを取り上げる。この見解からすれば，CSRに向けられる資源は，広く社会的パースペクティブを踏まえて企業効率の増大に費やされることになる。この理論はライトとフェリス（Wright & Ferris 1997）によって実証されている。彼らは，南アフリカにおける資産剥奪の公表に株価がマイナスに反応したことを取り上げ，これはエージェンシー理論にかなうものと解釈している。

　ステークホルダー理論に関するフリーマンのセミナー提出論文では（Freeman 1984），企業は多くの関連集団と関係しており，それらステークホルダー達は企業の行動に影響を与えているとともに，影響を受けてもいる点が強調されている。ドナルドソンとプレストンによれば（Donaldson & Preston 1995），この理論には「規範的」「用具的」「記述的」という3つの面があって，それらは「相互支持関係」にあるという。ジョーンズとヴィックス（Jones & Wicks 1999）は，ステークホルダー理論の社会科学的（用具的）な面と倫理学的（規範的）な面とを「収斂」させて規範的「理論」を打ち立て，それによって「経営者はいかにして道徳的に健全な方針でビジネスに取り組み，それをビジネスに生かすか」を示すことを提案している。

　用具的な面とそれの経済学や企業戦略の伝統的理論との関係も，諸文献のな

かでかなりの関心を呼んできた。たとえばジョーンズは経済理論と倫理学とを統合したモデルを開発した（Jones 1995）。彼の結論によれば，信頼と協力に基づいてステークホルダーとビジネスを行う企業は，誠実に倫理的行動をとろうとする。そして企業は倫理的行動をとることによって，ステークホルダーとの持続的で生産的な関係を発展させ，結果的に競争力を増すことができるという。ルッソとフォウツは，企業パースペクティブの資源論的見地に立ってCSRを論じている（Russo & Fouts 1997）。この見地から彼らは，CSR（とくに環境に関する）は競争力の源をなすものであり，とりわけ高成長産業においてそうであると論じている（Mcwilliams & Siegel 2001）。企業はそれが活動している生態的，社会的，文化的な場に適合しなければならない。最強の競争力を持った企業はステークホルダーへの対応が独特であり，それゆえ製品やサービスが他社に取って代わられることはなく，したがって実際の競争相手がまったくいない（Zsolnai 2006）。

(5) エストニアと日本の歴史的背景

① エストニア

エストニアと日本とでは，社会的，文化的，政治的，歴史的背景が異なる。

エストニアは1940年にソ連によって占領された。そして，官僚的管理構造によって運営される集権的，位階的国家を土台として，国家社会主義社会が打ちたてられた。政治的，経済的，その他諸々の制度的権力は同一の源泉から発し，効果的統制と情報集中による単一指令方式で作動した。ソ連時代には国家によって万人が労働を保障されていたため，企業は過剰人員を抱え，受身の経営をしていた。雇用は過剰に保護されていた（Liuhto 1999）。

1991年に独立を回復した後，エストニアは根本的な政治的・構造的変動を経てきた。それはまた企業の経営にも影響した（Lääts & Haldma 2002）。

リトアニア，ラトヴィア，エストニアのバルト三国は，ソヴィエト体制から自由民主主義および市場資本主義へと着実に移行してきた。そしてこれら三国は西欧および中欧との再統合への道を確実に歩み，2004年にはNATOとEU

への正式加盟が認められた（Bilinsky 2006）。

比較的短期間にエストニアは後進的な脱共産主義国から，国際場裡で政治的，経済的パートナーとして受け入れられた国になった。NATOとEUへの加盟がその証左である。新しい状況の下で新しい機会が生まれ，新しい課題が浮かび上がっている。しかし経済政策の中核部分はまだ発展途上だといわねばならない（Kaldaru & Tamm 2004）。

中欧・東欧における体制転換は，権威主義的共産党支配から民主主義へという，政治秩序における根本的移行を包含している（Bandelj & Radu 2006）。

バンスは脱共産主義経験からの教訓は何かを問う論文のなかで，民主化過程一般について述べている（Bunce 2003）。彼女の結論のひとつは，民主主義への脱共産主義的移行の環境の不確実さはかなり多様だったという点にある。それはまた移行の戦略とその結果にも違いを生みだしたという。そして，脱共産主義という点でもっとも成功裡の移行は，旧秩序からの徹底した断絶を意味した。

バンデリとラドゥの発見によれば（Bandelj & Radu 2006），事実，かつての共産党員や民族主義者ではなく，改革推進勢力が権力を掌握した1989年以降の政府は，その国がよりはやく民主主義秩序を固めるのに寄与した。これはマックフォールの発見と共通する（McFaul 2002）。彼は各国事例の質的比較に基づいて，権力の交代が基本であることを示している。実際，民主主義の定着が起こるのは，民主主義の支持者が権力エリートを構成したときである。

② 日　本

一方，日本は，1950年代後半から1970年代初めにかけて急速な経済発展を遂げて経済大国となった。この過程はしばしば，日本戦後経済の奇跡といわれる。そして日本史上最大の経済好況がほとばしりでてバブル経済が現出したのは，1989年である。

高度経済成長期の1960年代，企業は利潤追求一辺倒で突き進んだため，産業公害やその他の社会問題が，主として重化学工業において生じた。そして企

業を本源的な悪とみなす反企業感情が現れてきた (Kawamura 2004)。1970 年代に入ると日本列島改造の新計画を背景として土地価格の高騰が起こり，土地投機と商社の商品投機が社会問題となった。また 1971 年には為替レートの変動相場制が導入され，1973 年には石油危機が日本経済を襲い，高度成長期の終わりを象徴した。急成長期に企業が身に付けた独善性と外部からの企業批判とがこの時期に相俟って昂進し，その結果として企業は CSR を認めざるをえなくなった (Kawamura 2004)。

1985 年のプラザ合意と円高の昂進とともに日本企業は海外展開して，グローバル化の時代に入った。とくに，米国市場に参入した企業は企業文化や生活スタイルの違いからカルチャー・ショックを経験した。国内では，過剰流動性がバブル経済に火をつけるかたわら，「うさぎ小屋」住宅，長労働時間，男女処遇の不平等などにみられる日本の生活水準の歪みが，企業と従業員の双方を直接巻き込んだ社会問題を浮かび上がらせた。これに対応して「よき企業市民」の概念が提起され，企業は学術・芸術・福祉・国際交流などの分野で積極的に財政的な社会貢献を促された (Kawamura 2004)。一方，日本経済がバブル期に入った 1980 年代末から土地価格は 3 倍に急騰したが，バブルが崩壊した 1991 年に急落し，企業はバブル崩壊後の 1990 年代には一連の打撃を蒙ることとなり，保証会社は大投資家の損失の補償に奔走するはめになった。日本企業の信用は国際規模で低落した。

CSR の新時代が始まるのは 2000 年になってからである。社会的に責任のある投資 (SRI) が日本で始まったのは，日本で最初のエコ基金が出現した 1999 年夏のことであり，日本企業は SRI 審査を目的とした欧米調査機関による強引な調査の集中砲撃をうけることとなった。

エコ基金は当初，企業の環境スタンスに焦点を置いていたが，その後 SRI の範囲は企業統治や社会貢献へとしだいに拡大された。審査は資本市場における企業の評価に影響するため，企業はやむなくそれに応じた。

リコーは CSR 部門を設置した最初の企業である。2003 年のことである。そして日本の諸企業は危機管理と持続的成長のパースペクティブから，CSR へ

の新たな取り組みを始めていった（Kawamura 2004）。

2．一般的命題と分析素材

関連文献の検討からわれわれは次の一般的命題を引き出せる。

命題1：CSR，職務満足，仕事の意味づけ，企業に対する態度，企業の競争力，経営行動と企業の政策は，エストニア企業と日本企業では捉え方が異なる。

命題2：CSRは，エストニア企業でも日本企業でも，職務満足，労働の意味づけ，企業に対する態度，企業の競争力，経営の行動，企業の政策の，予測要因である。

本章の筆者は国際共同調査プロジェクト「現代企業文化の国際比較」（2007年～08年）に参加して，エストニア企業と日本企業のデータを得ている。質問紙に回答を寄せた従業員のうち，エストニア企業では622人，日本企業では995人を分析対象サンプルとして選んだ。対象企業の選択は，エストニアでも日本でも，登記されている企業の全部が実際に活動しているわけではなく，登記簿からの無作為抽出は根拠が薄いため，有意抽出で行った。対象企業の業種別分布は，電機製造業38%，工作機械製造業30%，小売業32%である。

分析対象サンプル総数は2カ国合わせて1,617人で，そのうち男女別内訳は男性58%，女性42%，平均年齢はエストニア企業37歳，日本企業35歳である。

調査では，電機連合調査集団が開発した83の設問からなる標準化された調査票（Ishikawa et al. 2006）が，参加国の各言語に翻訳されて用いられた。質問紙は各国で電機製造企業，工作機械企業，大型小売企業を通してその従業員サンプルに配られた。設問では，職務満足，労働の意味づけ，企業に対する態

度，企業の競争力に関する認知，経営の行動に対する評価，企業の政策に関する評価，企業の福祉関連活動とエージェントの利益に関する配慮というCSRの二側面での評価，といった点が取り上げられている。二国間のデータ比較はANOVAテストで行われた。CSRとそれ以外の諸要因との間の統計的関連を見出すためには，一次元回帰分析が用いられた。

3．分 析 結 果

(1) 職 務 満 足

表4-1は職務満足を示す16項目の回答分布を示している。両国の回答者が職務満足において重視しているのは，雇用の保障，仕事上の自己裁量，仕事上の能力発揮である。エストニアの回答者は日本の回答者とくらべて，労働時間の長さや上司との関係の点で満足度が高い。他方，日本の回答者は同僚との関係に関する満足度が高い。16項目のどれにおいても両国間に統計的有意差が

表4-1 職務満足

		1	2	3	4	5	6	7	8	9	10	11	12	13	14	15	16	全体
エストニア N=622	平均値	4.14	4.34	3.77	3.71	3.82	4.61	3.48	3.90	3.61	3.29	4.18	3.93	3.61	4.18	4.01	3.75	3.89
	標準偏差	0.94	0.76	1.02	1.22	1.10	0.66	1.27	1.07	1.03	1.36	1.00	1.08	1.33	0.93	0.61	0.86	0.64
日本 N=995	平均値	3.14	3.16	3.02	2.99	2.79	2.82	2.67	2.83	2.76	2.77	3.29	3.05	3.06	3.19	3.52	2.95	3.00
	標準偏差	0.83	0.81	1.07	0.93	0.92	0.96	1.03	0.93	0.82	0.95	0.90	0.79	1.02	0.94	0.81	0.85	0.57

注：1－仕事上の能力発揮；2－仕事上の自己裁量；3－作業環境（採光，室温，騒音など）；4－経営者・管理者と従業員との信頼関係；5－作業量・作業負担；6－労働時間の長さ；7－給料・諸手当；8－経営者管理者の能力；9－昇進の可能性；10－教育訓練；11－雇用の保障；12－男女の機会均等；13－福利厚生；14－上司との関係；15－同僚との関係；16－会社から提供される経営情報。いずれも「大いに不満」を1点，「大いに満足」を5点とした5点尺度で計算。ANOVAテスト（p<0.05）によると全項目で2国間に統計的有意差がみとめられた。

(2) 仕事の意味づけ

表4-2は労働の意味づけに関する回答分布を示している。エストニアの回答者がとくに重視しているのは「人との出会いがある」と「仕事そのものが面白い」であり、これに対して日本の回答が重視しているのは「必要な収入が手に入る」である。日本の回答者がエストニアの回答者よりも重視しているのは「社会へ貢献できる」で、この回答は、エストニアよりも日本の方が多い。ANOVAテストによると、「人との出会いがある」を除く他のすべての回答項目で両国間に統計的有意差がみとめられた。

表4-2 仕事の意味づけ

		1	2	3	4	5	6	全体
エストニア N=622	平均値	3.20	3.65	3.16	3.92	3.10	3.72	3.46
	標準偏差	1.05	1.19	1.34	0.84	1.00	1.25	0.62
日本 N=995	平均値	2.25	3.91	3.09	3.33	3.36	3.23	3.19
	標準偏差	0.94	0.79	0.88	0.93	0.90	0.94	0.56

注：1−地位や名声が得られる；2−必要な収入が手に入る；3−夢中になれる；4−人との出会いがある；5−社会へ貢献ができる；6−仕事そのものが面白い。いずれも「まったく違う」を1点、「まさにその通り」を5点とした5点尺度で計算。ANOVAテスト（$p<0.05$）によると4を除く全項目で2国間に統計的有意差がみとめられた。

(3) 企業に対する態度

表4-3は回答者の企業に対する態度の分布を示している。両国とも多くの回答がみられるのは「私は時々、自分が大きな機械の歯車のように感じる」「私はいつも、管理者が採用できるアイデアを持っている」「私は自分の意見が重要だと思うので、会社の意思決定に参加したい」である。また、エストニアでは「誰でも会社のため、なんらかの犠牲を払うのは当然だ」という意見、日本では「私は了解が得られれば、リスクをとる用意がある」という意見が多い。ANOVAテストによると、すべての回答項目で両国間に統計的有意差がみとめられた。

第4章　個人的・組織的諸要因の予測変数としての企業の社会的責任　79

表4-3　企業に対する態度

		1	2	3	4	5	6	全体
エストニア N=622	平均値	3.19	3.47	3.49	3.36	3.48	3.52	3.42
	標準偏差	1.02	0.82	1.10	1.03	1.23	0.85	0.58
日本 N=995	平均値	2.71	2.90	2.86	2.91	2.63	2.95	2.83
	標準偏差	0.80	0.82	0.97	0.88	0.99	1.00	0.65

注：1－私はいつも，管理者が採用できるアイデアを持っている；2－私は自分の意見が重要だと思うので，会社の意思決定に参加したい；3－私は状況が求めるのであれば，管理的な仕事を引き受ける用意がある；4－私は了解が得られれば，リスクをとる用意がある；5－誰でも会社のため，なんらかの犠牲を払うのは当然だ；6－私は時々，自分が大きな機械の歯車のように感じる。いずれも「まったくそうは思わない」を1点，「まさにその通りと思う」を5点とした5点尺度で計算。ANOVAテスト（$p<0.05$）によると全項目で2国間に統計的有意差がみとめられた。

(4) 企業の競争力

表4-4は自社の競争力に関する従業員の評価をまとめたものである。エストニアの回答者は「アフターケア」と「商品やサービスの質」を高く評価している者が多く，日本の場合は「ブランド」や「会社のイメージ」をあげる者が多い。ANOVAテストによると，「スケールメリット」を除くすべての回答項目で両国間に統計的有意差がみとめられた。

表4-4　企業の競争力

		1	2	3	4	5	6	7	8	9	10	全体
エストニア N=622	平均値	3.43	4.14	3.82	3.23	3.79	3.23	3.56	4.15	3.35	3.87	3.66
	標準偏差	0.87	0.66	0.68	1.14	0.69	1.01	0.85	0.86	1.42	1.04	0.73
日本 N=995	平均値	3.64	3.54	2.66	3.91	3.61	3.21	3.35	3.32	3.07	3.13	3.34
	標準偏差	0.85	0.85	0.89	0.80	0.83	0.87	0.76	0.87	0.78	0.85	0.82

注：企業の競争力は次の諸項目に関する従業員の評価から測定した。1－会社のイメージ；2－商品やサービスの質；3－コスト；4－ブランド；5－技術力；6－営業力；7－スケールメリット；8－アフターケア；9－労働力の質；10－経営トップの能力。いずれも「まったく競争力はない」を1点，「非常に競争力がある」を5点とした5点尺度で計算。ANOVAテスト（$p<0.05$）によると7を除く全項目で2国間に統計的有意差がみとめられた。

(5) 経営の行動

表4-5は自社の経営の行動に関する従業員の評価をまとめたものである。エストニアでも日本でも，自社の経営について，「会社の行動を方向づけている一連の社是・社訓がある」「経営者は長期的な到達目標を持っている」と評価しているものが多い。このほかに高い評価が与えられているのは，エストニアでは「経営者の約束事が，きちんと実行されている」で，日本では「経営者は従業員に明確な到達目標を提示している」である。ANOVAテストによると，すべての回答項目で両国間に統計的有意差がみとめられた。

表 4-5　経営の行動

		1	2	3	4	5	6	全体
エストニア N=622	平均値	3.91	3.72	3.91	3.60	3.79	3.98	3.82
	標準偏差	1.08	0.82	0.99	1.25	1.02	1.00	0.74
日本 N=995	平均値	3.14	2.71	3.40	3.26	3.22	3.79	3.25
	標準偏差	0.85	0.92	0.91	0.92	0.85	0.93	0.79

注：1－経営者の約束事は，きちんと実行されている；2－経営者は，全部門の活動を完全掌握している；3－経営者は長期的な到達目標を持っている；4－経営者は従業員に明確な到達目標を提示している；5－経営者は，従業員のために取り決められた規定に自らも従っている；6－会社の行動を方向づけている一連の社是・社訓がある。いずれも「まったくそうは思わない」を1点，「まさにその通りと思う」を5点とした5点尺度で計算。ANOVAテスト（p<0.05）によると全項目で2国間に統計的有意差がみとめられた。

(6) 企業の政策

表4-6は企業の経営や施策に関する従業員の評価をまとめたものである。エストニアでも日本でも多くの従業員が自社について認知しているのは，「もっとも重要なことは，市場でリーダー格になることである」と「会社の目標は，社内の各部門において明確に設定されている」である，このほかにエストニアの従業員が広く認知しているのは「会社は，仕事を意味あるものとすることを使命としている」で，日本の場合は「わが社は，非正規従業員にも気を使っている」と「状況によっては，指示や規則が仕事の効率の妨げになっている」である。ANOVAテストによると，すべての回答項目で両国間に統計的有意差が

表 4-6 企業の政策

		1	2	3	4	5	6	7	8	9	10	11	12	13	14	15	16	17	18	19	20	全体
エストニア N=622	平均値	2.64	2.26	3.89	3.52	3.39	3.73	2.23	3.27	3.68	3.58	4.04	2.33	3.55	2.69	2.86	2.56	2.92	3.37	3.56	3.19	3.16
	標準偏差	0.99	1.18	1.07	1.02	1.40	1.28	1.22	1.03	1.14	0.82	0.92	0.93	1.36	1.36	1.27	1.36	0.88	1.41	0.97	1.20	0.94
日本 N=995	平均値	3.02	3.24	3.61	2.91	2.86	3.34	3.37	3.05	2.99	2.62	3.16	3.01	3.18	3.27	3.16	3.24	3.31	2.57	3.21	2.99	3.11
	標準偏差	0.75	0.90	0.86	0.81	0.80	0.86	0.80	0.92	1.01	0.84	0.78	0.83	0.86	0.88	0.92	0.83	0.84	0.83	0.86	0.82	0.95

注：1-新しいアイデアが即刻活用されず，陳腐化している；2-わが社は，市場の変化とそれへの対応に遅れがちである；3-もっとも重要なことは，市場でリーダー格になることである；4-市場が要求すれば，わが社は迅速に自己変革できる；5-現在のビジョンは従業員によい刺激を与えている；6-会社の目標は，社内の各部門において明確に設定されている；7-状況によっては，指示や規則が仕事の効率の妨げになっている；8-部下のすべての質問に答えられなくても，よい管理者でありうる；9-ひとりの従業員が2人の上司を持っていることがある；10-仕事の進行過程が指示や規則で，一齣ひとこまを細かく管理されている；11-会社は，仕事を意味あるものとすることを使命としている；12-会社は厳格なピラミッド型の秩序になっていない；13-社内では，従業員の技能水準が競争力の非常に重要な源泉とみなされている；14-社内の資源（資産や人材など）配分がきちんとしておらず，全体がうまくいっていない；15-職場で人手が足りなくなったら，その職場の責任者は非正規従業員を雇ってもよい；16-成果の報酬は，皆の努力の賜物なのに，その職場には還元されていない；17-わが社は，非正規従業員にも気を使っている；18-社員は皆，わが社の将来がはっきりイメージできる；19-失敗は，学習と成長のためのいい刺激と考えられている；20-社員は皆，わが社の社会における役割の重要性を自覚している。いずれも「まったくそう思わない」を1点，「まさにその通りと思う」を5点とした5点尺度で計算。ANOVAテスト（p<0.05）によると全項目で2国間に統計的有意差がみとめられた。

みとめられた。

(7) 企業の社会関連行動

表4-7は自社の社会関連行動に関する従業員の評価度を示している。2つの国でともに高い評価が従業員から与えられているのは，「企業活動に関する法律を厳守している」と「製品やサービスに関しては最高レベルを目指している」である。そのほかにエストニアで評価度が高いのは「得意先との約束を厳守している」で，日本の場合は「製品やサービスの安全確保に熱心である」という点である。ANOVAテストによると，10の「学術・文化の発展に寄与している」を除くすべての回答項目で両国間に統計的有意差がみとめられた。

表4-7　企業の社会関連行動

		1	2	3	4	5	6	7	8	9	10	11	全体
エストニア N=622	平均値	4.37	4.11	3.98	4.20	4.54	4.22	4.40	4.29	3.33	3.21	2.88	3.96
	標準偏差	0.80	0.95	1.12	1.02	0.62	0.85	0.71	0.77	1.14	1.09	0.96	0.96
日　本 N=995	平均値	3.97	3.56	3.55	3.68	3.63	3.80	3.85	3.63	3.33	3.10	3.03	3.56
	標準偏差	0.85	1.04	0.84	0.87	0.78	0.82	0.87	0.85	0.88	0.93	0.97	0.83

注：自社の社会的取り組みについて、1－企業活動に関する法律を厳守している；2－労働者保護に関する法律を厳守している；3－消費者の保護に熱心である；4－環境の保全に熱心である；5－得意先との約束を厳守している；6－製品やサービスの安全確保に熱心である；7－製品やサービスに関しては最高レベルの質を目指している；8－ユーザーへのアフターケアは最大限行っている；9－企業情報を社会へ向け公開することに熱心である；10－学術・文化の発展に寄与している；11－地域に開かれた活動をしている。いずれも「まったくそうは思わない」を1点、「まさにその通りと思う」を5点とした5点尺度で計算。ANOVAテスト（p＜0.05）によると10を除く全項目で2国間に統計的有意差がみとめられた。

(8)　エージェント利害の重視度

表4-8は、自社が各方面のエージェントの利害をどれだけ重視しているかについての従業員の評価を示している。2つの国でともに高い評価が与えられているのは「消費者」と「下請・協力会社」の利害の重視である。そのほかには

表4-8　企業のエージェント利害重視度

		1	2	3	4	5	6	7	8	全体
エストニア N=622	平均値	4.26	3.51	3.83	2.91	3.54	2.42	2.76	2.64	3.23
	標準偏差	1.21	1.38	1.33	1.35	1.41	1.40	1.28	1.36	1.13
日　本 N=995	平均値	3.89	3.48	3.91	3.56	3.09	3.10	3.24	3.10	3.42
	標準偏差	0.77	0.85	0.88	0.86	0.91	0.92	0.81	0.88	0.93

注：自社が各エージェントの利害をどれだけ重視しているかについての従業員の評価。1－取引先；2－下請・協力会社；3－消費者；4－株主；5－従業員；6－労働組合；7－行政；8－地域社会。いずれも「ほとんど重視していない」を1点、「とても重視している」を5点とした5点尺度で計算。ANOVAテスト（p＜0.05）によると3と4を除く全項目で2国間に統計的有意差がみとめられた。

エストニアでは「従業員」，日本では「株主」の利害が重視されているとされている。ANOVAテストによると，3の「消費者」と4の「株主」を除くすべての回答項目で両国間に統計的有意差がみとめられた。

(9) CSRと個人的・組織的諸要因との関連

われわれの分析の主目的は，CSRが職務満足，仕事の意味づけ，企業に対する態度といった個人的諸要因，企業の競争力，経営の行動，企業の政策といった組織的諸要因に対して，どれだけ予測要因たりうるかを探り当てることにある。分析に当たってCSRの2つの側面を取り上げて独立変数とした。ひとつは企業の社会関連行動であり，もうひとつは企業のエージェント利害重視度である。そして上記の個人的・組織的諸要因を従属変数とした。分析はエストニアと日本のそれぞれについて，従属変数別に行った。表4-9はその結果を示す。

表4-9 CSRの二側面間の関連（標準化回帰係数ベータによる）

		B	Beta	T	Sig.
職務満足					
エストニア n=622, R^2=.315, $F(2.620)$=143.18, p＜.000	FP	.908	.562	16.478	.000*
	FR	−.772	−.256	−7.524	.000*
日本 n=995, R^2=.274, $F(2.916)$=173.66, p＜.000	FP	.345	.272	6.466	.000*
	FR	.542	.288	6.836	.000*
仕事の意味づけ					
エストニア n=622, R^2=.101, $F(2.620)$=34.994, p＜.000	FP	.187	.322	8.239	.000*
	FR	−.020	−.018	−.479	.631
日本 n=995, R^2=.130, $F(2.935)$=69.871, p＜.000	FP	.075	.045	3.423	.000*
	FR	.162	.045	4.970	.000*
企業の競争力					
エストニア n=622, R^2=.378, $F(2.620)$=188.90, p＜.000	FP	.514	.631	19.402	.000*
	FR	−.275	−.181	−5.576	.000*
日本 n=995, R^2=.420, $F(2.913)$=330.61, p＜.000	FP	.356	.430	11.325	.000*
	FR	.318	.259	6.842	.000*

経営の行動

エストニア n=622, R^2=.340, $F(2,620)$=160.10, p＜.000	FP	.397	.566	16.918	.000*
	FR	.078	.060	1.796	.072
日本 n=995, R^2=.443, $F(2,933)$=372.16, p＜.000	FP	.260	.434	11.802	.000*
	FR	.246	.275	7.498	.000*

企業に対する態度

エストニア n=622, R^2=.426, $F(2,620)$=230.40, p＜.000	FP	.340	.623	19.965	.000*
	FR	.098	.096	3.098	.002*
日本 n=995, R^2=.026, $F(2,935)$=12.578, p＜.000	FP	.044	.088	1.821	.068
	FR	.063	.084	1.749	.080

企業の政策

エストニア n=622, R^2=.445, $F(2,620)$=248.90, p＜.000	FP	.579	.464	15.124	.000*
	FR	.891	.384	12.499	.000*
日本 n=995, R^2=.154, $F(2,927)$=84.482, p＜.000	FP	.211	.280	6.149	.000*
	FR	.153	.136	2.993	.002*

注：＊－統計的に有意に相関，p＜0.01
FP－企業の社会関連行動
FR－企業のエージェント利害重視度

　この表に示されている線形回帰分析結果をみると，エストニア企業においても日本企業においても，企業の社会関連行動が職務満足，仕事の意味づけ，企業の競争力，経営の行動，企業の政策の，予測変数たりうることがわかる。しかしエストニア企業ではCSRが企業に対する従業員の態度の予測変数でもありうるが，日本企業ではそうなっていない。CSRのもうひとつの側面であるエージェント利害重視に関しては，エストニア企業と日本企業に共通して，職務満足，企業の競争力，企業の政策の予測変数をなす。だがそれは日本企業では仕事の意味づけや経営の行動の予測変数でありうるが，エストニア企業ではそうでない。またそれは，エストニア企業では企業に対する従業員の態度の予測変数をなすが，日本企業ではそうでない。

4. 結　　論

　エストニア企業と日本企業の経験的調査研究から，CSRと職務満足，仕事の意味づけ，企業に対する態度，企業の競争力，経営の行動，企業の政策との間の関連が明らかとなった。この結果を踏まえて，CSRがいかにこれらの諸要因を予測しうるかに関する，2つのモデルを提起することができる（図4-1および図4-2）。

　本章の始めの部分で論じた命題をここで再度吟味すると，CSR，職務満足，仕事の意味づけ，企業に対する態度，企業競争力の評価，経営の行動に関する評価，企業の政策に対する評価が，エストニア企業と日本企業とでは異なるという命題1は，部分的に支持された。エストニア企業と日本企業において，CSRが職務満足，仕事の意味づけ，企業に対する態度，企業競争力の評価，経営に関する行動の評価，企業の政策に対する評価の予測変数をなすという命題2も，分析結果から部分的に支持された。

　職務満足，仕事の意味づけ，企業に対する態度，企業競争力の評価，経営の行動に関する評価，企業の政策に対する評価，CSRの2つの側面において，エストニア企業と日本企業の間には統計的にみて有意な違いがある。

　エストニアは日本よりも従業員が労働時間の長さや上司との関係に満足している。他方，日本の従業員はエストニアの従業員にくらべて同僚との関係に満足している。

　エストニアの従業員が仕事に見出している意味は，仕事を通して人との出会いがあること，仕事そのものが面白いことにある。他方，日本の従業員にとっての仕事の意味は，生活の糧を得ることにある。しかし，日本の従業員はエストニアの従業員にくらべて，仕事を通じての社会貢献に意味を見出す者が多い。企業の競争力に関しては，エストニアの従業員は自社のアフターケアのサービスや製品・サービスの質の高さを強調するのに対して，日本の従業員は自社のブランドや企業イメージを高く評価する。

エストニアの従業員が自社の経営者の行動についてなによりも肯定している点は「経営者の約束事は，きちんと実行されている」であり，日本の場合は「経営者は従業員に明確な到達目標を提示している」である。また，エストニアでは「誰でも会社のため，なんらかの犠牲を払うのは当然だ」という意見が多くみられるのに対して，日本ではこの意見に同意する者は少ないが，「私は了解が得られれば，リスクをとる用意がある」という意見は多い。エストニアでは「会社は，仕事を意味あるものとすることを使命としている」という意見が多いが，日本では「わが社は，非正規従業員にも気を配っている」とみとめている者が多く，「状況によっては，指示や規則が仕事の効率の妨げになっている」とみる者も少なくない。エストニアでは自社について「得意先との約束事を厳守している」とみている者が多く，日本では「製品やサービスの安全確保に熱心である」と評価している者が多い。エストニアでは自社が「従業員」の利害を重視しているという評価が多いのに対して，日本では自社の姿勢を「株主」重視とみる評価が多い。エストニアにくらべて日本で自社が利害を重視している対象として多くがあげているのは，「株主」のほかに「行政」「地域社会」「労働組合」であり，これに対してエストニアでは「取引先」である。

　エストニアと日本で共通する点もある。

　2つの国ではいずれも，雇用の保障，仕事上の自己裁量，仕事上の能力発揮が，職務満足の重要な要因をなしている。また，両国の従業員はともに，自社について「会社の行動を方向づけている一連の社是・社訓がある」「経営者は長期的な到達目標を持っている」とみており，「自分が大きな機械の歯車のように感じる」ことがあっても，「自分は管理者が採用できるアイデアをいつも持っている」「重要な意見を持っているので会社の意思決定に参加したい」という意向を持ち，自社にとって「最も重要なことは，市場でリーダー格になる」ことであって，「会社の目標は，社内の各部門において明確に設定されている」と認知しており，自社が「企業活動に関する法律を厳守している」，「製品やサービスに関しては最高レベルの質を目指している」，そして取引先，消費者，下請け・協力会社の利害に配慮していると評価している。

両国企業の最大の類似点は，CSR の一側面である企業の社会関連行動が，職務満足，仕事の意味づけ，企業競争力の評価，経営の行動に関する評価，企業の政策に対する評価の，予測変数をなしていることである。しかし従業員の企業に対する態度に関しては，エストニアでは予測変数をなしているが，日本ではそうでない。CSR のもうひとつの側面であるエージェント利害の重視は，エストニア企業と日本企業とに共通して，職務満足，企業競争力の評価，企業の政策に対する評価の予測変数をなしている。それは日本企業では仕事の意味づけや経営の行動の評価の予測変数をなしているが，エストニア企業ではそうでない。また，それはエストニア企業では従業員の企業に対する態度について予測変数となるが，日本ではそうでない（図 4-1 および 4-2 を参照）。この違いは両国間の文化の相違から説明できよう。CSR はエストニアでは従業員の企業に対する積極的な態度に沿っているのに対して，日本では仕事の意味づけや経営の行動に関係している。

　CSR はその企業が活動している社会に強く影響される。日本企業の従業員は同僚との関係に満足し，仕事を社会貢献のひとつの道と考えているが，これは集団主義的文化と共通する。彼らの考えでは企業は株主の利害を重視しており，仕事は彼らにとって生活の糧を提供してくれるものであり，了解があれば自らリスクを負うことも厭わないという気持ちを持っている。エストニアの従業員は上司との関係に満足し，経営者・管理者を信頼し，必要なら会社のために犠牲を払うのを厭わないと考えている。また彼らにとって企業は意味ある仕事を提供する使命を持つものである。経営者・管理者との良好な関係と有意義な仕事がエストニアの従業員に重視されていることは，この国の文化と社会の現状に通じるものである。

　日本のアプローチは欧米のそれとは異なる。それは日本の経済社会の特殊性に起因する。多くの企業は今ではグローバルな規模で活動しているとしても，やはりナショナルな，あるいは少なくともリージョナルな特質を持ち続けているとみてよい（Tanimoto & Suzuki 2005）。

　一国の社会・政治状況も CSR に関する企業の態度に影響を与える。企業は

CSR対策をその土地の政治・社会状況に合わせる必要がある。国によって社会的コンテキストに違いがあることを考えるならば，国際企業がCSR政策を打ち出す際には，その国の社会・政治コンテキストを考慮に入れることが重要である。企業はその国の社会・政治状況に見合ったCSR戦略を立てなければならない。

　この研究の結論は，CSRは職務満足，仕事の意味づけ，企業に対する態度，企業の競争力，経営の行動，企業の政策に対する予測変数たりうるが，個人レベルおよび組織レベルの諸要因に対するその予測変数としての働きは国によって異なるという点にある。CSR，職務満足，仕事の意味づけ，企業に対する態度，企業競争力の評価，経営の行動に関する評価，企業の政策に対する評価はエストニア企業と日本企業とで異なっているが，ある程度は類似している。

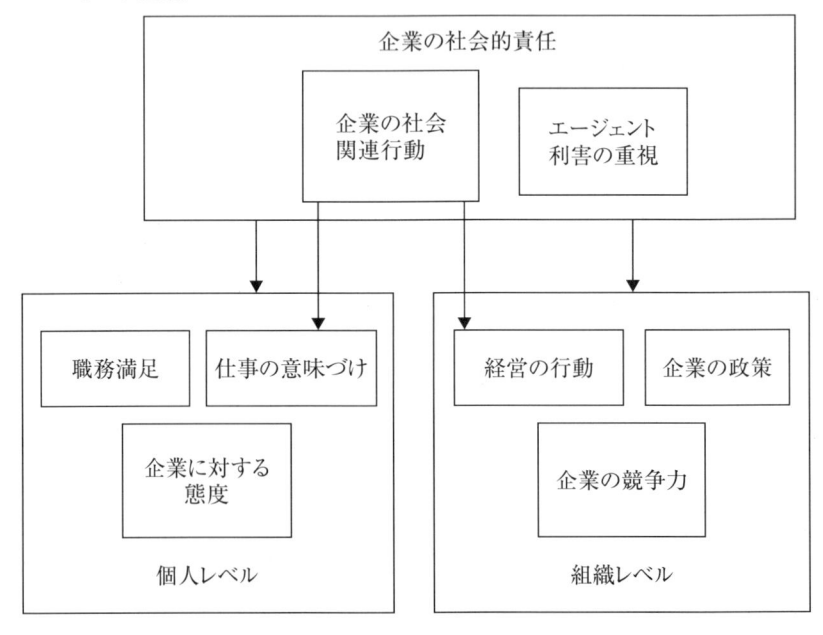

図4-1　CSRの個人レベル要因・組織レベル要因に対する予測変数としての働き（エストニア企業）

図 4-2　CSR の個人レベル要因・組織レベル要因に対する予測変数としての働き（日本企業）

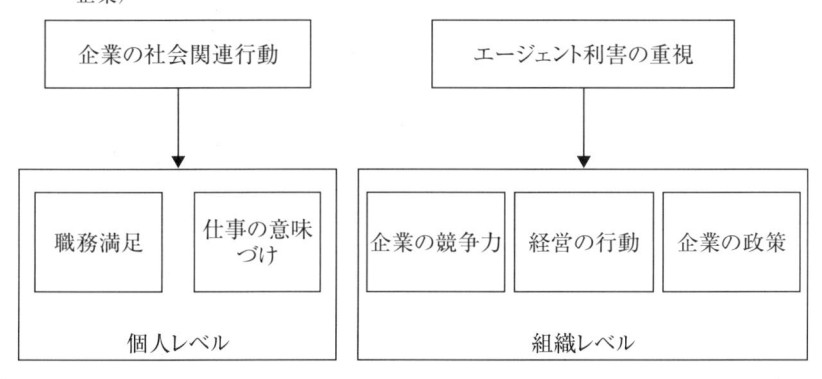

```
    ┌──────────────┐              ┌──────────────┐
    │ 企業の社会関連行動 │              │ エージェント利害の重視 │
    └──────┬───────┘              └──────┬───────┘
           │                              │
           ▼                              ▼
  ┌─────┬─────┐          ┌──────┬──────┬──────┐
  │職務満足│仕事の意味 │          │企業の │経営の │企業の │
  │     │ づけ   │          │競争力 │ 行動 │ 政策 │
  └─────┴─────┘          └──────┴──────┴──────┘
      個人レベル                       組織レベル
```

参 考 文 献

Adams, C. A., W-Y. Hill & C. B. Roberts, 1998, "Corporate Social Reporting Practices In Western Europe: Legitimating Corporate Behaviour?", *British Accounting Review*, 30, 1–21.

Bandelj, N. & B. Radu, 2006, *Consolidation of Democracy in Postcommunist Europe*, Center for the Study of Democracy, Paper 06-04.

Bilinsky, Y., 2006, "Toward the West: Baltic Realignment and Russia's Reply", *Harvard International Review*, 28, 1.

Bunce, V., 2003, "Rethinking Recent Democratization: Lessons from the Postcommunist Experience", *World Politics*, 5, 2, 167–192.

Colquitt, J. A., D. E. Conlon, M. J. Wesson, C. O. L. H. Porter & K. Y. Ng, 2001, "Justice at the Millennium: A Meta-analytic Review of 25 Years of Organizational Justice Research", *Journal of Applied Psychology*, 86, 425–445.

Donaldson, T. & L. Preston, 1995, "The Stakeholder Theory of the Corporation: Concepts, Evidence, and Implications", *Academy of Management Review*, 20, 65–91.

Folger, R., R. Cropanzano & B. Goldman, 2005, "What is the Relationship between Justice and Morality?", in J. Greenberg & J. A. Colquitt (eds.), *Handbook of Organizational Justice*, 215–245.

Frankl, V., 1965, *The Doctor and the Soul*, New York: Bantam.

Freeman, R., 1984, *Strategic Management: A Stakeholder Perspective*, Englewood Cliffs, NJ: Prentice-Hall.

Friedman, M., 1970, "The Social Responsibility of Business Is to Increase Its

Profits", *New York Times Magazine*, 9, 13, 122–126.

Greening, D. W. & D. B. Turban, 2000, "Corporate Social Performace as a Competitive Advantage in Attracting a Quality Workforce", *Business and Society*, 39, 254–280.

Ishikawa, A., C. Mako & C. Warhurst, 2006, *Work and Employee Representation: Workers, Firms and Unions*, Part 3. Tokyo: Chuo University Press.

Jones, T., 1995, "Instrumental Stakeholder Theory: A Synthesis of Ethics and Economics", *Academy of Management Review*, 20, 404–437.

Jones, T. & A. Wicks, 1999, "Convergent Stakeholder Theory", *Academy of Management Review*, 24, 206–221.

Kaldaru, H. & K. Tamm, 2004, "Sotsiaalne kapital ja ettevõtete sotsiaalne vastutus Eesti jätkusuutliku majandusarengu tagajana", *Economic Policy Perspectives of Estonia in the European Union (38-46)*, Berlin, Tallinn: Berliner Wissenschafts-Verlag, Mattimar.

Kawamura, M., 2004, *The Evolution of Corporate Social Responsibility in Japan (Part 1) — Parallels with the History of Corporate Reform*, Social Development Research Group.

Liuhto, K., 1999, *The Organisational and Managerial Transformation in Turbulent Business Environments—Managers' Views on the Transition of their Enterprise in Some of the European Former Soviet Republics in the 1990s*, Series A-9, Turku School of Economics and Business Administration: Turku.

Lääts, K. & T. Haldma, 2002, "Contingencies Influencing the Management Accounting Practices of Estonian Manufacturing Companies", *Management Accounting Research*, 13, 4, 379–400.

Maignan, I. & D. A. Ralston, 2002, "Corporate Social Responsibility In Europe And The U. S.: Insights From Businesses' Self-Presentations", *Journal of International Business Studies*, 33 (3), 497–514.

Maslow, A. H., 1973, *The Farther Reaches of Human Nature*. London: Penguin.

McFaul, M., 2002, "The Fourth Wave of Democracy and Dictatorship Noncooperative Transitions in the Postcommunist World", *World Politics*, 54, 2, 212–244.

Mcwilliams, A. & D. Siegel, 2001, "Corporate Social Responsibility: A Theory of the Firm Perspective", *Academy of Management Review*, 2001, 1, 14–16.

Rupp, D. E., J. Ganapathi, R. V. Aguilera & C. A. Williams, 2006, *Employee reactions to corporate social responsibility: an organizational justice framework*, John Wiley & Sons: Urbana-Champaign.

Russo, M. V. & P. A. Fouts, 1997, "A Resource-Based Perspective on Corporate Environmental Performance and Profitability", *The Academy of Management Journal*, 40, 3, 534–559.

Schwab, K., 2008, "Global Corporate Citizenship", *Foreign Affairs*, 87 (1), 107-118.

Tanimoto, K. & K. Suzuki, 2005, *Corporate Social Responsibility in Japan: Analyzing the participation companies in global reporting initiative*, Working Paper 208.

Valentine, S.& G. Fleischman, 2008, "Ethics Programs, Perceived Corporate Social Responsibility and Job Satisfaction", *Journal of Business Ethics*, 77, 2, 159-172.

Visser, W., D. Matten, M. Pohl & N. Tolhurst, (eds.) 2008, *The A to Z of Corporate Social Responsibility: A Complete Reference Guide to Concepts, Codes and Organisations*, An ICCA Publication: Wiley.

Wright, P. & S. Ferris, 1997, "Agency conflict and corporate strategy: The effect of divestment on corporate value", *Strategic management Journal*, 18, 77-83.

Zsolnai, L., 2006, *Competitiveness and Corporate Social Responsibility*, Corvinus University of Budapest: Budapest.

（原文英語　石川晃弘　訳）

第 5 章
企業文化と職務満足
——ベルギーにおける調査から——

ジョセリーヌ・ロベール
アイグル・アスファロヴァ

1．本章の構成と企業文化の定義

　本章は2部構成をとっている。

　第1部（2節）では企業文化と職務満足に関するベルギーの状況を，各種調査結果（2005年と2007年）から示す。ここでは労働条件，職場の人間関係，経営の質，企業内日常生活の諸側面，仕事上のストレスなどから職務満足の特徴を取り上げ，それと企業文化との関連を追究する。

　第2部（3節）ではさまざまな企業で人的資源管理者が企業文化，職務満足，戦略的目標，企業の社会的責任に関して抱いている態度と意見の調査結果（2008年）を提示する。

　企業文化を定義するならば，それは，企業の安定を裏づける共有された1セットの価値群である。それはまた，「慣行，信念，象徴のセットであり，その企業の市場における位置づけと競争相手との関係づけを示す。そしてそれは組織を定義づけそれにアイデンティティを与える。」（Thevenet 1984: 7）

　さまざまな企業の人事部長を対象にして2008年に実施したわれわれ自身の調査は，彼らが企業文化をどう捉えているかに光を当てた。この調査は16社で行われ，「非公式の役割」「行動」「手順」「価値」の重要性を明らかにした。これらの要素から個人が他者と取り結ぶ相互作用の様式を規定することができ

る。企業文化は「各人の行動に明示された，共有された基本的価値」である。それはまた，「組織成員の活動と労働の様式を規定する」組織の「規則」「伝統」「習慣」である。ここでいう価値のなかには，「顧客へのサービス」「技能」「品質」「助け合い」「専門知識」「知的好奇心」等々が含まれる。なお文化は同一企業内でも部門によって異なりうるし，下位文化も存在しうる。

　企業文化はまた，経営のスタイルや企業の戦略を呼び起こす。「経営者の基本的態度」「顧客へのサービス」「品質・価格の最善の組合せ」「企業サービスの質」なども，企業文化に関連する。企業文化は同一業種の他社から1社を際立たせる。

2．2005 年調査と 2007 年調査から

(1) 職務満足の一般的傾向

　512 人を対象にした調査（Securex 2007）によると，労働者の一般的満足を規定するもっとも重要な5つの要因がある。

　①社内改革の際にそれによる変化を自分たちがどれだけ知らされているかの労働者の認知度。

　②労働者が組織にどれだけ関与していると感じているかの度合い。

　③職務の内容とその基本的特徴に関する労働者の認知度（変化の度合い，自律性，フィードバック，課業との自己同一視，他者とのコンタクト）。

　④管理の質（参加，チーム指導，敬意，等々）に関する労働者の評価度。

　⑤職場のストレスや一般的雰囲気に関連した労働者の認知度。

　ベルギーにおける一般的満足度は 10 点尺度で測ると 6.63 で，フランス（7.02）やルクセンブルグ（6.84）よりも低いが，2005 年にくらべると 2007 年には高くなっている。2005 年と 2004 年にはそれぞれ 6.44 と 6.42 であった。満足度の上昇は地域別にみるとフレミッシュ地方と首都ブリュッセルでみられ，ワルーン地方ではほとんど変化がなかった。それゆえ 2007 年調査ではワ

ルーン地方よりフレミッシュ地方の満足度のほうが高くなっている。
　一般的満足度の上昇は概して次の理由による。
　①企業帰属意識の向上（ベルギーの労働者は，会社は自分たちのことを重視してくれており，自分たちは今の会社で働いていることを誇りに思っていると公言している）。
　②社内コミュニケーションに対する肯定的認知の増加（労働者はとくに社内情報の透明化と普及を評価している）。
　③経営管理に対する満足の増大（とくに経営が提供するモチベーション）。
　④昇進に対する肯定的認知の増大（労働者は彼らが達成を望む昇進目標をはっきりと把握できるようになった）。
　⑤職場のストレスと雰囲気に関する満足感の増大。
　満足の内容のうちとくに重要なのは次のとおりである。
　①職務内容（2007 年 7.32，2005 年 7.39）
　②社内コミュニケーション
　③チームワークと同僚（2007 年 6.86，2005 年 6.75）
　④モチベーション（2007 年 6.80，2005 年 6.70）
　⑤経営管理（2007 年 6.74，2005 年 6.41）
　⑥企業帰属意識（2007 年 6.68，2005 年 6.25）
　⑦社内改革と変化（2007 年 6.63，2005 年 6.51）
　⑧価値と企業文化（2007 年 6.44，2005 年 6.44）
　⑨労働条件と職務負担（2007 年 6.37，2005 年 6.05）
　⑩昇進（2007 年 6.18，2005 年 6.06）
　⑪賃金・ボーナス（2007 年 6.01，2005 年 5.71）

⑵　企業文化と労働条件——職務満足に対する 2 つの基本要因

　職務満足とそれに対する企業文化および労働条件の重要性については，これまでにいくつかの研究がなされてきた。SDWORX から研究費を受けて異なる地域と業種の 3,500 人を対象にして行われた調査は，興味ある結果を示してい

る。

　2005年の調査では作業日程，労働条件，同僚との関係，賃金・ボーナスの重要性が浮かび上がった。これらは職務満足のなかで最高点を記録した。また，直属の上司との関係も重要であるが，他部門との関係や顧客との関係はそれほど重要な要因とは考えられていない。2006年調査の結果はやや異なる。作業日程と労働条件はやはり重要な要因であり続けているが，新たに企業文化と企業の安定性が重視されてきている。さらに，従業員が属する部門の重要性も大きくなっている。他方，同僚との関係，賃金・ボーナス，職務内容，企業の方針と戦略の重要性は下がっている。

　2006年の同じ調査によると，ベルギーの労働者の79.6%は自分の仕事に全般的に満足しており，そのうちの11.9%は「たいへん満足」と答えている（2005年調査では11.0%）。なお2005年調査と2006年調査の結果を比較すると，「満足」が56.6%から44.9%に落ち，「やや満足」が13.3%から22.8%に増えている。

　2007年調査では企業の文化と安定性が満足要因としてもっとも大きな位置を占めつづけている。ここでいう企業の文化と安定性とは，「知性，公開性，誠実性，コミュニケーションの透明性，企業の声価とイメージ，雇用の安定性，企業の将来に対する確信」を意味するものといっていい。この調査の担当者たちは，「企業文化と企業の安定性に不満な労働者は，一般に自分の職務にも不満である」ことを強調している（SDWORX）。

　したがって，企業文化と企業の安定性は職務満足一般の規定要因であり，このことはこの数年の調査結果から明らかである。2007年調査では，同僚との関係はあまり重要とは考えられなくなっている。

　2007年調査で職務満足の要因として重要度の大きいものから順に列挙すると，企業文化と企業の安定性，企業の方針と経営，職務の性質，地位の高さ，教育訓練と昇進機会，作業日程と労働条件，賃金・ボーナス，他部門や顧客との関係，同僚との関係となる（SDWORX）。

　同僚との関係は2007年調査では満足要因リストで最下位にランクされてお

り，その重要度は調査年によって変動しているが，それでもそれはやはり満足要因をなしている。その重要性は 10,000 人を対象とした 2006 年調査で示されている。過去に労働経験がある人たちを対象として，仕事の諸側面について 0 点から 10 点までの尺度で満足度を問うた結果をみると，同僚との関係は 7.9 点で，職務内容の 7.8 点とともに，もっとも高い得点を示している（Elchardus & Smith, Research 2006）。

2007 年に 18 歳から 65 歳までの 3,000 人を対象にしてランドシュタートの研究助成金で実施された調査では，人間関係，昼食時間，職務場所，服装が検討項目とされている。

<u>同僚との関係</u>：「従業員は自分の同僚はたいへん重要だと思っている。同僚との関係に対する満足度も高い（7.6 点）。この満足度はフランス語系従業員よりもフレミッシュ語系従業員の方が僅かに高い（7.4 点対 7.7 点）。」（Randstad Research）

<u>昼食時間</u>：従業員は自分たちにとって昼食の休憩時間は重要だと考えている（7.8 点）。「フランス語系従業員はフレミッシュ語系従業員よりもこの休憩時間を重要視している（8.1 点対 7.6 点）。若年者は中高年者よりもこれを重要視している（8.1 点対 7.4 点）。昼食休憩時間は職務満足と大きく関係している（7.5 点）。」この休憩は食事だけでなく，他の従業員との接触の機会を作り，「各自の電池を充電する」。

<u>職務場所</u>：職務場所の重要度は平均で 8 点である。その満足度は比較的高く，7.6 点である。

<u>服装規定</u>：ベルギー人はこれを重視しており（7.7 点），またそれに満足している（7.7 点）。回答者の 3 分の 1 が服装規定が存在しているといい，4 分の 1 がそれが非公式にあることを認めている。自分の職場にそのような規定はないと答えたのは，回答者中 40% である。「制服の規定が通常あるのは，公共部門，工業，運輸業，建設業，喫茶・レストランの大企業（48%）である。」（Randstad Research）

(3) 満足度の低下要因

不満の説明要因としてあげられるのは，仕事上のプレッシャー（6.2点）と昇進機会の欠如（4.8点）である。ベルギーの使用者は従業員のキャリア形成を早急に再考すべきである。希望と野心は良質の仕事への強力なモチベーション要因であるが，雇用市場でそれがあまり開発されていない（Elchardus & Smith, Research 2006）。

継続的なストレスと心理的諸問題は身体的にも問題を引き起こし，職務満足に否定的影響を与える。不満を大きく抱えている者の71％は，転職を求めている（SDWORX 2007）。

ストレスは職務不満の重要な要因である。1996年と2000年に欧州基金が行った労働条件調査では，28％の労働者がストレスによる問題を抱えていると答えている。イギリスで行われた別の調査では，ストレスによる労働時間の損失が50％から60％に当たることが明らかとなった。

12,708人を対象としたベルストレス調査は，仕事上のストレスと病欠の間に関係があることを確証している。ストレスの原因には，個人とその職務との不適合性，仕事上と仕事外とでの役割の葛藤，自分の仕事と生活を十分にコントロールできないでいること，があげられる。

仕事上のストレスを引き起こす要因は数多くあるだろう。たとえば，

- 職務負担が過大だったり過小だったりする。
- 課業を成し遂げるのに時間が足りない。
- 作業や管理の説明書が不正確である。
- 課業を上手に成し遂げても評価をされず，報奨もない。
- 苦情を表明する場がない。
- 責任は大きすぎるのに，決定の権限はほとんどない。
- 頼りになる上司も同僚も部下もいない。
- 最終結果に対して何の評価もない。
- 雇用が不安定で，仕事も短期的である。

- 年齢・性別・人種・民族・宗教の違いによる差別的な見方がある。
- 労働条件が危険であったり快適でなかったりする。
- 自分の適性や技能を伸ばす機会がない。
- 深刻な，破局的な結果をもたらしかねない過失の危険がある。

これらの要因が生ずる可能性は個人によって異なる。これら全部がすべての個人にとって必ずしもストレス問題となるわけではなく，また，必ずしも健康問題を引き起こすわけでもない。「しかし，仕事ストレス関連の健康問題は，労働者調査で出てくる健康苦情よりも，実際にはもっと多いとみられる」(European Foundation 2007)。

(4) 企業の社会的責任と企業統治

FEB（ベルギー使用者連盟）の調査によると，10社中9社がたんなる利益追求以上の役割を担っていると自己評価している。事実，これらの企業は社会や環境に関わる活動をしている。

より掘り下げた分析結果をみると，50%以上の企業が教育訓練，労働安全，廃物リサイクリング等々に関する法律を守るだけにとどまらず，それ以上のことをしている。再生可能エネルギーは，まだ十分に開発されていないので，今のところは使われていないが，将来はより大きな取り組みがなされるだろう。

調査は次の点を明らかにしている。

- 企業は企業責任についてより大きな関心を持ち，人的資本と環境に対してより大きな投資を行っている。
- 50%の企業はその企業責任の諸結果を従業員，行政当局，顧客に定期的に伝えているが，仕入先や地域社会やNGOへのコミュニケーションはあまり重視されていない。
- 企業責任の実行手段の適用は限定的である。しかも企業は将来もそれを広げて使用する意思がないと公言している。その主な理由は当面の問題との関連のなさ，行政的な問題，時間と人手の不足である。とくにこうしたことをいうのは大企業よりも小企業である。

つまり企業は新たな責務の発生を欲しない（煩瑣なペーパーワークに煩わされることへの怖れ）のだが，その一方で企業の社会的責任を日常の経営活動のなかに取り込む方途を知りたがっている。

企業統治に関しては，ベルギーはリッペンス規約という規約を開発した。FEB とベルギー企業統治協会が行った調査をみると，調査対象企業の 75% が企業統治規約を発行している。大企業はすべてこれを発行し，その意味ではパイオニアの役割を演じたが，小企業でもこの規約を持つ企業が増えており，2006 年には 59.5% だったのが，調査時点では 78.6% に上っている。

この調査によると，85% の企業がリッペンス規約の重要な条項の大多数を受け入れている。公開の義務（たとえば持株構造と報酬構造），監査委員会の設置，重役会の構成，等々がそれである。しかし企業はいくつかの条項に関しては難色を示している。たとえば利害葛藤に関するコメントの公表，経営者の採用と解任，等々がそれである。

(5) 小　　括

結論として，企業文化と企業の安定性は従業員の職務満足において重要な役割を演じているとみられる。また，2005 年と 2007 年の調査統計数値がはっきり示すように，ベルギーでは職務満足の度合いが高まってきた。一般的満足の構成要素のひとつは同僚との関係である。ストレスは重要な不満要因として指摘することができる。それは従業員の離職，そして高技能労働者の損失を招きかねない。

企業の社会的責任に関しては，ますます多くの企業がこの点に注意を払っている。人的資本と環境へは大きな投資がなされている。これに加えて，FED によれば，企業統治が重要問題として捉えられており，リッペンス規約は広く受け入れられている。

3．2008 年調査から

(1) 対象と方法

　企業の文化と価値に関するわれわれの調査は，2008 年 4 月から 7 月にかけて行われた。サンプルとなったのは銀行業，保険業，会計監査業，小売業，自動車工業，電子工業，鉄鋼業からの，合計 92 社である。サンプル企業の抽出はベルギーに立地し「トップ・トレンズ」に載っている 100,000 社のリストから行った。これらの企業はその売上高で分類されている。上記の各業種からトップ 15 社を抽出した。ただし鉄鋼業では 2 社のみが確保された。

　各サンプル企業ではキイパーソンに質問紙への回答を依頼した（一般には人事部長，そうでない場合は質問紙に全部責任をもって答えられる人物）。質問紙の回収率は 17%（サンプル企業 92 社のうちの 16 社）だった。質問紙の送付は多くの場合 e-メールに依ったが，電話法や直接面接法も用いた（面接にはだいたい 1 時間から 1 時間半を要した）。調査依頼は 2 回から 4 回行った。最終的に質問紙を回収できたのは，銀行・保険・会計監査業 45 社中 7 社，小売業 15 社中 4 社，電子工業 15 社中 3 社，鉄鋼業 2 社，自動車工業ゼロだった。

　回収率がこのように低かったのは，調査がちょうど労働組合役員選挙の時期にぶつかったことによるが，そのほかの理由としては，質問紙のなかのいくつかの設問が微妙な問題を含んでいて，答えにくかったこともある。また，企業のなかには，すでに同じテーマの調査を別に受けていたり，社会的な問題に当面していたり，企業戦略や企業秘密に関わる情報が含まれていると考えたりしたところもある。

(2) 調 査 結 果

① 責任とリスク

回答者の全員はかなりあるいは全面的に，自分の考えは価値があり経営に考

慮されていると答えている。これはおそらく，回答者が企業内の位階組織のなかで重要な地位を占めていることによる。そのうえ，回答者の大多数は，もし状況が要求すればもっと責任のある上位のポストに就くことになるだろうと思っている。また，経営の許可があれば喜んでリスクを負うという答えも多い。会社のためなら犠牲を払うのは当然だと思うかどうかという点では，意見が分かれる（否定的回答は1人からしかなかったが，13人中6人は何とも言えないと答えている）。

概して回答者は，自分は社内で重要な役割を持っていると考えている。「自分が大きな機械の歯車のように感じることがある」という意見に対して，13人中10人の回答者がそれは当てはまらないと答えている。

② 市場の変化とイノベーションへの対応

回答者は全員，各従業員の尽力はすべて共通の目標に向けられていると答えている。彼らのうち4人を除く全員が，企業目標は明確に規定されていると回答している。また，企業の使命は従業員の仕事に意味を持たせることだという意見にも賛成している。さらに，「現在の企業のビジョンは従業員にやる気を持たせている」という意見に対しては，15人中8人がだいたい同意し，15人中5人は全面的に同意している。

「イノベーションと市場でリーダー格になること」に関しては，「新しいアイデアは陳腐化する前に即刻活用すべき」かどうかで意見は分かれる。回答者の3分の2は「どちらともいえない」と答えている。しかし実際のところ，調査対象となった企業では，新しいアイデアは検討に付され実施されている。

市場の変化に企業が柔軟に対応しているかどうかについては，回答者の全員が「市場が要求すれば，わが社は迅速に自己変革できる」と評価している。しかし自社の組織が柔軟でなければならないとはいっても，厳格なピラミッド型の秩序を脱しているかどうかとなると，回答者の見方は定かでない。また，回答者の大多数は，自社の経営陣は変化を予測し，それへの対応に備えているとみており，同業他社に対して競争力の点で優位に立つことを志向している

（もっとも重要なのは従業員の資質である）。つまり「市場でリーダー格になること」に最大の努力を払うことをよしとしている。

③　職　務　満　足

　回答者の多数は「仕事上の能力発揮」に概して満足している。15人中7人が「かなり満足」，6人が「大変満足」と答えている。同様な回答傾向は「仕事上の自己裁量」についてもみられる。回答者の大多数は「作業環境（採光・室温・騒音など）」にも満足している。また大多数は「経営者・管理者と従業員との信頼関係」に「かなり満足」または「大変満足」と答えている。「賃金・諸手当」に関しては意見が分かれるが，15人中2人は「不満」，2人が「どちらともいえない」であるのに対して，7人は「かなり満足」，4人が「大変満足」と回答しており，大方は満足しているとみてよい。さらに「教育訓練」についても回答者の3分の2が満足している。

　「男女の機会平等」については意見が分かれる。しかし回答者15人中10人はかなりまたは大変満足と答え，3人が「どちらともいえない」，2人が不満と回答している。回答分布に男女差はみられない。

　最後に，「同僚との関係」は職務満足のもっとも重要な要素をなすものであるが，回答者は全員これに満足していると答えている。

④　従業員と経営との関係

　従業員が企業の業績目標の設定に参加しているかどうかという点では，回答者の意見は分かれる（15社中4社が否定的，6社が不明，5社がやや肯定的）。企業内の従業員参加については企業間に差があるといえる。しかしどの回答者も従業員はその活動に対してふさわしい報酬を受けており，それが従業員のモチベーションとその仕事の効率化のもっとも重要な要因のひとつとなっていると認めている。回答者たちは成果を上げれば会社から承認され報奨されているとみている。しかし14人に6人は，「業績への報酬は皆の努力の賜物なのに，その職場には還元されていない」と答えている（5人はこの答えに不同意，残りの3

人はわからないという）。報酬は職場にも還元されるべきかどうかを問うと，15人中7人が不賛成，5人が賛成，残りはわからないと答えた。

　従業員が経営者・管理者からのサポートを必要とするときにそのサポートを受けているかという問いに対しては，回答者は異口同音に肯定的に答えている。この点は従業員とその仕事の効率性にとって重要である。また，経営者・管理者は仕事の成果を上げるのにはどうしたらよいかという点でも，従業員に助言を与える用意があるという。

⑤　要　　約

　要約するならば，回答者は企業から価値を認められていると感じており，それゆえもし状況が要求すればもっとリスクと責任を負う用意があると思っている。また回答者はすべて，自社はすべて柔軟な経営と組織で市場に臨み，市場競争で勝ち残るためにイノベーションに力を入れているとみている。職務満足についていえば，技能の習得，給料の高さ，同僚との関係など，回答者は自分の企業に満足しているとみられる。なお意思決定過程への従業員参加に関しては企業間で差があるが，従業員は作業の成果にふさわしい報酬を受け，仕事上で問題が起こったときには経営者・管理者から適切なサポートを受けているとみられている。

(3)　企業文化の諸タイプ

　調査対象企業が明示している重要戦略目標は，長期的な売上の向上，提供商品の品質の改善，顧客との安定的な関係の樹立である。

　自由回答で回答者があげた主な価値は，「チーム精神」「プロフェショナリズム」「承認と敬意」「顧客の満足」「コミュニケーション」である。

　「企業文化」をどう定義づけるかという問いに対しては，答えは人によってまちまちで，回答者はそれぞれ自分自身の「企業文化」観を持っている。それをある者は同一業種内で他社から自社を際立たせるための何かであるとみなし，他の者は企業のなかに共通して存在する習慣，規則，優先事項の1セット

だとみており，さらに別な者は異なる諸個人が同一の状況に当面したとき彼らに同一様式の行動を取らせる何かであるという。1人を除く回答者全員は，企業文化は可変的なものであるが，それを変えるには困難が付きまとい，長い時間が必要だとみている。

　調査対象企業はすべて，多かれ少なかれ同じ方法で「ワーク・ライフ・バランス」に取り組む姿勢をみせている。その方法としてもっとも多くあげられているのはフレキシブルタイム制度とパートタイム労働である。いくつかの企業では，夏のキャンプ，ベビーシッター・サービス，在宅勤務など，より念入りなプログラムを設定している。

　企業の社会的責任に関しては，その活動内容が企業によって大きく異なる。実際それは，たんなる地域社会の後援といったものから，ボランティア活動，NGO活動，社会的に有用な投資活動などへの援助をする財団の設置まで，多様である。

　これらの活動内容を分析してみると，企業による特殊性はあるものの，業績達成がどの対象企業でも主要な活動目的であることがみえてくるが，管理者面接からは，金融業では「プロフェショナリズム」，電子工業と小売業では「顧客へのサービス」，鉄鋼業では「リーダーシップ」が，それぞれ重要項目として浮かび上がってくる。これらの項目は疑いなく当該企業の活動領域，業界におけるその企業の状況，あるいはその企業の歴史から来ている。

　面接を通じて回答者が与えた「企業文化」の定義づけから，仮説的に調査対象企業を次の4つのカテゴリーに分類することができる。

①顧客の重視（「品質」モデル）
②規則，習慣，行動，優先順位の尊重（「合理」モデル）
③価値の共有（「関係」モデル）
④技能習得，情報，適用に関連する倫理（「学習」モデル）

　企業によっては「合理」モデルと「関係」モデルが結合している。

(4) 小　　括

　この調査で回答を寄せた管理者の一部は，業種による特殊性はあるにせよ，企業にとって重要なのは最高水準の業績を達成することだと強調している。現実の競争場裡にあって企業は「企業文化」をさまざまに定義づけしているが，強調されているのは顧客へのサービス，習慣，伝統，規則，承認と敬意，共有された価値，情報と学習の交流，である。また，企業の社会的責任活動は多様で，企業ごとに異なっている。

4．結　　論

　ベルギーで行われたさまざまな調査研究から，企業文化と労働条件が従業員の職務満足を規定するもっとも重要な2要因だという結論を得ることができる。実際，従業員は自分の仕事に概して満足している。その職務満足に影響する要因は，企業文化，仕事の安定性，同僚との関係，そして最後に給料である。
　これらの発見は，さまざまな企業の人事部長を対象としたわれわれの調査結果に照応させることができよう。われわれの調査では「企業文化」の定義づけがかなり多様であることがわかった。それは単に「同一業種内で他社との違いを際立たせるもの」という定義づけから「従業員の相互活動のありかたを規定する非公式の規則，手続き，価値」というものまで，さまざまである。また，従業員の参加と経営の質も職務満足に影響する2つの要因である。人事部長との面接からは，彼らは質の高い管理をしていると考え，それが企業内の日常生活にも企業目標の達成にも意義があるとみとめていることが明らかとなった。
　職務不満に関しては，ストレスと過重な作業負担がその主要な2要因であることが，ベルギーで行われた調査研究で明らかになっている。また，男女間の機会不平等はまだベルギーに残っており，賃金格差や昇進格差がある。管理者面接調査からは自社の男女平等・不平等について明確な回答が得られなかった。

企業の社会的責任に関して調査結果をみると，企業が能動的にさまざまなプログラムに取り組んでいることがわかった。各企業はスポンサー活動，倫理規定の実施，NGOとの共同作業など，さまざまな活動を打ち立てている。リッペンス規定はそれを採用したすべての企業で尊重されているようだ。

　最後に，われわれの調査に参加した企業はすべて，新しいアイデアとイノベーションに対して開かれた態度をとっている。それは競争力を保持し市場でリーダー格にあるためのものである。われわれの調査からは調査参加企業を4つのカテゴリーに分類することができた。企業は「合理」モデル，「関係」モデル，「学習」モデル，「品質」モデルのどれかにそって活動しているのである。

引用資料

企業の社会的責任
– Rse.wallonie.be/apps/spip/IMG/pdf/FocusRSE_0507pre_b.pdf
– http://www.vbo-feb.be/index.html?page=126&lang=fr

フレキシキュリテイ
– www.eurofound.europa.eu/publications/htmlfiles/ef0721.htm

統計
– http://www.statbel.fgov.be/port/lab_fr.asp#A06
– http://epp.eurostat.ec.europa.eu/tgm/table.do?tab=table&init=1&plugin=0&language=fr&pcode=em030

仕事上のストレス
– www.zebrazone.be/ZebraZine/ZZine/ZZineTXT/attach/WhitePaper_Zebra-Benchmark_FR_2007.pdf
– 調査≪Le stress au travail. Facteurs de risques. Evaluation et prévention≫, SPF Emploi, Travail et concertation sociale, 2004.

『トレンズ・トップ 100000』
– http://www.top100000.be

価値
– www.vub.ac.be/TOR/main/publicaties/downloads/t2007_4.pdf

職場の暴力

≪Violences au travail. Harcèlement moral et sexuel. Synthèse de la recherche sur les caractéristiques et les conséquences pour les travailleurs féminins et masculins ≫, SPF Emploi, Travail et Concertation sociale, 2003.

労働災害

– www.faofat.fgov.be/Site-fr/stats_etudes/rapport_stat/documents/rapportannuel 200611-12-07.pdf

労働条件

– www.randstad.be/fr/informations/presse/informations/etudes-et-publications
– www.sd.be
– http://www.eurofound.europa.eu/pubdocs/2006/98/en/2/ef0698en.pdf

(原文英語　石川晃弘　訳)

第 6 章
企業文化・職務満足・経済効果
―― 国際比較分析から ――

ヴラヂミール・ダヴィデンコ
エヴゲニイ・ガイダルジ
エレナ・アンドリアノヴァ

1．研究の目的と調査対象

　企業文化はそれぞれの国の文化や地理的・経済的な特殊性に影響されているので，一律に国際比較をするのはむずかしい。しかしいまわれわれの手元にはいろいろな国の研究者による共通基盤の上に立った企業文化の調査研究結果が集められているので，それに基づいて次の4つの点からその国際比較を試みたいと思う。
　1．職場風土，とくに合意形成風土。
　2．企業文化の類型とその国別分布。
　3．企業文化と経済効果の関係。
　4．企業文化と職務満足の関係。
　この調査で回答を寄せた従業員のサンプル構成を男女別でみると，表6-1のようになっている。
　この表にみるように，サンプル全体としては男性の方が女性よりも多い。しかし国別にみると，中国，ロシア，スロヴァキアという旧社会主義諸国では女性の方が多い。これに対してドイツと日本という脱工業化が進んでいる国では女性の比率が目立って低い。この違いはたんに社会主義体制を経たかどうかと

110 第1部 企業文化・企業の社会的責任・労働生活の質

表6-1 男女別サンプル構成

	男 N	男 (%)	女 N	女 (%)
中　　国	499	(43.4)	630	(54.8)
エストニア	359	(57.6)	264	(42.4)
フィンランド	121	(50.6)	113	(47.3)
ド イ ツ	85	(75.2)	24	(21.2)
日　　本	1,193	(76.0)	333	(21.2)
ロ シ ア	296	(43.3)	377	(55.1)
スロヴァキア	187	(46.4)	204	(50.6)
合　　計	2,740	(57.3)	1,945	(40.7)

注：男女の合計値が100.0にならないのは，無回答があるため。
　　調査にはチェコも加わったが，調査時期が遅れたため，ここでの観察対象国には含まれなかった。

か，脱工業化が進んだ国かどうかということだけでなく，サンプルがどんな産業や企業から抽出されたかに大きく関わっている可能性がある。

2．企業内諸関係と職場風土

　まず企業内の緊張関係に関して，次の設問への回答の分布状況から分析してみる。
　1．あなたは従業員と経営との信頼関係に関して満足していますか（経営との信頼関係）。
　2．あなたは自分の上司との関係に満足していますか（上司との関係）。
　3．あなたは自分の同僚との関係に満足していますか（同僚との関係）。
　前もって結論を述べると，多くのサンプルはこれらの質問のいずれにも肯定的な回答を示しており，職場の社会心理的風土は緊張関係をあまり孕んでいないとみてよい。それは経営管理が次のような職場風土（従業員の認知による）と関係しているのかもしれない。
　4．あなたは「職場で深刻な問題が発生しても，容易に合意形成がなされる」と思いますか。

第6章　企業文化・職務満足・経済効果　*111*

　以上の4つの設問に対する回答分布を観察しながら，この点について検証してみる。
　まず従業員と経営との信頼関係についてみてみる（表6-2）。

表6-2　従業員と経営との信頼関係に関する満足感（％）

	不満	やや不満	どちらともいえない	やや満足	満足
中　国	*0.7*	8.5	19.7	**56.3**	14.5
エストニア	2.6	16.9	26.5	*14.3*	**39.8**
フィンランド	7.9	24.3	16.3	**44.4**	*6.7*
ドイツ	3.5	*6.2*	**35.4**	32.7	18.6
日　本	7.8	19.9	**44.8**	24.3	*2.4*
ロシア	11.3	*5.1*	**38.0**	17.8	26.5
スロヴァキア	*7.2*	13.6	**42.9**	17.1	17.4
平　均	5.8	14.0	**33.6**	30.3	15.5

　注：それぞれの国で回答比率が最大のところを太字，最小のところをイタリック体で示してある。
　　　それぞれの国で合計値が100.0にならないのは，無回答があるため。

　この点で満足層がもっとも厚いのはエストニアで，中国とフィンランドでも満足層が厚い。ドイツ，日本，ロシア，スロヴァキアでは中間的な回答が多い。調査対象国全体の平均でみれば「不満」と「やや不満」を合わせた回答比率は20％を下回っており，概して職場の社会心理風土は緊張を孕んでいないとみられるが，とくにそれが顕著なのは中国とドイツである。
　次いで上司との関係に関する満足感を観察する（表6-3）。
　この表をみると，調査対象国全体の平均では，回答分布は満足の方に大きく偏る。とくにそれが顕著なのはエストニア，ドイツ，スロヴァキアで，「やや満足」を加えた満足層の比率は中国とフィンランドでも高い。日本とロシアでは中間的な回答が多いが，不満層は僅かである。
　同僚との関係についてはどうか（表6-4）。
　調査対象国全体の平均でみると，同僚との関係に満足感を持つ者が多数をなしており，不満を表明する者はむしろ例外的ですらある。とくに満足感を持っている者が多いのはドイツ，ロシア，スロヴァキアである。日本はここでも中

112 第1部 企業文化・企業の社会的責任・労働生活の質

表6-3 上司との関係に関する満足感（％）

	不満	やや不満	どちらともいえない	やや満足	満足
中　国	*0.9*	4.3	13.0	**63.0**	18.7
エストニア	*0.2*	7.2	13.5	32.4	**46.7**
フィンランド	5.9	17.2	*8.8*	**47.3**	19.7
ド イ ツ	3.5	5.3	*8.0*	38.1	**44.2**
日　本	5.1	15.9	**42.2**	32.2	*4.3*
ロ シ ア	8.6	*2.8*	**32.9**	23.0	30.6
スロヴァキア	2.7	5.7	29.8	24.3	**36.7**
平　均	*3.7*	9.1	26.6	**38.5**	21.5

注：それぞれの国で回答比率が最大のところを太字，最小のところをイタリック体で示してある。
　　それぞれの国で合計値が100.0にならないのは，無回答があるため。

表6-4 同僚との関係に関する満足感（％）

	不満	やや不満	どちらともいえない	やや満足	満足
中　国	*1.3*	3.0	9.0	**62.6**	23.8
エストニア	*0*	0.8	15.6	**64.8**	18.5
フィンランド	*0.8*	5.0	2.1	**47.7**	43.5
ド イ ツ	*0*	*0*	13.3	34.5	**50.4**
日　本	*2.0*	7.8	40.7	**42.2**	6.9
ロ シ ア	1.8	*1.2*	19.3	27.2	**48.7**
スロヴァキア	*2.0*	3.0	23.8	23.8	**46.4**
平　均	*1.4*	4.1	22.8	**46.5**	24.7

注：それぞれの国で回答比率が最大のところを太字，最小のところをイタリック体で示してある。
　　それぞれの国で合計値が100.0にならないのは，無回答があるため。

間的な回答が多く，不満者の比率は「やや不満」を含めると約1割に上り，調査対象諸国のなかでもっとも多い。

次に経営管理の風土についてみてみる。まず，回答者が自分の職場について「職場で深刻な問題が発生しても，容易に合意形成がなされる」とみなしているかどうかを観察する（表6-5）。

調査対象国のうち，ロシア，スロヴァキア，ドイツ，そしてとりわけ日本では中間的な回答が多いが，中国とエストニアでは職場の合意形成風土を肯定的

表6-5 職場の合意形成風土に関する認知 (％)

	違う	やや違う	どちらともいえない	ほぼその通り	その通り
中　国	*2.0*	6.9	25.4	**33.0**	31.8
エストニア	*3.4*	24.6	28.9	**36.6**	6.6
フィンランド	5.9	**38.5**	24.7	26.4	*3.3*
ドイツ	*0.9*	11.5	**32.7**	27.4	4.4
日　本	5.9	29.1	**54.2**	7.6	*0.6*
ロシア	11.4	15.6	**42.5**	20.6	*8.8*
スロヴァキア	*7.7*	12.2	**44.4**	21.3	11.9
平　均	5.4	19.9	**39.5**	21.9	11.3

注：それぞれの国で回答比率が最大のところを太字，最小のところをイタリック体で示してある。それぞれの国で合計値が100.0にならないのは，無回答があるため。

に認知している者が多い。「その通り」と「ほぼその通り」を合わせて肯定的回答，「違う」と「やや違う」を否定的回答とするならば，肯定的回答が否定的回答を上回っている国としては中国とエストニアのほかにドイツとスロヴァキアがあり，逆に否定的回答の方が多い国は日本とフィンランドである。ロシアは肯定的回答と否定的回答がほぼ同水準にある。

次に，肯定的回答が否定的回答を上回っている程度の大きさから国の順位を示すと，表6-6の右欄のようになる。なお，この表の左欄は，さきに観察した関係性に関する満足度（「従業員と経営との信頼関係」「上司との関係」「同僚との関係」）の国別順位を示している。

この表中の関係性の満足度の平均順位と合意形成の容易さの順位との間の相関をスピアマンの順位相関係数で求めると，その値は0.714となり，両者間に正の相関がみとめられる。したがって職場内関係の満足度は合意形成風土と関係しているということができる。つまり，関係性への満足度の高い国ほど，合意形成が容易になされる職場風土を持った国である（またその逆も真）とみてよい。

114 第1部 企業文化・企業の社会的責任・労働生活の質

表6-6 関係性の満足度と合意形成の難易度の国別ランクづけ

	関係性の満足度				合意形成の容易さ
	経営信頼	上司との関係	同僚との関係	平　均	
中　国	1	2	2	**1**	**1**
エストニア	2	3	4	**3**	**2**
フィンランド	4	4	1	**4**	**3**
ドイツ	3	1	3	**2**	**4**
日　本	7	7	7	**7**	**7**
ロシア	5	6	5	**5**	**5**
スロヴァキア	6	5	6	**6**	**6**

3．企業文化の類型構成

次の課題は企業文化の類型分析である。

質問紙のなかに，企業に関して考えられうるさまざまな特徴をあげて，それぞれがどの程度自分の企業に当てはまるかを従業員に問う設問がある。そしてそれぞれの特徴について，「その通り」「ややその通り」「どちらともいえない」「やや違う」「違う」という5つの回答選択肢が設けられている。

まず分析の第1段階として，それらの特徴を以下のように4つのグループに分けて，企業文化の類型を設定する。（説明項目のなかで＊印がついているものは，反対方向のベクトルを示す。）

(1) 臨機型（**Adhocracy**）

「新しいアイデア雅即刻活用されず，陳腐化している」＊
「状況によっては，指示や規則が仕事の効率の妨げになる」＊
「新しいアイデアは，陳腐化する前に，即刻活用すべきである」
「私は自分の意見が重要だと思うので，経営の意思決定に参加したい」
「私は状況が求めるのであれば，管理的な仕事を引き受ける用意がある」
「大変重要なことは，市場の変化を的確に感じとり，それに適宜対応す

ることである」

「問題が生じたとき，職制でなくても，もっとも能力のある人が決定をくだすべきである」

「市場が要求すれば，わが社は迅速に自己変革できる」

(2) 位階型（Hierarchy）

「社内の資源（資産や人材など）配分をきちんとしないと，全体がうまくいかなくなる」

「私は時々，自分が大きな機械の歯車のように感じる」

「状況によっては，指示や規則が仕事の効率の妨げになる」

「1人の従業員が2人の管理者を持つようなことがあってはならない」

「たとえそうすることが会社のためになると思っても，従業員は会社の規則に違反してはならない」

「会社は厳格なピラミッド型の秩序を持つべきである」

「同僚間の競争は，利益よりも害をもたらすことが多い」

「私は自分の意見が重要だと思うので，経営の意思決定に参加したい」

(3) 同族型（Clan）

「グループ内では，自分個人のためではなく，皆の共通目標の達成のため最善を尽くすべきである」

「職場で人手が足りなくなったら，その職場の責任者は非正規従業員を雇ってもいい」

「わが社は非正規従業員にも気を使っている」

「われわれは誰もが従うべき暗黙の規範や規則を持っている」

「職場では他人の陰口をいうことは，よくないこととされている」

「誰でも会社のため，なんらかの犠牲を払うのは当然だ」

「経営者の約束事は，きちんと実行されている」

「私は自分の意見が重要だと思うので，経営の意思決定に参加したい」

116　第1部　企業文化・企業の社会的責任・労働生活の質

(4) 市場型（Market）

「同僚間の競争は，利益よりも害をもたらすことが多い」*
「会社の意思決定において，顧客の立場は尊重されている」
「経営は，市場の変化とそれへの対応に遅れがちである」*
「大変重要なことは，市場の変化を的確に感じとり，それに適宜対応することである」
「もっとも重要なことは，市場でリーダー格になることである」
「市場が要求すれば，わが社は迅速に自己変革できる」
「失敗は，学習と成長のためのいい刺激と考えられている」
「現在のビジョンは従業員によい刺激を与えている」

　企業の特徴に関する上記の諸項目に対する反応を5段階選択肢で得て，その結果を4つの企業文化類型ごとに5点尺度で数値化して示すと，表6-7のようになる。

表6-7　企業文化の類型とその分布状況（範囲：5.00－1.00）

	臨機型	位階型	同族型	市場型
中　国	**3.95**	1.93	3.94	2.94
エストニア	**4.00**	2.00	**4.00**	2.99
フィンランド	3.88	1.99	**3.90**	2.85
ドイツ	**3.40**	1.78	3.33	2.49
日　本	3.89	1.94	**3.89**	2.92
ロシア	**3.94**	1.69	**3.94**	2.82
スロヴァキア	3.88	1.95	**3.89**	2.91

　この表をみると，どの国にも共通して臨機型と同族型が支配的であることがわかる。これは企業が外部的には変動する市場条件と競争，内部的には組織の統合と調整の要請に対応していく必要を考えるならば，まったく当然なことである。

表6-8 企業文化類型と経済効果指標の相関係数

	1	2	3	4	5	6	7	8	9	10	11	12	13	14	15	16
1. 臨機型	—	.549	.195	.447	**.609**	**.469**	.279	.226	.327	.267	**.550**	.096	**.470**	.309	.425	.302
2. 位階型		—	.252	.442	**.645**	.437	**.457**	**.579**	.453	**.554**	.541	.187	**.599**	**.575**	**.585**	**.592**
3. 同族型			—	.166	.030	.417	.280	.201	.241	.263	.401	.251	.312	.317	.435	.318
4. 市場型				—	.144	.419	**.445**	.354	.314	.464	**.724**	**.522**	.452	**.510**	**.625**	**.585**
5. 権限の委譲					—	.248	.307	.377	.318	.396	.362	.014	.509	.353	.378	.397
6. 指令の方向						—	.352	.269	.277	.251	.491	.231	.391	.329	.449	.290
7. 従業員開発							—	.376	.392	.467	.671	.234	.464	.511	.566	.532
8. 基本価値								—	.376	.392	.467	.671	.234	.464	.511	.566
9. 同意									—	.482	.450	.188	.430	.401	.439	.461
10. 調整と統合										—	.537	.273	.464	.631	.693	.693
11. 経営革新											—	.371	.555	.604	.651	.609
12. 顧客指向												—	.271	.307	.374	.237
13. 組織的訓練													—	.548	.608	.558
14. 戦略の焦点														—	.648	.794
15. 目標と課業															—	.698
16. ビジョン																—

次に組織の経済効果に関わる 12 の項目を設問のなかから取り出して，それと企業文化類型との相関関係を検証する。その 12 の項目はいずれも 5 点尺度の回答選択肢を設けて従業員サンプルに自社評価をしてもらうという質問形式になっている。

この表にみられる相関係数から，①「権限の移譲」は〈臨機型〉と〈位階型〉に有意に相関しているが，〈市場型〉や〈同族型〉とは相関していない，②「経営の革新」は〈市場型〉と〈臨機型〉に有意に相関しているが，〈同族型〉や〈位階型〉とはあまり相関していない，③「組織的訓練」は〈位階型〉と〈臨機型〉に有意に相関しているが，〈同族型〉や〈市場型〉とはあまり相関していない，④「戦略的焦点」は〈位階型〉と有意に相関している，というように，経済効果指標と企業文化類型との間には一定の依存関係があることがみてとれる。

次に 4 つの企業文化の測定値を合計したものを企業文化の強度とみなし，12 の経済効果指標の合計値を経済効果度として，その両者間の関係を図示すると，次のようになる。

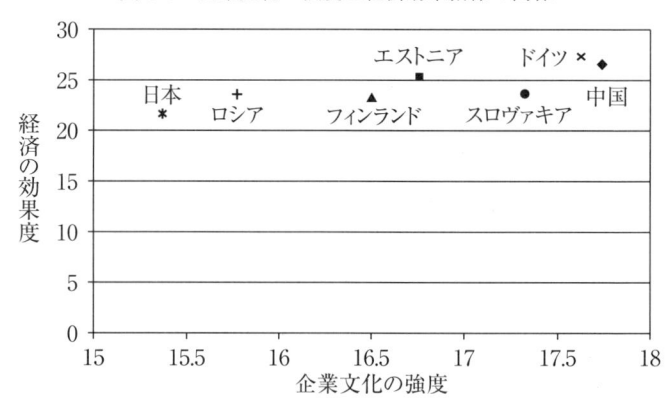

図 6-1　企業文化の強度と経済効果指標の関係

これをみると経済効果度では国による違いは顕著でない。経営文化の強度は中国，ドイツ，スロヴァキアが高く，エストニアとフィンランドが中間で，日

本とロシアが低い。この測定値は従業員の認知を基にしているので，各国の従業員の認知様式の違いを考慮に入れなければならない。たとえば日本の従業員は答えを控えめに出す傾向があるが，中国の従業員はこの種の調査ではなにににおいても肯定的な答えを出す傾向がある（たとえば1995年と2000年に行われた電機連合「電機労働者の国際意識調査」結果にみられるように）[1]。

4. 職務満足と企業文化

職務満足は労働生活の諸側面から測ることができよう。賃金や労働時間といった処遇の面もさることながら，職場における権限の所在や従業員間の人間関係といった面も，当然，職務満足に影響を持つ。

われわれの調査では労働生活の16の側面をあげて，それぞれについて満足感を問うている。回答選択肢は「満足」「やや満足」「どちらともいえない」「やや不満」「不満」の5つで，「満足」に5点，「不満」に1点を与えて5点尺度で平均値を出すと，表6-9のような結果が得られる。なお表の最下欄にある「一般的満足」は，16の側面に関する得点を合計したもので，理論的には最高点が80，最低点が16となる。

まず「一般的満足」をみると，ドイツとエストニアが最高であり，この2つの国の従業員の職務満足は非常に高いとみられる。その反対に「一般的満足」に関してもっとも低いのは日本である。フィンランド，中国，ロシア，スロヴァキアは中間的な位置にある。

労働生活の諸側面を個別にみてみると，各国とも上司や同僚との関係に対する満足が他の諸側面よりも高く出ているが，それ以外については，ドイツではとくに福利厚生と賃金，そして雇用と労働時間，エストニアでは労働時間，雇用，権限の範囲，経営者・管理者の能力に対する満足感が他の国ぐににくらべて高く，それらが「一般的満足」の高さを相対的に引き上げている。

ところで先の観察では，ドイツ，中国，スロヴァキアで企業文化の強度が高いことをみた。これと職務満足との関連に触れるならば，ドイツの場合は賃

120 第1部 企業文化・企業の社会的責任・労働生活の質

表6-9 各国別にみた職務満足度（範囲：5.00〜1.00）

	中 国	エストニア	フィンランド	ドイツ	日 本	ロシア	スロヴァキア	平 均
自己実現	3.67	4.12	3.67	3.89	3.07	4.03	3.29	**3.68**
権限の範囲	3.43	4.34	3.76	3.76	3.08	4.10	3.21	**3.67**
労働条件	3.53	3.77	3.75	3.80	2.90	3.38	2.91	**3.43**
従業員と経営との信頼関係	3.76	3.72	3.18	3.59	2.93	3.44	3.24	**3.41**
作業負担	3.52	3.83	3.39	3.87	2.69	3.42	3.00	**3.39**
労働時間	3.31	4.62	3.85	4.30	2.68	3.76	3.27	**3.68**
賃金・賞与	3.29	3.49	2.76	3.96	2.61	2.63	2.48	**3.03**
経営者・管理者の能力	3.68	3.90	3.05	3.66	2.81	3.16	3.13	**3.34**
昇進の可能性	3.43	3.61	3.09	3.34	2.76	2.97	2.96	**3.17**
教育訓練	3.64	3.30	3.47	3.40	2.72	2.76	3.34	**3.23**
雇用の安定	3.72	4.18	3.63	4.34	3.24	2.87	3.58	**3.65**
男女間の機会平等	3.77	3.93	3.73	4.09	3.05	3.41	3.45	**3.63**
福利厚生	3.56	3.62	3.71	4.31	3.06	2.56	3.16	**3.43**
上司との関係	3.95	4.18	3.58	4.15	3.15	3.65	3.87	**3.79**
同僚との関係	4.05	4.01	4.29	4.38	3.44	4.22	4.11	**4.07**
経営情報へのアクセス	3.64	3.75	3.01	3.77	2.96	3.31	3.24	**3.38**
一般的満足	57.94	62.38	55.93	62.59	47.15	53.69	52.25	**55.99**

注：下線：国際平均値よりも0.5ポイント以上低い。
　　薄い網掛：国際平均値よりも0.5ポイント以上高い。
　　濃い網掛：国際平均値よりも0.8ポイント以上高い。

金，労働時間，福利厚生，雇用の安定といった労働生活の基本面において満足度が高いこと，中国では職務権限の狭さや労働時間の長さの点で国際平均よりも満足度が低いが，経営者・管理者との信頼関係や上司との人間関係で満足度が高いこと，スロヴァキアでは賃金や労働条件に不満を持つ者が多くても，同僚との人間関係に対する満足度が高いこと，といった点が，それぞれの国の企業文化の強さをもたらしているとみられる。他方，日本では，とくに労働時間と作業負担だけでなく，上司や同僚との関係についても国際的にみて満足度が低く，そのような要因が企業文化の強度の低さと関係しているかもしれない。ロシアの場合は雇用の安定や福利厚生や教育訓練といった，企業内生活を保障するような点についての満足度が国際的にみて低く，また，経営者・管理者の

能力や上司との関係についても国際的にみて満足度が低い。ロシアにおける企業文化の強度の低さはこういった点と関連していると思われる。

5．結びに代えて

われわれがここで行ったのは，企業文化が経済効果に関わる企業行動（従業員の認知を通して把握された）とどんな関係にあるのか，またそれは従業員の労働生活における満足度とどう関連しているかを探ることであった。一般的には関連がみとめられたが，その関連の仕方には国による特殊性がうかがえる。したがってどの国の企業文化が指導的であるかは，ここでは確定できない。しかし合意形成風土に限ってみれば，職場の人間関係と上下の信頼関係に対する従業員の満足度が高い国ほど発達していることが見出された。また，企業文化の類型分析からは，国際的にみてどの国でも「臨機型」と「同族型」が優勢であり，「位階型」があまりみられないこともわかった。そしてこの2つの型の企業文化が，今日の変動する経済環境の中で適合的に機能していることがうかがえた。

1）電機連合「14カ国電機労働者の意識調査結果報告」(『電機連合調査時報』第287号，1996年，および第315号，2000年）を参照。

（原文英語　石川晃弘 訳）

第 2 部　北欧における企業文化の動態

第 7 章
企業行動の変容と企業の社会的責任

エルッキ・アスプ

1. 問題の提起

　近年ますます，世界経済のグローバル化とその社会生活・労働生活の諸分野への影響が多々論じられてきている（Schienstock 1997, 1999）。データの生産と通信，統合化，国際企業合併，その他さまざまな展開の諸過程が急速に進み，それらが全体としてグローバル化をますます世界規模で推し進め，その同じ線上でさまざまな反応を引き起こしている。ともあれ，グローバル化とは，世界的規模で知られ，変動傾向の設定をするようになった，多種多様な諸現象の総称だということを，まずは理解しておこう。
　グローバル化を推進してきたのは電子工学技術であり，それが近年最大速度で成長する産業部門を形づくってきた。それゆえにそれは他の部門や社会一般に注目すべき衝撃を与えてきた（Takanashi et al. 1999）。この意味でグローバル化現象は，立役者とその相手との日常的な相互作用の形をとって現れている。産業発展国はどこも，それ独自のビジネス文化と労働生活様式を発達させてきたが，それはいまやグローバル化の下で変容を余儀なくされているだろう。どのような新しい経営の様式と方法がいま立ち現れてきているのか，そしてそれぞれ異なる国でどんな問題が出てきているのか。これが本章の基本的問題関心である。

2．経営文化の変化と企業の社会的責任

　過去におけるフィンランドの企業文化は良好な人事政策で特徴づけられていた。それは従業員福祉が多様に提供されていた事実に示されている。当時は労働者やその他の従業員が企業の宝だと強調され，あらゆる仕方で従業員への配慮がなされていた（Nakamura 1996 を参照）。当時の企業文化は信頼の雰囲気で包まれ，経営の施策は明確に倫理的な視点を踏まえて実施されていた（Kairinen 2002: 52-60 を参照）。

　グローバル化の結果，企業文化のなかの倫理的要素はしだいに弱まりはじめ，それに代わって経営の文化は企業精神の指導原則として金銭的成果をますますはっきりと強調するようになった。そしていまや従業員は利潤の最大化に向けた諸措置に適応しなければならなくなった。新しい経営者たちは従業員の福祉を最重視するタイプではなくなった。そして，投資家の満足を充たし，経営者に利潤絡みの高額なボーナスを保証することが，主要な要件となった。企業の社会的責任よりも，今の行き方こそが倫理的に標準的だと考えられるようになっている（Siltala 2002）。

　経営文化における上記の変化は，フィンランドに限らず他の産業発展諸国においても，今日の関心事である。経営者が受け取るボーナスやオプションが，労働世界における勝者と敗者を生みだしている新しい状況をよく示している。給料に関していえば，ある者はますます多くを得て，他の者はますます少ない分しか割り当てられなくなっている（Arva 1999）。今日の状況は企業文化の変化に特徴的に表れており，あの良好な人事政策は倫理的にまったく反対の方向，金銭と経済的成功を最優先の目標と指針とする方向へと，傾斜してきている（Lansbury 2000 を参照）。

　経営文化の変化をよく示しているのは，企業の社会的責任の低下ないし消滅である。この現象を示す例はたくさんある。

　フィンランド最大の企業のひとつであるストラエンソ（StoraEnso）社は

2008年に，ケミイェルヴィにあるパルプ工場とスンマにある製紙工場という，フィンランド国内の2つの工場を閉鎖すると公表した。前者では300人，後者では1,000人が職を失った。企業は閉鎖の理由として，ケミイェルヴィの場合は過剰設備，スンマの場合は慢性赤字をあげた。

ケミイェルヴィは人口約11,000の町で，そこでの最大の雇用主はパルプ工場であった。この町はかつて，製薬企業とハイテク企業の閉鎖に遭っている。そしていま同じ決定が，大規模産業のなかで残っていた最後の企業でなされた。この工場は利益を上げていた工場だった。そのパルプ生産のための原料は近隣地域で調達できていた。企業があげた閉鎖理由は過剰生産であり，ラップランドからのパルプ木材をオウル地区とケミ地区のより大きな工場で使っていくというものであった。

ケミイェルヴィのパルプ工場を閉鎖するという決定は，工場従業員と町の全住民にとって現実にショックであった。労働者たちは利益が上がっている工場が閉鎖されるのを理解できず，既存の利用可能なパルプ材が遠方にある会社の別工場に運ばれていくことなど，信じられなかった。解雇されたばかりの労働者たちは，他の人たちの恩恵になるこの措置を自分たちが支持しているかにさえ感じた。この決定はケミイェルヴィの地域住民にも，またラップ地方に一般に関心を持つ人たちにも，理解できなかったようだ。

ストラエンソ社の最大株主はフィンランド政府である。しかし政府は為替リストに載っている企業の意思決定に影響を与えることはできなかった。そうだとしても，もし十分に早い時期に手を打っておけば，そして企業の計画過程が十分な効率性と慎重さをもって進められていたならば，政府は何らかの影響力を行使できただろうと，一般には思われている。

ストラエンソ社の決定は，ケミイェルヴィで広く住民の間に抗議心を呼び起こした。抗議運動は企業に対して向けられただけでなく，同時に企業行動に対する政府の統制の緩さを批判し，工場閉鎖に関する国会の対応の鈍さに対して驚きを表明した。

ストラエンソ社がとった過程は，なによりも利潤の最大化を狙う現在の経営

行動と軌を一にする。雇われ経営者は，従業員に関する社会的責任に一顧もすることなく，採算ベースで意思決定をする。ケミイェルヴィの場合には，工場の近くにある良質な木材原料を利用でき，利益も上がっていて，操業の継続にとって良好な条件が揃っていたにもかかわらず，経営者はこの工場の操業を止めることが他の工場にいい業績をもたらすことになると計算して，ケミイェルヴィ工場の廃止を決めた。

フィンランドには強力な労働組合運動が存在するが，たとえばドイツにみられるような従業員のための雇用補償闘争を組むことができなかった。フィンランドでは解雇された人たちは政府が提供する給付金に依存することになる。なにか代わりの仕事がなければ，失業者は失業給付金で生活することになる。そして，職がなければ失業者の間に抗議心が起こり，公正と平等が遵守されるよう政府が善処することを要求していくことは明らかである。

上に述べたことは，なによりもまず，解雇された人びとやフィンランド人一般の，企業の社会的責任の低下に対する態度を表現している。しかし経営の意見を表現しているのは高度に合理的な思考であり，企業の将来展望の構築であって，そこには閉鎖，解雇，その他必要な措置といった困難な意思決定も含まれる。

製紙産業は長年フィンランド産業の雇用のなかで優勢な位置にあった。しかし今日，グローバル化の下で，この産業の諸企業は賃金や原料のコスト水準がフィンランドより有利な国ぐにに，生産拠点を移したり設立したりしだした。したがって，企業はこの事実を踏まえた決定を行い，そうすることで企業の将来の業績を確実にしようとすることは，十分に理解がいく。

先に触れたように，ストラエンソ社はケミイェルヴィのパルプ工場だけでなく，スンマの製紙工場も閉鎖した。スンマでは1,000人が職を失わねばならなかった。しかしスンマの辺りには大きな町がいくつかあり，ケミイェルヴィよりも就職口を見つけるのに恵まれている。それゆえここではこのケースをとくにくわしくは述べないことにする。

3．外国移転企業の例

　フィンランドの大手電子企業ノキアは携帯電話の生産のためにドイツのボッフムに工場を作り，2,300人を雇用した。この工場の設立は，ノルトライン＝ウェストファーレン州が1998年～1999年，2,860人の長期雇用を条件に4,100万ユーロの投資支援をするという，企業にとっては好ましい投資であった。そのおよそ10年後，ノキアは工場をボッフムからルーマニアに移すことを決定したとき，ドイツの従業員に解雇予告を出した。このときドイツの州政府はかつて払った投資支援金を返すよう要求した。この要求の根拠とされたのは，条件とした2,800人の長期雇用を満たさず，2,300人しか雇用しなかった点であった。
　このボッフム事件はケミィエルヴィの場合とよく似ている。生産の採算が十分にあっているのに工場を閉鎖することに対して，従業員は強く抗議した。ボッフム工場の閉鎖というノキアの経営行為は，思わぬ障害に当面した。従業員や地元住民からの反応が予想外に厳しく，経営の措置に対して非難を投げかけたからである。ドイツは大国であり市場としても重要であるのに，ノキアの経営はこの事実に十分な配慮をしないというミスを犯した。世界最大の携帯電話メーカーとして，ノキアとその経営陣はドイツでも自分たちの計算と考えでやっていけると考えたのであろう。しかし彼らは現存する諸条件をもっと慎重に考慮すべきであったのだ。
　結果的に，ボッフム工場閉鎖の決定がなされるとすぐに，人びとはノキアを中傷し，その製品をボイコットしはじめた。そのうえさらに人びとは，ノキアに正規の解雇補償金に加えて失業した人たちに特別手当を支払わせようと，あらゆる形で要求を出してきた。
　ノルトライン＝ウェストファーレン州政府はそれ自身の要求書をノキアに送った。ノキアが投資支援の条件を実行しなかったとみなされたからである。一方ノキア側の言い分は，平均3,200人という，要請された数をはるかに上回

る雇用をしてきたのに，州政府が勘定通りの支払いをしてくれないということにあった。

ボッフム工場閉鎖に関わる紛争は2008年現在未解決であるが，ノキアはすでにルーマニアでの新工場の操業開始に集中している。ともかく，この新工場の立ち上げは，労働コストが低く，製品の需要が十分に見込まれる地域へ工場を移すという，グローバル化のよく知られたパターンに沿っている。

4．労働生活の文化——変化と持続

われわれの研究テーマは優れて現代的であり重要である。それはグローバル化と，労働生活の質にみられるその影響とに焦点を置いている。グローバル化は世界のさまざまな分野と事象においてみることができる。グローバル化の影響はどこにもみてとれる。気候は変化しており，石油の価格は上がっており，食料は数年前にくらべて高価になっている。労働生活の質も変化し，企業文化は以前と同じではなくなっているし，企業の社会的責任も過去とは異なっている。

グローバル化は企業の社会的責任に絡めてよくみてとれる。産業先進国の企業は生産費が低く利益が大きい国に移り，あるいはその事業所や工場を移転させてきた。多くの場合このような企業行動は本国での従業員の解雇と企業の社会的責任の喪失を意味する。多くの研究者は，解雇された従業員は企業文化への帰属を失うと述べている。いいかえれば，解雇者は，社会経済の発展と統合において人びとと社会とを仲介し結合する要としての，慣行を失うことになるという（Dryakhlov 2008 参照）。

企業文化と企業の社会的責任に関する国際共同調査（Ishikawa ＆ Shiraishi 2007）へのフィンランド・チームの参加は，容易なものではなかった。いくつかの企業はなんらかの調査研究機関と結びつきを持っていて，当面の必要な従業員サーベイをそこに委託している。また別ないくつかの企業はわれわれの研究テーマが気に入らないといって拒否したり，あるいは似たような調査研究を

最近行ったばかりだといって断ってきた。電子産業に焦点を置いて調査研究に取り掛かろうとして，われわれは見事にグローバル化の影響にぶつかってつまずいた。われわれが対象としようとした企業の多くは，フィンランドより労働コストが低く，製品の市場が間近にある国ぐにへ，生産拠点を移してしまっていたからである。

われわれの調査対象企業には，エルコテック社（Elcoteq）とペルロス社（Perlos）の2社が含まれている。この2社は携帯電話のカバーとその他の部品を製造し，その市場は携帯電話メーカーに接している。それゆえにこの2社は生産の大部分をフィンランド国外に移した。われわれが調査を始めたときには，この2社は海外移転途上にあったため，フィンランド国内で調査できた従業員は少数でしかなかった。2社ともグローバル化の犠牲者であった。というのは，フィンランド国内の工場は良好な条件の下にあり，従業員は自分の家を持ち，将来の生活見通しは工場の周りで雇い主と結びついていたからである。結局調査で回答を得られた従業員の数は，エルコテック社で39人，ペルロス社で12人だけであった。

これらの工場が外国に活路を見出そうとしたとき，フィンランド人従業員が直面したのは，先に述べたケミイェルヴィやボッフムと同様な状況であった。職を失った人びとにとって再就職の場がなく，まったく新しい条件の下に移って仕事を探さねばならないような小さな地域社会において，解雇という措置をとるのはきわめて困難なことである。とくにケミイェルヴィの場合がそうである。

われわれが調査対象とした3番目の企業は，現在アメリカ・パーキンエルマー・コンツェルン（American PerkinElmer Concern）のメンバーになっている，ワラック社（Wallac Corporation）である。ワラック社はハイテク企業で，薬品工業向けに分析測定器，ソフトウェア解明，診断テストシステムを生産している。その事業は薬品，生物科学，化学，用具技術，ソフトウェア生産などに跨っている。この企業から212人の回答者を得た。

調査対象とした4番目の企業は，リテイル・ストア社（Riteil Store）で，フィ

ンランド西部にある 22 の市町村で営業している。それが立地している地区では，リーディングな小売企業である。その営業分野は，日用品，耐久消費財，運送倉庫，特別生産品，旅行業，仕出し業，金属製品，農産品，園芸，自動車販売などに跨る。この企業からの回答者は 27 人である。

　ここでわれわれの調査から 2 つの設問を取り上げ，労働生活の一端を今回実施したこの調査と以前に行った調査[1]の結果から比較検討し，その変化を探ってみる。2 つの設問とは，教育訓練に関するものと男女の機会均等に関するものである。

　教育訓練に関しては前回と今回の調査で，「あなたは，ここ 5 年間で，社内外の教育訓練やセミナーに参加されましたか」という，共通の設問が用いられている。教育訓練は一般に企業の成功の礎石と考えられてきた。それゆえフィンランドの労働生活において経営は従業員の力量と技能に注意を払ってきた。前回調査では，エリクソン社（Ericsson）の従業員サンプルの 92％，セミ・テク社（Semi-Tech）のそれの 88％ が，過去 5 年の間になんらかの訓練コースに出ていた。今回の調査では，回答者の 95％ が参加したと答えている。訓練コースへの参加度は，フィンランドだけでなくエストニア，中国，スロヴァキア，日本でも高い。

　前回調査と今回調査とでは対象企業が異なるが，結果はきわめて類似している。それゆえフィンランドの労働生活はこの間にほとんど変わることがなく，企業行動はグローバル化のなかにあって変容したとしても，国内の労働生活は自律性を保ってきたとみられる。

　前回調査でも今回調査でも労働生活のさまざまな面における満足感を問う設問が用いられているが，そのなかに職場における男女機会均等の満足感に関する質問がある。その回答結果をみると，多くの国で男性の方が女性より満足していることがわかる（Shiraishi 2000: 95）。これは労働生活において男性が女性よりも一般に有利な経験をしていることを物語っている。これには男女間の給与格差も含まれるだろう。そしてそこから男女間の態度や意見の相違が生まれているだろう（Asp & Uhmavaara 2007）。

調査対象国のうちフィンランドを含む4つの国では男女機会均等に関する満足度はかなり似ている。フィンランドでは67%，中国では73%，エストニアとドイツでは61%が満足していると答えている。このパーセントは男女込みで計算したものだが，フィンランドに関してはその比率が大きい点で前回調査と結果が似ている。この点でも労働生活の文化はほとんど変わっていないとみてよい。

グローバル化の下で企業行動の変化が進む一方，企業内に定着している従業員の意識から探った労働生活の文化は，この2つの調査時点の間に関する限り，あまり顕著な変化がみられなかった。したがって労働生活の両極化や労働諸条件の他の諸側面を批判的に語るときには，この点をも念頭に入れておく必要があろう。

1) これは2000年に電機産業労働者を対象とした国際比較調査で，フィンランドを含めて14カ国が参加した。その調査結果は電機連合（2000），Ishikawa et al., eds.（2006）にまとめられている。

参 考 文 献

電機連合，2000，「14カ国電機労働者の意識調査（第3回国際共同意識調査）結果報告」電機連合『調査時報』第315号.

Àrva, L., 1999, "Hungary in the Whirlwind Globalization: An Economic and Social Analysis", in: Cs. Mako & Ch. Warhurst (eds.), *The Management and Organization of Firm in the Global Context*, Budapest: University of Gödöllö and Budapest University of Economic Sciences.

Asp, E. & H. Uhmavaara, 2007, "The Realization of the Equality in Electronics Industry", *Labor Research*, No. 10, Labour Research Council, Tokyo, pp. 35–42 (in Japanese).

Dryakhlov, N. I., 2008, "International Center for The Comparative Studies of Corporate Culture: West-East-Russia", presented to the International Conference on Corporate Culture, Corporate Social Rwesponsibility and the Quality of Working Life, Tokyo, June 16–17.

Ishikawa, A., Cs. Mako & Ch. Warhurst (eds.), 2006, *Work and Employee Representation: Workers, Firms and Unions. Part 3*, Tokyo: Chuo University Press.

Ishikawa, A. & T. Shiraishi, 2007, "Proposal of an International Research on Corporative Culture, Corporative Social Responsibility and the Quality of

Working Life" (Circulation letter), Tokyo.
Kairinen, M., 2002, "Saako voitollinen yritys irtisanoa laillisesti työntekijöitään?", in: P. Juuti (toim.), *Ethosta etsimässä. Puheenvuoroja johtamisen ja yrittämisen etiikasta*, PS-kustannus, Juva.
Lansbury, R. D., 2000, "Exploring Trends in Employment Relations and New Approaches to Work in the 21st Century", *Japan Labor Bulletin*, Vol. 39, No. 10.
Nakamura, K., 1996, "Transformation of Industrial Relations in the Telecommunications Industry", *Japan Labor Bulletin*, Vol. 35, No. 11.
Schienstock, G., 1999, "Information technology and organisational change. The concept of technological practice", in: H. Banse et al. (eds.), *From an Information Society to a Knowledge Society. Democracy-Participation-Technology Assessment*, Springer Verlag.
Schienstock, G., 1997, "Probleme der Koordinierung, Steuerung und Kontrolle einer globalen Ökonomie", in: B. Blätter-Mink & O. Renn (Hrsg.). *Zwischen Akteur und System. Die Organisierung von Innovation*. Opladen: Westdeutscher Verlag.
Shiraishi, T., 2000, "Work Satisfaction", in: A. Ishikawa, R. Martin, W. Morawski & V. Rus (eds.), *Workers, Firms and Unions. Part 2, The Development of Dual Commitment*, Frankfurt am Main: Peter Lang.
Scholz, Ch., 1987, "Corporate Culture and Strategy—The Problem of Strategic Fit", *Long Range Planning*, Vol. 20, No. 4, Printed in Great Britain.
Siltala, H., 2002, "Johtamalla eettisyyteen-hyvään elämään", Teoksessa: P. Juuti (toim.), *Ethosta etsimässä, PS-kustannus*, Juva.
Takanashi, A. et al., 1999, *Japanese Employment Practices*, The Japan Institute of Labour.

(原文英語 石川晃弘 訳)

第 8 章
信頼資本の変化
―― グローバル化はなにをもたらすか ――

ヴェリ・マッティ・アウティオ

1. グローバル化と企業文化

　エルッキ・アスプは本書所収の論文のなかで，工業化された国はそれぞれそれ独自の特有なビジネス文化と労働生活様式を発達させてきたが，グローバル化の下でそれがかなり変貌していると述べている。今日どんな新しい経営様式と経営方法が立ち現れてきて，異なる国ぐにでどんな問題が存在しているのだろうか。

　企業文化の国際比較は，異なる国ぐにの企業文化の特異性と共通性を特徴づけるのに役立つ，いくつかの中心的な次元を見出している。グローバル化が企業文化になんらかの影響を与えるという見方をとり，世界，アジア，ヨーロッパ，スカンジナヴィアに関してホフステードのパラメーターで測るとすれば，次のような順位づけを見出すことができよう。

	世界	アジア	欧州	北欧
権力の間隔	2	2	4	3
個人主義	5	5	2	1
男性らしさ	3	4	3	4
不確実性の回避	1	3	1	2
長期的指向	4	1	..	..

　この順位は平均像からつけたもので，支配的文化像の順位を表している。こ

こにみるように順位は地域によって異なり，地域間で差がある。しかし順位づけでは同一地域内の文化的差異がわからず，統計的な差もわからない。グローバル化がローカルなあるいは地方的な事象，とくに経営の様式と方法が，グローバル規模での単一型へ収斂していく過程を意味するとすれば，なにが経営実践の文化的土台となるのか，あるいはまったく新しい文化的土台が生まれるのか。グローバル化が世界の人びとが単一社会に統合され，一体として機能するようになる過程を意味するとすれば，経営のグローバルな様式と方法はどのようなものとなり，それは文化的諸差異を払拭しうるのだろうか。グローバル化がもっぱら経済面のグローバル化に限定され，技術や文化や政治の諸力が多かれ少なかれ疎かにされるとしたら，異なる国ぐにの企業文化と経営実践に対するグローバル化の統合作用に焦点を置いた議論も必要であろう。

　グローバル化を分業のグローバルな拡大と特定するならば，国際交易，資本流動，対外直接投資，移民，技術の移転と普及，出入国に対する国家規制の縮小，生産のグローバル・システム，交易のグローバル・システム，グローバルな仕入れ網，アウトソーシング，人員整理，企業合併，等々といった措置を見出すことができる。これは市場の地球規模化，つまり単一世界市場の出現を意味する。要するに地球が均一化してきているということだが，しかしそれは経営実践などを考えるとき，文化的差異も均質化してきていることを意味するだろうか。グローバル化は経済目的のためにナショナルな文化や経営実践や諸措置を画一化してしまうのだろうか。

　フィンランドにおけるグローバル化の影響は，少なくとも信頼資本に焦点を置いた調査研究からの経験的事例にみてとれる。その短期的影響をみると，自社が近年のグローバルな変化を蒙ったかどうかという点で，調査対象者の回答はまちまちである。

　「社会資本が乏しい国では企業が小規模で弱体であり非効率である傾向があるだけでなく，公務員の汚職が多く行政が実効的でないという問題をも抱えるだろう」（Fukuyama 1995: 358）。経済だけのグローバル化論は不可能である。かつてアダム・スミスはその主著『諸国民の富』（国富論）を著したが，それ

はもうひとつの著書『道徳情操論』を土台としていたのである。

2．社会資本の変動部分としての信頼資本

　フィンランド企業文化の基本点は，伝統的には透明な信頼風土と明確な倫理的観点を持った経営実践に置かれてきた。この倫理的，道徳的経営観を基礎づけてきたのは，国民全般に向けた所得政策と，使用者と労働組合との協力関係であった。信頼の土台となったのはいわゆる1940年契約である。労働市場に関わる企業は，その属する業界のすべての問題について誠意を持って交渉することに同意した。この宣言は1940年1月23日のフィンランド放送局の夕方のニュース番組で読み上げられ，新聞でも発表された。信頼は良好な社会関係，高度な労働生活の質，成功する企業にとって，必須条件であると考えられている（Harisalo & Miettinen 1995）。それは少なくとも，金銭や知識など他の形態の資本と同じく重要である。

　現行の調査研究からは労働生活の文化の決定的変化がみられないとしても，企業レベルやフィンランド社会一般での変化は認めることができる。近年，全国民的所得政策システムに対する圧力は強まり，たとえばノキアの前最高経営者はこのシステムの廃止を要求した。この種の要求が出てくる理由を辿ると，フィンランド経済の変化に行きつく。小国フィンランドの経済はいつも開放的であった。グローバル経済のなかで，そして多くの保護主義的規制の撤廃の後で，また共通通貨の導入もあって，経済の開放性はますます高まった。そのなかで政府も企業も，また金融システムも，以前に適用されていた諸措置を取り続けることができないでいる。要するに，国民経済や社会や企業における諸関係が，変化しつつあるのである。労働市場はますます二重構造に向かっており，分析には慎重さが求められる。現地踏査のなかでわれわれは，企業合併や企業吸収などのために社会資本，とりわけ信頼資本に関する文化の違いから，現実がかつてとは顕著に異なって現れていることを見出した。

　フィンランドを去った企業で調査に参加した労働組合員や従業員と話し合っ

たとき，筆者は理論通りの非常に似通った感じ方や考え方に触れた。
　「西欧の経営者は日本の労働組合の従順さをみて，自分たちの労働者にも同じような関係を求めたがる。彼らは労働者と経営の共通利害という日本的表現を使って労働組合に呼びかけ，労働規準の緩和や賃金要求の譲歩を引き出そうとする。しかし日本的な互酬的義務関係がうまく作動するためには，義務と信頼は労使双方向で関係づけられなければならない。西欧の労働組合活動家はかなり正当な根拠を持って次のように論ずるだろう。経営側を信頼して労働者と経営との両方にとっての利益を追求しようというのは，あまりにうぶな考えである。企業は組合側の譲歩を絞りとって，雇用の保障やその他の労働側の利益に関してできるだけ少なくしようとするだろう。協約の交渉において経営側はいろいろな資料を組合側にみせながら，賃金要求には応じられないといって彼らに納得させようとする。しかし，組合が経営側を信頼しその説明が正直だと思わない限り，この戦術は成功しないだろう。多くの西欧労働組合は使用者が交渉目的に資料を操作しコストを過大に示し利益を過小にみせるという巧妙な策略には，苦い水を飲まされてきた。日本的労働組合は日本的経営という相手役があってはじめて存立しうるのである」（Fukuyama 1995: 190）。
　フィンランドでは労働組合員が減少し，企業が工場を閉鎖した地域では，組合を後援する政党が国会議員選挙で得票をかなり減らした。
　実際，ノヨネン（Nojonen 2007: 78）が中国について語った次の点は，フィンランドについても同じくあてはまる。「中国はますます錯綜した構造をとるようになるにつれ，全体としての一般的な規則や結論で引っくるめるのが難しくなってきている。学者たちはそのような差異化した諸現実を研究し比較検討すべきであって，中国全体を代表するようなひとつの現実を一般化して描き出そうという魅力に惑わされてはいけない。」フィンランドの場合，「福祉国家」という一般的概念で将来を語ろうという魅力に駆られるかもしれない。しかしそれはもう今でさえあまりに一般的な特徴づけになってしまっている。グローバルな条件下において，開放的な経済の下で福祉国家を絶対的にも相対的にも維持していくのは，容易なことでない。

3．グローバル化とローカル・レベルの不信

　グローバル化の影響がもっともよく観察できるのは，規模の小さな国ぐにであろう。そこは主要な変化の実験室のようなものだからである。信頼は国際的世界的レベルで構築され維持される必要がある。なぜなら，グローバルな流れによって生じる変化には，局地的な解決ではかならずしも対応できるわけでないからである。信頼の性質と人びとによるそれの容認の仕方は変わってきている。かつては信頼があるとされていた権威ある諸制度が，いまではかならずしも信頼の対象とはなっていない。信頼はいまでは獲得されるべきものとなっている（Mattison 2006）。銀行は制度として信頼を持ち他の経済主体よりもますます信頼に値するものとなり，したがってそれは他の経済諸部門になかで信頼の度合いを高めうるのだと論じられてきた（Kallio et al. 2004）。事実，信頼は容易に維持できるものではない（Autio 1995: I）。規制の数はかなり増加したが，その意図に反して諸機関はかならずしも信頼を高めているわけではない。それらはあまりにも強く「公式的な声」に縛られている（Mattinson 2006）。しかし将来，グローバル化した諸地域が，共有された観念と実践に基づいて，解決の道を見出していけるかどうかは，定かでない（たとえばAutio 1996）。

　ローカルな不信の理由は，できたら個人主義的に問題を解決しようという，人間の性向にあるかもしれない。以前の研究で，現存の企業文化を期待される（望ましい）企業文化に対比したとき，より個人主義的な文化への指向がみられた（Autio 1987）。同時に想起されねばならないのは，その研究時点でフィンランドはすでに，国際比較分析においてかなり個人主義的であった（たとえばHofstede）が，スカンジナヴィア諸国のなかではそれほど個人主義的ではなかったという点である。また，ロシアの文化空間が相対的に統合されているといえそうだという，研究結果も注目に値する。ロシアとフィンランドにおける発見から，人は自由な社会的意思疎通のなかに身を置き，信頼の感覚と高度の社会資本を持っているような場合，個人として活動するのを好む，という仮説

を導き出すことができよう。自由な意思疎通と社会資本が欠けていると、ローカルな不信が生ずる傾向がある。

　新しい経営実践における主な問題のひとつは、「グローバルに思考しローカルに行動する」という古典的原則が過小評価される傾向にあることだ。経営は今日、多くの場合、グローバルでインターナショナルな行動をとる一方で、ローカルな信頼を忘れてしまっている。この種の過ちの例を、アスプがその章で述べているように、ノキア・ボッフム社の場合にみることができる。新しい経営は、グローバル、インターナショナル、ローカルのすべての次元で、信頼に足る協力の諸要素を考慮に入れなければならない（Mattinson 2006）。2002年のオピニオン・リーダーによる評価では、以下のような諸要素があげられた（Mattinson 2006）。

- 信頼できる製品とサービス
- 透明性
- 過ちを素直に認める態度
- 従業員に対する正当な扱い
- 株主との誠意ある対話
- リーダーシップの明瞭性
- 内部告発システムの明確性
- 謙虚さ

　表8-1と表8-2からみてとれるように、フィンランド全体のなかにもさまざまな企業文化が含まれている。国内で操業を継続する企業の文化は、国内での事業を閉鎖する企業の文化とくらべて大きく異なっている。閉鎖企業の従業員は経営および経営権に対する信頼を大きく失っている。これは閉鎖企業がまだ活動を継続して外国に進出し、国外で従業員を増やしている場合でも当てはまる。ドイツのノキア・ボッフム社の場合のように、企業に対する信頼は、その企業が最高の経済成果を上げつづけていても失われうる。グローバルな成功はローカルな不信で覆われているのである。

表 8-1　仕事の意味

	反　対	やや反対	わからない	やや賛成	賛　成	サンプル数
「地位や名声が得られる」						
継続型	6.79	29.01	16.05	38.27	9.88	161
閉鎖型	54.05	24.32	8.11	10.81	2.70	37
「必要な収入が手に入る」						
継続型	5.59	24.84	21.74	34.16	13.66	161
閉鎖型	21.62	37.84	27.03	10.81	2.70	37
「夢中になれる」						
継続型	7.45	16.15	9.32	39.75	27.33	161
閉鎖型	37.84	24.32	16.22	16.22	5.41	37
「人との出会いがある」						
継続型	7.45	18.01	8.70	51.55	14.29	161
閉鎖型	10.81	37.84	16.22	27.03	8.11	37
「社会へ貢献ができる」						
継続型	6.25	16.25	26.88	38.75	11.88	161
閉鎖型	27.03	37.84	24.32	8.11	2.70	37
「仕事そのものが面白い」						
継続型	5.59	21.74	16.77	36.02	19.88	161
閉鎖型	27.03	27.03	16.22	21.62	8.11	37

表 8-2　経営者・管理者と従業員との信頼関係，および経営者・管理者の能力に対する満足度

	不　満	やや不満	そこそこ	やや満足	満　足	サンプル数
「信頼関係」						
継続型	6.17	20.99	19.14	46.30	7.41	161
閉鎖型	16.22	48.65	10.81	24.32	0	37
「能力」						
継続型	4.97	24.22	24.22	35.40	11.08	161
閉鎖型	27.03	45.95	8.11	18.92	0	37

4．フィンランド企業の事例

(1)　継続企業ワラック（Wallac）社

　この企業はヨルマ・ワラスヴァーラ（Jorma Wallasvaara）というひとりの人物のビジョンをもとに，1950年にフィンランドで打ち立てられた。彼が最初に要請したことは品質であった。この企業が属する業種での第1 ISO 9001品質証明書は1992年にこの企業の診断部門に与えられ，1993年には企業全体に与えられた。

　ワラック社はハイテク企業で，医療産業向けの分析測定機器，ソフトウエア，診断試験システムを生産している。ワラック社は今日，アメリカ企業の一部となり，生命科学ビジネス部門を請け負っている。その事業分野は医学，バイオ科学，化学，機器工学，ソフトウエア生産に跨る。医療と診断への特化をもたらしたのは，ワラスヴァーラの協力者，エルッキ・ソイニ教授である。

　フィンランドの投資家たちはハイテクに基礎を置く企業への投資に興味を持たず，それゆえワラック社は1970年代にスウエーデンの投資家たちに売り渡され，それがのちにこの企業をアメリカ企業に売り渡した。企業を外国に売り渡すというこのような行為はフィンランド経済の伝統であり，その結果グローバル化は場合によってはたいへん残酷な影響をもたらしてきた。それはエルコテック（Elcoteq）社やペルロス（Perlos）社の事例にみてとれる。これらの企業はもはやフィンランド国内に従業員を持たない。

　ワラック社はトゥルク地域の発展とバイオトゥルク（BioTurku）社の誕生に大きな影響を与えた。ヨルマ・ワラスヴァーラの革新的で勇敢な企業家精神は，診断分野で数十の企業と1,000を数える新しい職場を生みだした。

　品質へのこだわりは，この企業の人事管理にも及んでいる。われわれが調査で最初のコンタクトをとってから1週間とたたないうちに，このたいへん重い質問紙への最初の100の回答が返ってきた。他社ではこの質問紙の回収におよ

そ1年もかかったことを考えると，このスピードの速さには賞嘆させられた。

　ワラック社を売却した後，この企業の創業者は1年の休暇を取ってボート遊びに興じようと決意した。しかし新しいアイデアが次々と頭に浮かび，自分のボートのために新しいヒーティング・システムを開発する考えに取りつかれた。そして寒冷の気候のなかでのボート遊びの経験をもとに彼は新しい企業を設立したが，経済不況のために1995年にそれを売却してしまった。しかし彼のイノベーション経歴は止まることがなく，彼は新しい企業を興してエコロジーに適った暖房燃焼システムを開発しはじめた。

　この創業者の革新精神の基礎を形作ったのは，おそらく，レントゲン専門の医師だった父親の教育方法であった。彼は自分の息子に，探求すること，発見すること，研究すること，そしてとりわけ自らを信頼することを教えた。

(2)　閉鎖企業エルコレック（Elcoreq）社とペルロス（Perlos）社

　フィンランドでは電子部門は長年の間，急速な変化を経てきた。しかし近年はグローバル化という点からその変化をみる必要が高まっている。ここに取り上げる2つの企業は，そのすべての操業をフィンランドから外国に移した。その公に語られ書かれている戦略は，アジアがこの種の産業にとって適地であるという想定に基づいている。

　エルコテック社はヨーロッパで最大の電子製造サービス提供企業（EMSプロバイダー）で，約24,000人の従業員を擁している。この企業のビジョンはこの業界で世界の指導的企業になることである。そのビジネス分野は，個人コミュニケーション，家庭コミュニケーション，コミュニケーション・ネットワークである。それは4大陸の15カ国で操業している。電子製造ビジネスは1984年に始まる。2007年の粗売上高は40億ユーロにのぼる。個人コミュニケーション事業は携帯電話，そのパーツとアクセサリー，ワイヤレス・モジュール，無線電話などからなる。家庭コミュニケーション事業はインフォテインメントと家庭内コミュニケーション製品の提供である。コミュニケーション・ユニットの事業は無線・有線の企業システム製品とプラグ・イン・ユニッ

ト（ベースステーション製品，伝導システム，広帯域ネットワーク製品といった）である。この企業は1991年の経営買収（MBO）のあとで急速に膨張した。

ペルロス社は1953年にフィンランドで設立された。2006年の粗売上高は6億7,360万ユーロであった。従業員数はおよそ9,200人である。製造部門はアジア，ヨーロッパ，アメリカにある。2007年以降は台湾企業の所有になっている。

ペルロス社の中心業務はリモコン産業向け部品のデザイン，製造，組立である。2006年初頭におけるペルロス社の生産施設の42%（平方メートルで測定）はフィンランド国内にあったが，2007年初頭にはそれが26%になり，2007年末にはゼロになった。これと同時に中国での生産施設は26%，41%，そして58%へと増大した。2007年には全工場機構の12%に当たる生産施設がインドで稼働しはじめた。生産施設が失われたのはフィンランドだけではなく，メキシコやブラジルやハンガリーでもその一部が失われた。ペルロス社の経営者によれば，工場機構は現在最適な状態にあるという。なお，ペルロス社の従業員は2006年第3四半期には13,211人だったが，2007年第3四半期には9,199人に減っている。

リモコン市場のメガトレンドは次のような特徴からなる。
- 2007年に売りあげられたリモコン数は10億を超す。
- モデルの範囲は拡大し分化している。
- 巨大メーカーが市場を統制している。
- 電話機の平均価格は低下している。
- 製造の中心はアジアにあり，2006年時点で世界のリモコンの約50%は中国で製造されている。
- 納入業者はより広範囲のサービスを求められている。

このフィンランドで生まれた企業を台湾企業に売却した理由を述べると，次のように要約できる。
- リモコン産業で世界最強の企業のひとつを作り上げること。
- 対応可能な市場を拡大すること。

- 電子とメカニックとを結びつけて価値を高めること。
- 製造ネットワークの結合は産業において最善であること。
- 技術のテスト版と力強い資金源が事業のさらなる発展の支えとなること。

　結果として，従業員約 65,000 人を擁する新しい企業が立ち現れた。
　われわれはエルコテック社とペルロス社の人事部門の経営者からはなんの調査協力も得られなかった。実際，われわれが人事担当経営者と接触を持ったとき，フィンランドにはもはや従業員がいないとか，人事担当は多忙で調査に協力する余裕がないといわれた。最初の観察時点ではまだ従業員がいたが，その数はどんどん減っていき，しかも彼らの住所や E メールアドレスや電話番号などが変わってしまって，従業員と接触するのも困難であった。
　われわれは企業内の労働組合役員に感謝している。彼らはわれわれに企業の内部をみる可能性を提供してくれた。しかし，そこではすでに従業員の多くが解雇されたり退職したりしていて，組合役員を含めてまだ残っている人たちも早晩企業を去ることになっていた。

(3) 継続企業 SSO 社——小売協同組合

　SSO はフィンランド西部にある 22 の地域で活動しており，それぞれの地域の小売業のなかで指導的な位置を占めている。その事業範囲は日用品，耐久消費財，運輸備品，特殊製品，農業用品，園芸用品の販売や，旅行業，仕出し業，ハードウエア・ショップ，自動車販売などにわたる。
　データが得られたのは自動車販売とさまざまな職場単位からである。この業界では吸収合併が進んでおり，そのため多くの回答者を得ることができなかった。この組織の人事管理部門はわれわれの調査に協力しなかった。彼ら自身の質問紙で調査していたからである。それゆえ，われわれは品質管理の経営者を通してこの組織と接触を持った。彼は労働生活の質に関する国際比較に関心を持っていたからである。

5. 結　　論

グローバル化は「ただ乗り」問題という，古典的な道徳的ジレンマを呼び起こしているようにみえる（Autio 1995: II; Fukuyama 1995: 155, 189）。ここでいうただ乗り人とは，利益のためなら社会的責任を忘れるのをためらわない企業のことである。フィンランドの調査データに即していえば，グローバル化は経営権力の一方的行使，高水準の経営個人主義，高水準の男性らしさ，従業員にとっての高水準の不確実性を意味するといえよう。

戯画化して表すと，ホフステードの文化次元の順位づけを以下のように修正できるだろう。

	世界	アジア	欧州	北欧
権力の間隔	1	2	4	3
個人主義	1	5	2	1
男性らしさ	1	4	3	4
不確実性の回避	5	3	1	2
長期的指向	5	1	..	..

最悪のグローバル化は，ローカルなレベルでは一方的な男らしさ，グローバルな経営実践では個人主義的で遠隔的な権力行使を意味する。

ひとつの解決策は，長期的な企業の社会的責任を経営実践に取り入れることだろう。フクヤマによれば，「共同体的連帯と道徳的価値共有の度合いが高い社会は，『ただ乗り』問題が付きまとう個人主義的社会よりも，経済的効率が高いはずだ。……終身雇用システムのなかにいる従業員はただ乗りを避ける。道徳的義務は双方向だからである。彼らの忠誠心と労働は，雇用保障以上のさまざまな形で報われる。」（Fukuyama 1995: 155, 189）

参考文献

Alas, R., 2008, "Today's Phase of Corporate Social Responsibility in Estonia", Paper presented to a conference on Corporate Culture, Corporate Social Responsibility and the Quality of Working Life, Tokyo.

Ahrne, G., 1994, *Social Organizations: Interaction inside, outside and between Organizations*, London: Sage Publications.

Asp, E. & H. Uhmavaara (eds.), 1992, *Corporate Culture and European Integration*, Series A, No. 19, University of Turku, Department of Sociology and Political Research. A Book Review by V. M. Autio, published in *Acta Sociologica*, Vol. 37, No. 4, pp. 435-438.

Autio, V. M., 1987, "Organisaatiokulttuurin vaikutukset ja niiden mittaaminen" (On the impacts of an organizational culture and some ways to measure them), in: H. Hämäläinen (ed.), *Yritysten ihmiset. Aavaranta-sarja* No. 6, Turku, pp. 9-20 (in Finnish).

Autio, V. M., 1995, "Kannattavuus ja laillisuus" (Profitability and Legitimacy), *Oikeus*, 1, pp. 67-74.

Autio, V. M., 1995, "Oikeusrelaatioista" (On Legal Relations), *Yearbook of the Finnish Lawyers' Association*, XXVIII, Oikeustiede—Jurisprudentia, pp. 89-139 (in Finnish, with summaries in English).

Autio, V. M., 1996, "Global Legal Relations—A Dream or the Vision", Paper presented to an International conference on the Sociology of Law, University of Strathclyde.

Davydenko, V., 2008, "Conflicts in Different Corporate Cultures", Paper presented to a conference on Corporate Culture, Corporate Social Responsibility and Quality of Working Life, Tokyo.

Dryakhlov, N., 2008, "International Center for the Comparative Studies of Corporate Culture: West-East-Russia", Paper presented to a conference on Corporate Culture, Corporate Social Responsibility and Quality of Working Life, Tokyo.

Fukuyama, F., 1995, *Trust: The Social Virtues and the Creation of prosperity*, New York: Free Press.

Gregory, A., 2006, "The Truth and the Whole Truth?", in: J. Hobshaw (ed.), *Where the Truth Lies: Trust and Morality in PR and Journalism*, London: Atlantic Books, pp. 98-109.

Harisalo, R. & E. Miettinen, 1995, *Luottamuspääoma: Yrittäjyyden kolmas voima* (Trust Capital: The third power of entrepreneurship), Tampere University Press, Jyväskylä (in Finnish).

Kallio, J., N. Mallat, T. Riipinen & M. Tinnilä, 2004, "Trust in the New Economy—The Case of Finnish Banks", *Publications Ministry of Transport and*

Communication 17, Helsinki.
Mattinson, D., 2006, "Trust", in: J. Hobshaw (ed.), *Where the Truth Lies: Trust and Morality in PR and Journalism*, London: Atlantic Books, pp. 146-159.
Naisbitt, J., 1995, *Global Paradox*, New York: Avon Books.
Nojonen, M., 2007, *Guanxi: The Chinese Third Arm*, Helsinki School of Economics A-303, Helsinki.
Robert, J., 2008, "Executive Summary", Paper presented to a conference on Corporate Culture, Corporate Social Responsibility and Quality of Working Life, Tokyo.
Romashkina, G., 2008, "The Comparative Analysis of Corporate Cultures in Hofstede Parameters", Paper presented to given in a conference on Corporate Culture, Corporate Social Responsibility and Quality of Working Life, Tokyo.
Simonova, L., 2008, "International Companies' Strategies of Integration, National and Corporate Cultures Interrelation", Paper presented to a conference on Corporate Culture, Corporate Social Responsibility and Quality of Working Life, Tokyo.

（原文英語　石川晃弘　訳）

第 9 章
グローバル圧力下のスウェーデン・モデル
――企業文化・労働市場・非定型雇用――

シモン・フライマン

1. 研究の課題

　企業文化の概念は，近年，広く学界で論議されるようになった。この概念にはいくつか異なった理解のされ方があるが，それはいずれも，従業員管理のための経営手法と，グローバル化する経済のなかで競争力を確保する企業戦略を説明するために用いられている。企業文化理解のキイ・ワードは組織のフレキシビリティである。急速な技術発展と経済のグローバル化の世界で，企業組織はその環境に適応するためにフレキシビリティを増す努力を強いられている。しかしフレキシビリティは単一概念というよりもむしろ多次元的な概念であり，競争力を持つためには企業組織は機能的にも数量的にもフレキシブルであることが必要だとされる。したがってフレキシブルな企業は最適レベルのフレキシビリティを達成するために，多様な条件に合わせて従業員を雇い，多様な雇用契約形式を用いる（Kalleberg 2003 参照）。

　現代の企業文化に関する論議と組織のフレキシビリティの増大に関連して，さまざまな種類の非定型就労が劇的に増えている。非定型雇用は通常，労働条件面でも，雇用保障面でも，昇進機会の面でも，劣化をもたらすものと想定されている。多くの論者はこれを，企業文化の自由主義的なアングロサクソン指向と労働市場の両極化へと向かう，グローバルな収斂的発展の表れと解釈している（たとえば Beck 2007）。しかし本章では，非定型雇用のグローバルな展開

に共通した傾向があるとしても,その展開は国によってかなり異なった過程を辿るという点を論じようと思う。

制度的アプローチによるならば,企業組織と企業文化は個々に独立している実体ではなく,より大きな制度的脈絡に社会的に繰りこまれているものであり,それによってその発展方向が制約され支配されている。脱規制化と自由化へという近年のグローバルな傾向は,いくつかある影響要因のひとつとみなせる。全体関連的,制度的観点からすれば,政治経済（システム）と国民制度（社会）と増大するグローバル諸力との結合構造が,企業組織とそれを支配する企業文化の基盤を形成している（Smith & Meiksins 1995 参照）。

政治経済システムと国民制度とグローバル経済構造のこの結合構造ないしは複合体は,各国でそれぞれ異なる労働市場体制や労働システムを作り上げている（Hall & Soskice 2001; Whitley 1999 参照）。企業の文化と企業組織のなかでの非定型就労者の処遇のされ方は,特定の社会の労働市場システムによって条件づけられる。これはスウェーデンについてもいえる。いわゆる「スウェーデン・モデル」は近年大きく変わってきたとはいえ,その主要な特徴はまだ健在であり,スウェーデンの非定型就労者の地位と労働条件を支配しつづけている。

本章の目的は,スウェーデンにおける2つの形態の非定型雇用を分析することにある。そのひとつはパートタイム就労であり,もうひとつは短期派遣就労である。はじめに労働市場におけるこれら2つのグループの規模と構成を紹介し,次いで労働市場を取り巻く諸制度について概略を述べ,スウェーデンの労働市場システムがいかに非定型雇用を規制し支配しているかを論じる。そして最後に,現代スウェーデンにおけるパートタイム就労者と一時派遣就労者の一般的労働条件を分析する。

2．スウェーデン・モデルと労働市場の組織化

経済・社会・福祉の独特な組織様式を言い表した「スウェーデン・モデル」

の思想は，長い歴史を持っている。もっとも広い意味では，スウェーデン・モデルとは　市場ベースの経済が強力な政治的社会的諸制度と結合されている資本主義的発展の独特な道だということができる。この意味で，スウェーデンのシステムは資本主義と社会主義の間の「中間の道」，つまり第3の選択肢といわれてきた（Childs　1936）。一方ではスウェーデンの経済は政府の規制があまりない資本主義的生産様式に沿って組織されてきたが，他方では強力な福祉国家が，労働市場における強固なコーポラティズム的構造を支えとした徹底した平等分配政策を採り，社会的不平等を平準化し，労働市場において程良い労働条件を保障してきた。

　研究文献では，スウェーデン・モデルというとき，社会政策や大規模公共住宅プロジェクトから産業組織や労使関係まで，広範囲にわたる事象が扱われてきた。本章ではそのうちの労働市場と非定型就労者の状況に関心の焦点を置いて，スウェーデン・モデルの若干の側面に光を当てたい。

　スウェーデン・モデル概念が第1に焦点を置いているのは，**福祉システム**の制度である。スウェーデン的**福祉国家**は，エスピン＝アンデルセンの理論にあるスカンジナヴィア的あるいは社会民主主義的福祉国家体制の概念とほぼ同じである。自由主義的福祉国家とは対照的に，給付は全般的で寛大であり，所得の一定率を給付する社会保険がある（Esping-Andersen 1999: 78 ff.）。スウェーデン的福祉国家の基本的目的は福祉の非商品化である。つまりそれは，市場と家族への個人の依存度を最小化することを目指している。包括的で恩恵的な国家福祉システムによって，個人の経済状況が労働市場での収入や雇用上の地位や家族の状況に依存する度合いが，他国の福祉体制にくらべて小さくなっている。このようにして，スウェーデンの雇用者は伝統的に雇主に対してかなり強い交渉力を保持している（Esping-Andersen 1990 参照）。

　スウェーデン的福祉国家の重要な目的のひとつに，労働市場への男女平等参加の実現がある。たとえば1970年代の保育施設拡充や夫を含む恩恵的な扶養者保障など，さまざまな給付とプログラムを通して，福祉国家は仕事と育児の両立を高める試みをしてきた。この政策の目的はかなり達成された。少なくと

も労働市場への男女平等参加はそうであり，女性の就業率は現在76%にのぼる。この比率はOECD諸国のなかで最高である（Bamber et al. 2004: 254）。

スウェーデン・モデルにおける第2の重要な強調点は，**労使関係**である。これは比較的平和的で協力的な関係で特徴づけられてきた。今日のイメージとは逆に，20世紀の最初の数十年には労使間の紛争が頻繁に起こっていた。1920年代初頭のスウェーデンは西ヨーロッパでストライキがもっとも多い国のひとつであった。この状況は労使双方にとって損失が非常に大きかった。そして1930年代になって両者は新しいモデルを積極的に追求しはじめた（Magnusson 2000: 233 f.）。1938年，労働市場の2つの主要当事者，すなわちLO（スウェーデン労働組合連合）とSAF（スウェーデン使用者連盟）は会合を持ち，中央交渉方式で労働争議を解決するための基本ルールを敷いた。そこで労使（中央レベルの使用者団体と労働組合）が合意した主な点は，政府の立法措置によるのではなく，労使間の交渉で争議を解決するという内容である。このアプローチはその後今日まで数十年間の労使関係を支配してきた。

最後にあげるスウェーデン・モデルの概念はこの労使関係制度と密接に結びついており，産業の合理化，労働市場の流動化，賃金の平等化を狙った，戦後の**労働市場政策**である。この労働市場政策のもっとも広範な概念は，卓越した労働経済学者ヨスタ・レーンとルドルフ・メイドナーの名をとった，レーン＝メイドナー・モデルに定式化されている。このモデルの中心点は，企業や産業の生産性の如何を問わず「同一労働同一賃金」を貫くという，賃金連帯政策にある。この目標の実現は，基本的には，前掲の労使中央団体間での中央集約的に調整された賃金交渉によって可能となった（Magnusson 2000: 235 ff.; Nycander 1998: 136 ff.）。

スウェーデンの主要な労働組合は産業ベースに組織されており，それゆえ，ある産業の労働組合はその産業に雇用されている労働者全員に開かれている。この産業別労働組合は，他の国ぐにで広くみられるような，外部の労働者に対して自組織内の組合員の地位と利益を守ろうとする傾向がある，職業ベースの労働組合や企業ベースの労働組合とは異なる。スウェーデンの労働組合のこの

包括的な構造は，異なる分野で働く労働者の力をひとつにまとめ，労働市場で強い立場にある集団と弱い立場の集団の間で交渉力に差が出ないようにすることを意味する（Streeck 2005: 266-269 参照）。

スウェーデンの労働組合組織率は伝統的に非常に高い。過去 30 年間の平均組織率はほぼ 80-85% であり，OECD 諸国のなかで最高である。2003 年における労働組合組織率を例にとると，ドイツ 23%，日本 20%，アメリカ 12% に対して，スウェーデンは 78% であった（Visser 2006）。

3．非定型雇用——その定義と問題点

非定型就労者は今日，大多数の発達した資本主義諸国の労働市場で，かなりの割合を占めている。最近の推計によると，アメリカでは全雇用者の約 3 分の 1，日本では 37% が非定型就労者である。ヨーロッパではその比率はもっと高く，40-50% がこれに分類される（Broschak 2008）。

この傾向は統計的にははっきりみえても，非定型雇用の概念はそう単純ではないことを特記しなければならない。非定型雇用という言葉は，戦後の先進産業社会で規範化している同一企業内のフルタイム永続雇用からは逸れた，あらゆる形態の雇用を述べるのに用いられている（Kalleberg 2000: 341 f.）。それゆえ非定型雇用の概念は否定的な意味合いで定義されており，フルタイム雇用でないこと，永続雇用でないこと，直接雇用でないこと，つまり雇用が正常でない，あるいは定型的でないことを基準としている。したがって，パートタイムか，一時的か，派遣かの雇用が，非定型雇用とされている（Kalleberg 2000; Ogura 2005 参照）。

非定型雇用の目的と非正規の労働条件下で雇用される労働者の状況は，その国の労働市場によってかなり異なる。非定型就労者の形態区分とそれぞれに与える呼称も，国によって異なる。非定型雇用に関する法制と地位づけが国ごとに異なるからである。それゆえ非定型雇用の発展は収斂的ではなく，むしろ労働市場を取り巻く制度的仕組によって形づくられる（De Grip et al. 1997; Ogura

2005 参照)。

　非定型雇用の研究がこれまで主に焦点を置いてきたのは，それの広がりと構成，その増大の主要な背後要因，そして現行の立法状況である。非定型雇用の地位がいかに労働条件や当の個人の生活全般の状況に影響してくるかという点に関しては，あまり研究がなされていないが，この点の研究は重要性を増してきている（Gallagher & Sverke 2005 参照)。非定型雇用はさまざまな次元に影響してくると予想される。そのなかには非正規就労者と企業との絆の強さ（つまり雇用の保障)，労働組合組織率の高さや組合活動，企業内における従業員統合の度合い（たとえば教育訓練)，報酬の大きさと機会（つまり労働条件）といった次元がある。以下でこれらの諸次元に触れていきたい。

4．パートタイム就労——それは女性に対する罠か，ワーク・ライフ・バランスへの道か？

　先進資本主義諸国では近年，パートタイム就労者の数が着実に増えてきた。この傾向は，女性雇用のかなりの増加および経済構造全般における諸変化と大きく関連している。そのためパートタイム就労は，非定型雇用のなかでもっとも女性が支配的な型をなしている。スウェーデンではパートタイム就労者の約 75% が女性である。別な角度からみれば，女性就業者全体のなかで大きな割合を占めているのは，パートタイム就労者である。スウェーデン労働市場における女性就労者全体の 40.5% は，パートタイムで働いている。全女性就労者のなかに占めるパートタイム労働者の割合は，ヨーロッパの国ぐにの間でかなり異なる。スウェーデンでのその割合はヨーロッパ全体の平均に近く，フィンランドでは 20% で，オランダでは女性就労者の 75% がパートタイムで働いており，その週当たりの労働時間は 35 時間未満である（EUROSTAT 2009)。

　しかし比較統計から，ヨーロッパ諸国の間で女性の就業率に驚くほどの差があることもみてとれる。スウェーデンとその他のスカンジナヴィア諸国は国際的にみて女性の就業率が顕著に高い。日本や南欧諸国のような伝統的な性役割

と家族単位の福祉システムが残っている国ぐにとは対照的に，スウェーデン社会は共稼ぎの思想が浸透しており，税金も社会保険加入も個人単位で組まれている（Korpi 2000 参照）。共稼ぎ思想の下で，スウェーデンでは男女ともに，最初の就職から最後の退職までの継続雇用が規範となっている。比較的恵まれた育児休暇制度のおかげで，親は給料の 80% 相当の手当を支給されながら 390 日間まで休暇を取って在宅育児をすることができる（Duvander et al. 2005）。たいていの親は比較的短い有給育児休暇を取った後，また労働市場に復帰する。これは，大部分の母親が労働市場復帰まで家庭で育児に数年間を費やし，そのあと低賃金のパートタイム職種に就くというパターンが典型的な，日本のような国とは対照的である。スウェーデンではパートタイム就労は，概して，子持ちの親（主として母親）の時間的フレキシビリティを増し，ワーク・ライフ・バランスを向上させるための方策として広がってきた。日本とは対照的にスウェーデンでは，フルタイム就労とパートタイム就労の切り替えは比較的容易であり，スウェーデン女性は子どもが小さい時にはパートタイム労働に切り替える傾向がある（またその権利がある）。そして子どもが大きくなり学校に通いだすと，多くの母親はまたフルタイム就労に戻る（Sundström 1997）。

　多くの国ぐにではパートタイム労働は劣悪な労働条件，低賃金，正規雇用への道の狭さなどを連想させる（たとえば日本やアメリカ）。これは一部，これらの国の関連制度システムや家族組織の違いから説明されてきた。たとえば日本のように男性を稼ぎ手とする労働市場システムでは，男性世帯主が家族を扶養するのに十分な給料を稼ぐことが期待されており，彼の職務にリンクした社会保険は家族全員を包摂するようになっている。このような社会では，女性のパートタイム就労者は基本的には家計補助的な役割を担うものと考えられており，したがってその賃金はたいていの場合たいへん低い（Brinton 1993; Ozeki & Wakisaka 2006 参照）。男性を稼ぎ手とする社会とは対照的に，スウェーデンの労働法の考え方では，パートタイム労働者をフルタイム労働者から区別せず，パートタイム就労とはたんに労働時間の設定（週 35 時間未満）によるものとされている。スウェーデンの労働市場を規制する労働協約は広くパートタイ

ム就労者にも適用されており,彼らを差別から守っている（Sundström 2003参照）。

スウェーデンにおけるパートタイム労働者の労働条件を正面に据えた研究はまだあまりないが,彼らが他の就労者層にくらべて劣悪な状況にあるという指摘は見当たらない。賃金に関する調査では,パートタイム労働者とフルタイム労働者の格差を証拠立てる事実は見つかっていない（le Grand 1991: 271参照）。OECD 6カ国における女性のフルタイム労働者とパートタイム労働者との賃金格差を分析した研究も,この事実を支持しており,しかもスウェーデンにおける賃金格差の不在は調査対象諸国のなかで例外的であると指摘している（Bardasi & Gornick 2008）。

スウェーデンにおけるパートタイム就労者の組合組織率は比較的高く,それがパートタイム就労者とフルタイム就労者の相対的に平等な地位を保障する重要な要因をなしている。スウェーデンの労働組合は包括的な構成をとり,同一産業のなかで働く男性も女性も,またフルタイム労働者もパートタイム労働者も組織している。事実,組合に入っているパートタイム労働者の割合は,正規雇用の労働者とほぼ同じくらい大きい。1997年時点でみると,女性パート労働者の82％,女性フルタイム労働者の87％が組合員であった（Sundström 2003: 133）。

スウェーデンではパートタイム就労者とフルタイム就労者の労働条件が相対的に平等にみえても,問題がないわけではない。特記しなければならないひとつの問題は,非自発的なパートタイム就労である。パートタイム労働者の時給がフルタイム労働者とほぼ同等だとしても,たとえばシングル・マザーのような人たちにとっては,パートタイムの仕事は家計を維持するには不十分かもしれない。OECD統計によれば,スウェーデンのパートタイム就労者の22％はもっと長い時間の仕事を希望しているが,フルタイムの職に就けないでいる。その比率は日本（18％）,デンマーク（10％）,オランダ（3％）よりも高く,OECD諸国の平均（16％）よりも高い（OECD 2005）。

5．一時派遣就労——それは不安定就労か，正規就労への踏み台か？

　一時派遣雇用は，就業者，使用者＝依頼企業，派遣会社という三者の関係による，比較的新しい雇用形態である（Bergström 2003: 7-10）。派遣労働者は派遣会社に雇用され，さまざまな企業に短期間あるいは長期間配属される。依頼企業は派遣された労働者の仕事を指揮し監督するが，その間も公式の雇主は派遣会社である。
　スウェーデンでは長い間，民間の派遣会社は非合法であったが，1992年にその禁止が解かれだした。その後は構造改革に向けて一連の規制が撤廃された。派遣労働に関するスウェーデンの法的規制は，他の多くの国とくらべて特別ではない。派遣労働者の労働条件を規制しているのは，むしろ主として労使間で取り決める標準的労働協約である（Storrie 2003）。
　派遣雇用は比較的新しい雇用形態であるので，その発展に関する国際比較データは稀である。しかし，スウェーデンの労働市場に関しては，いくつか利用可能なデータがある。それによれば，スウェーデンではその導入が比較的遅かったにもかかわらず，一時派遣就労はかなり広まっている。大規模派遣会社35社（これが派遣雇用の約90％を覆っている）における年間就労者数は1994年の4,000人から2007年には43,000人へと増えている。全就業者中に占める派遣労働者の割合は，およそ1％から1.5％の間と推定されている（Bemanningsföretagen 2008）。
　パートタイム就労者ほどではないが，派遣就労者のなかで多数を占めているのは，やはり女性である。2001年の推計によると，派遣労働者のなかで10人のうちおよそ6人が女性である。また未既婚別，年齢別にみると，未婚者，若年者が大きな割合を占めている（Andersson & Wadensjö 2004）。一般的にいって，スウェーデンでは一時派遣労働は基本的には労働市場への入口であって，フレキシブルな労働時間を求める子持ちの労働者などにみあった就業形態とい

うよりもむしろ，新規参入者や外部者（とくに移民）がより安定した就業に就くための踏み台とみなされてきた（Andersson & Wadensjö 2008 参照）。

　アメリカや日本のような国では，一時派遣労働者の大部分はその都度の呼び出しで雇用されている。つまり，適当な仕事があったときに随時派遣会社に雇用されるだけである。このような一時派遣雇用はスウェーデンでは禁止されている。スウェーデンの労働法では，派遣労働者は他の労働者と同じように扱われねばならない。すなわち，彼らは，定期の給料と完全一式の社会保険を伴った継続的雇用の扱いを受けねばならないことになっている。派遣労働者の大部分は，雇用条件と一定の賃金水準を規定した労働協約の適用を受けている。派遣労働者は月給（派遣先がない場合でも契約賃金の 80% の支給を受ける）と，実際に働いた分の俸給を保証されている。

　そうはいっても，就労状況が一定ではなく，職場もたえず変わるため，さまざまな問題や困難が生じてくる。派遣労働者は異なる企業の間の境界部分で働いており，忠誠心と責任感に関わる葛藤をしばしば経験する（Garsten 1999）。この問題はスウェーデンの派遣労働者に限ったことではない。同様な問題は他の国ぐにでも指摘されている（Rogers 2000 参照）。

　筆者が知る限り，スウェーデンの一時派遣労働者が労働市場で自立し，正規雇用の場を見つけるのにどれだけ成功しているかということの研究は，見当たらない。しかし，派遣以外の一時雇用の労働者に関する研究では，4 年後にはかなり多くの者が永続雇用の確保に成功していることが明らかにされている。一時の試行的な就業の時期を経て，2 年後には 4 人に 3 人が正規の仕事に辿りついている（Hakansson 2001）。このデータはかなりの程度，一時派遣労働者についても当てはまると思われる。一時派遣労働者の転職の頻繁さ（毎年延べ 120,000 人が転職している）は，派遣労働がスウェーデンの労働市場では踏み台の機能を持っていることの証左だと思われる（Bemanningsföretagen 2008 参照）。

6. 結　　論

　スウェーデンにおける非定型就労の範囲と構成をみてみると，他の先進資本主義諸国とくらべて相違点よりも類似点の方が多いようにみえる。スウェーデンではパートタイム就労者と一時派遣就労者の数が過去20年〜30年間に急速に増えた。他の多くの国ぐにと同様，非定型就労者は主として女性と若年者である。

　他方，非定型就労者の労働条件をみるならば，国による違いが明らかとなる。スウェーデンの状況は欠陥がないわけではないが，日本を含む他の多くの国ぐににくらべるとかなりよいとみられる。さまざまな調査研究が示しているように，労働時間やその他の諸要因を考えれば，パートタイム就労者に対する賃金面での差別は実際にない。一時雇用と正規雇用の間の移動と同様に，パートタイム就労とフルタイム就労との間でもかなり頻繁な移動がある。そしてさらに，非定型就労者の大多数は社会保険システムの適用を受けている。要するに，非定型雇用に関するこれまでの調査研究から判断する限り，スウェーデンでは雇用上の地位による労働市場の分断を証拠立てるものは，ないように思われる。

　そのもっとも重要な理由は，おそらく，パートタイム就労者も一時派遣労働者も，スウェーデンの労働市場の一般的諸条件を規制する労働協約の適用を受けている点にある。たとえば日本の非定型雇用者の労働組合組織率はきわめて低いのに対して，スウェーデンの非定型雇用者のそれはかなり高い。

　本章では非定型雇用者の現状を概観した。この概観から，非定型雇用については国によるかなり実質的な相違がみとめられたが，この問題の理解を深めるにはもっと多くの研究と分析が必要である。いうまでもなく，先進資本主義諸国の雇用者の3分の1以上が非定型雇用の形で就労している現在，彼らの現状を正確に把握し，異なる国でこの就労部門がどのように規制されているかを研究することは，きわめて大きな関心事である。

参考文献

Andersson, J. P. & E. Wadensjö, 2004, *Hur fungerar bemanningsbranschen?* [How does the temporary help industry work?], Rapport 2004: 15. Uppsala: IFAU—Institutet för arbetsmarknadspolitisk utvärdering.

Andersson, J. P. & E. Wadensjö, 2008, "A Note on Immigrant Representation in Temporary Agency Work and Self-employment in Sweden", *Labour* 22 (3): 495-507.

Bamber, G., R. D. Lansbury & N. Wailes, 2004, *International and Comparative Employment Relations*, London: Sage.

Bardasi, E. & J. C. Gornick, 2008, "Working for Less? Women's Part-time Wage Penalties across Countries", *Feminist Economics* 14 (1): 37-72.

Beck, U., 2007, *The Brave New World of Work*, Cambridge: Polity Press.

Bemanningsföretagen, 2008, *Bemanningsföretagens Utveckling—Årsrapport 2007* [The development of the temporary help industry—annual report 2007].

Bergström, O., 2003, "Introduction", in *Contingent Employment in Europe and the United States*, eds., O. Bergström & D. Storrie, 1-13, Cheltenham: Edward Elgar.

Brinton, M. C., 1993, *Women and the Economic Miracle: Gender and Work in Postwar Japan*, Berkeley: University of California Press.

Broschak, J. P., A. Davis-Blake & E. S. Block, 2008, "Nonstand-ard, Not Substandard. The Relationship Among Work Arrangements, Work Attitudes, and Job Performance", *Work and Occupations* 35: 3-43.

Childs, M., 1936, *Sweden, the middle way*, New Haven: Yale University Press.

A. De Grip, J. Hoevenberg & E. Willems, 1997, "Atypical Employment in the European Union", *International Labour Review* 136 (1): 49-71.

Duvander, A.-Z., T. Ferrarini & S. Thalberg, 2005, *Swedish Parental and Gender Equality. Achievements and Reform Challenges in a European Perspective*, Stockholm: Institutet för framtidsstudier.

Esping-Andersen, G., 1990, *The Three Worlds of Welfare Capitalism*, Cambridge: Polity Press.

Esping-Andersen, G., 1999, *Social Foundations of Postindustrial Economies*, Oxford: Oxford University Press.

EUROSTAT, 2009, *Eurostat Database* [electronic resource] <http://ec.europa.eu/eurostat>.

Gallagher, D. G. & M. Sverke, 2005, "Contingent Employment Contracts: Are Existing Employment Theories Still Relevant?", *Economic and Industrial Democracy* 26 (2): 181-203.

Garsten, Ch., 1999, "Betwixt and Between: Temporary Employees as Liminal Subjects in Flexible Organizations", *Organization Studies* 20: 601-17.

le Grand, C., 1991, "Explaining the Male-Female Wage Gap: Job Segregation and Solidarity Wage Bargaining in Sweden", *Acta Sociologica* 34: 261-278.
Hall, P. & D. Soskice, 2001, *Varieties of Capitalism: The Institutional Foundations of Comparative Advantage*, Oxford: Oxford University Press.
Håkansson, K., 2001, *Språngbräda eller Segmentering? En Longitudinell Studie av Tidsbegränsat Anställda* [Springboard or segmentation? A longitudinal study of temporary employees] Research Paper 2000: 1, Office of Labour Market Policy Evaluation, Uppsala.
Kalleberg, A. L., 2000, "Nonstandard Employment Relations: Part-time, Temporary, and Contract Work", *Annual Review of Sociology* 26: 341-365.
Kalleberg, A. L., 2003, "Flexible Firms and Labor Market Segmentation: Effects of Workplace Restructuring on Jobs and Workers", *Work and Occupations* 30: 154-175.
Korpi, W., 2000, "Face of Inequality: Gender, Class and Patterns of Inequalities in Different Types of Welfare States", *Social Politics* 7: 127-191.
Magnusson, L., 2000, *Economic History of Sweden*, London: Routeledge.
Nycander, S., 1998, *Makten över Arbetsmarknaden. Ett Perspektiv på Sveriges 1900-tal*. [Power Relations in the Labor Market. A Perspective of the 20th Century in Sweden] Stockholm: SNS förlag.
OECD, 2005, *OECD Labour Force Statistics* <http://stats.oecd.org>.
Ogura, K., 2005, "International Comparison of Atypical Employment: Differing Concepts and Realities in Industrialized Countries", *Japan Labor Review* 2 (2): 5-29.
Ozeki, C. & A. Wakisaki, 2006, "Japan's Growing Shadow Workforce", in: S. Gleason (ed.), *Shadow Workforce: Perspectives on Contingent Work in the United States, Japan, and Europe*, Kalamazoo, Michigan: W. E. Upjohn Institute for Employment Research.
Rogers, J. K., 2000, *Temps: The Many Faces of the Changing Workplace*, Ithaca: Cornell University Press.
Smith, C. & P. Meiksins, 1995, "Systems, Society and Dominance in Cross-National Organisational Analysis", *Work, Employment and Society* 9 (2): 241-267.
Storrie, D., 2003, "The Regulation and Growth of Contingent Employment in Sweden", in: *Contingent Employment in Europe and the United States*, eds. O. Bergström & D. Storrie, 79-106, Cheltenham: Edward Elgar.
Streeck, W., 2005, "The Sociology of Labor Markets and Trade Unions", in: N. J. Smelser & R. Swedberg, *The Handbook of Economic Sociology*, Princeton: Princeton University Press.
Sundström, M., 1997, "Managing Work and Children: Part-time Work and the

Family Cycle of Swedish Women", in: H.-P. Blossfeld & C. Hakim (eds.), *Between Equalization and Marginalization*, 272-288, Oxford: Oxford University Press.

Sundström, M., 2003, "Part-Time Work in Sweden—An Institutionalist Perspective", in: C. le Grand & T. le Grand (eds.), *Women in Japan and Sweden: Work and Family in two Welfare Regimes*, 121-136, Stockholm: Almqvist & Wiksell International.

Visser, J., 2006, "Union membership statistics in 24 countries", *Monthly Labor Review* 129 (1): 38-49.

Whitley, R., 1999, *Divergent Capitalisms: The Social Structuring of Business Systems*, Oxford: Oxford University Press.

(原文英語　石川晃弘　訳)

第 3 部　中欧における企業文化の動態

第 10 章
国際比較からみたチェコとスロヴァキアの企業文化

パヴェル・クハシュ

1．研究の背景と調査の方法

　チェコとスロヴァキアは過去 20 年の間に，経済活動と社会構造とにかなりの影響をもたらす根本的変化を経たが，企業も例外ではなかった。そしてまったく新しい形態の企業文化が形成された。その一部は外国から輸入されたものであったが（とくに外資系企業において），少なくとも他の一部は自国特有の伝統，関心，必要，そして固有の諸力から生み出されたものである（たとえば Šigut 2004; Lukášek & Nový 2004; Nový & Schroll-Machl 2009 を参照）。

　この過程は何の問題もなく自然と経過したわけではない。国内の労働従事者は終身雇用制に馴れきっていた。つまり彼らの大部分は，その職業的人生の全部あるいは大半を，同一企業内で過ごしていたのである。また，「社会主義的」な経営と労働組織に馴れきってもいた。そこでは企業は利潤を生む生産単位というよりも，むしろ，社会福祉機関として動いていた。ところが新しい経営モデルと職業移動の顕著な加速化の下で，労働力の一部（およそ 3 分の 1）はしだいに失業という事態を経験することとなった。チェコにおける現在の経済危機は，経済発展の循環性は法則的で，好況の後には不況が来ることを，われわれに再度知らせている。

　現代企業の企業文化の主要な特徴は何かという問いに対する答えは，業種，規模，労働の複雑度，所有（外国資本か国内資本か）といった，その企業の基本

的な諸特性によって異なってくる。また，短期的には，地域の労働市場と，企業業績に反映する全体的経済状況が大きく影響する。それゆえ企業文化は一様ではない。一見するだけだと一般的な特徴が把握できても，分析を深めていくとその特性が浮かび上がってくる。

企業文化の研究は企業の社会的風土の分析ほどには行われていない。企業文化が，企業内で人びとが秩序づけられ，企業の組織と管理が準拠している，一般的な規則や価値の総体として定義づけられる（たとえば Brooks 2003 を参照）からである。それは企業に新しい経営が取り入れられると変化するかもしれないが，その基本的特徴は通常長期にわたって持続していく。これに対して社会的風土は，企業内の社会諸関係の現実的形態とその顕在的あるいは潜在的な諸相を意味し，それの分析は管理者や監督者の職務の一部をなし，管理監督業務遂行の前提条件となっている。

したがって，社会的風土の分析がとりわけ実務的な企業管理にとって重要であるのに対して，企業文化の研究はなによりも長期戦略の定式化にとって意義があり，企業間の相互比較という点でも意味がある。

ちょうど国内および国際的な企業比較に向けた企業文化の国際共同調査研究が，2007 年～08 年に欧亜諸国で実施された。この調査研究の目的は，生活様式の今日的諸条件と企業の社会経済的諸状況との関連で企業文化の様式の変化を追究することにあった（Ishikawa 2006）。これに参加したのは日本，中国，エストニア，フィンランド，ドイツ，ロシア，スロヴァキア，チェコの研究者（大部分は大学関係者）であった。調査対象となったのは基本的な産業分野を代表する大中規模の企業である。チェコでは北チェコ県に立地する一般機械，電機，化学，繊維の産業から合計 6 社を取り上げた。各企業の従業員数は 300 人から 700 人の間である。サンプリングは各企業の従業員の職種構成を考慮した割当法に依った。国際共同調査のサンプル数の総計は 6,094 であるが，そのうちチェコは 1,110，スロヴァキアは 605 である。他の国にくらべてドイツのサンプル数は少ない（113）ので，これは以下の分析では除外している。チェコにおける調査はカレル大学の社会科学部と哲学部の研究プロジェクトの一環と

して実施された。

調査結果を解釈するうえで，データの収集が行われたのは経済が好況の絶頂にあった2007年から2008年にかけての時期であって，従業員も経営者も楽観的な将来展望をいだいていたという点を，考慮しておく必要がある。調査の一部に管理職従業員との面談も含まれた。その結果を近い将来，つまり（願わくば）今日の経済不況が終わった後に，おなじ枠組みで行う調査の結果と比較すれば，きっと興味深い知見が得られよう。

もうひとつ注意しておかねばならないのは，調査対象企業の代表性である。企業文化の分析に当たって基本的，あるいは決定的なのは，その企業がどんな業種に属しているかという点である。というのは，業種によって仕事の性格や労働環境，仕事の難易度，従業員の職種構成などがかなり異なるからである。国際共同調査に加わった国ぐにの業種構成はかならずしも同じではない。たとえばフィンランドでは一般機械企業が抜けており，スロヴァキアでは電機企業が入っておらず，チェコでは小売企業が欠けている。それゆえ国際比較をするときには一定の留保が必要である。企業の業種をある程度類似させてあれば，説明力がもっと高くなるはずである。

さらにまた，国による社会文化的相違も考慮に入れる必要がある。チェコとスロヴァキアは中欧地域に属し，フィンランドとエストニアは北欧地域に属し，ロシア，中国，日本はそれぞれ独自な地域をなして，それぞれ文化・社会・経済の伝統を異にしており，生活様式や人びとの思考方法なども違う。たしかにグローバル化はしだいにこれらの違いを払拭しつつあるが，それらの意義と作用の強さはなおもかなり大きな役割を演じており，調査結果の解釈に当たってはこの点も念頭に入れておかねばならない。

2．従業員と企業の相互評価

われわれは調査に当たって「企業文化」の概念を，仕事と労働環境に対する従業員の態度，企業内で営まれる行為の様式，組織と経営に対する意見などの

相互浸透したものとして，操作的概念に置き換えている。このうち仕事と労働環境に対する態度は，社会的風土の調査研究で用いられている伝統的な指標に沿って捉えた。それは仕事の理想像や労働条件の評価など，従事している仕事に対する意見である。

われわれはむしろ操作概念のもうひとつの側面，つまり企業内の行為様式に眼を向けたい。そして従業員の態度と行為様式という2つの下位概念を結びつけて（それは同時にさらなる解釈のための一定の枠組みとなるものであるが），従業員と企業との相互関係の在り様に関する従業員自身の意見を追究することにする。それは，第1に，経営は部下の仕事をどう評価しているか，いいかえれば従業員は企業からどうみられているか，第2に，従業員は企業にどんな態度をとっているか，つまり彼らは自分の企業をどうみているか，という点に関わる。両者の態度の分布は図10-1と図10-2のようになる。

両者の態度を比較してみると，従業員の仕事に対する経営の評価よりも企業に対する従業員の態度の方が明らかに肯定的である。これはいまさら驚くにはあたらない。なぜなら社会的風土の研究（より一般的には社会心理学の知見）から，人は誰か他者（この場合には上司）による評価を承認するよりも，自分か

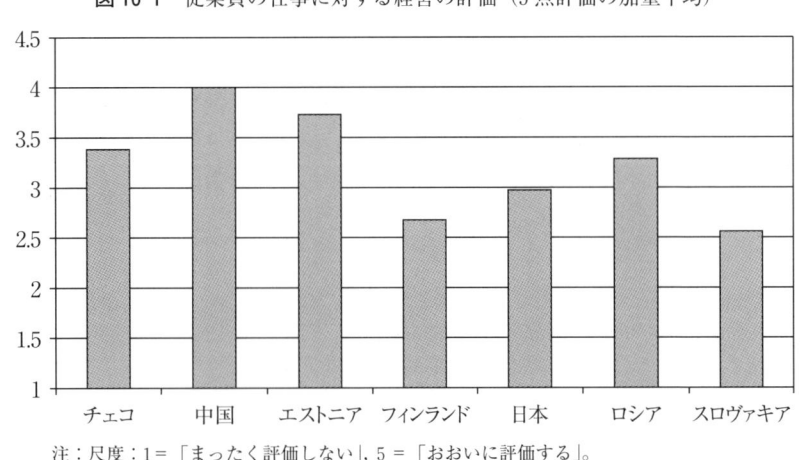

図10-1　従業員の仕事に対する経営の評価（5点評価の加重平均）

注：尺度：1＝「まったく評価しない」，5＝「おおいに評価する」。

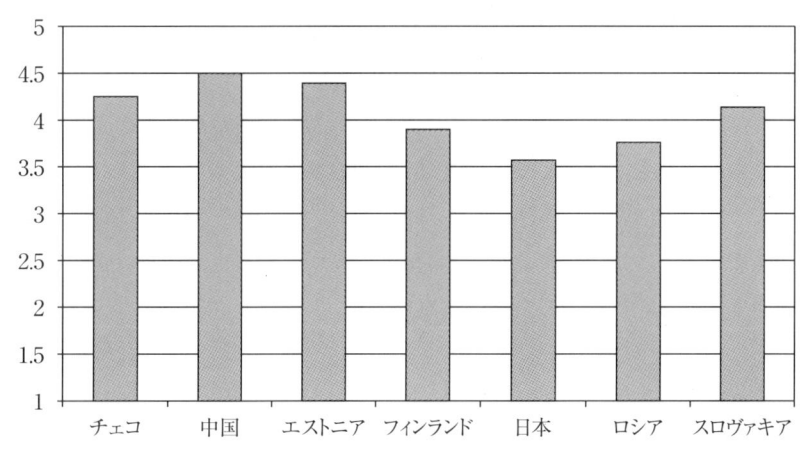

図10-2 企業に対する従業員の態度（5点評価の加重平均）

[図：チェコ 約4.25、中国 約4.5、エストニア 約4.4、フィンランド 約3.9、日本 約3.6、ロシア 約3.75、スロヴァキア 約4.15]

注：尺度：1＝「会社にはなんの関心もない」，5＝「企業にはできるかぎりの貢献をしたい」。

ら何かあるいは誰かに対してより良い評価を与える傾向があるからである。

国際比較でみると（さきに述べた限界を意識しながら），国による違い，いいかえれば各国調査対象企業の間の違いがみてとれる。両者の評価の差がもっとも小さいのは中国とロシアである。この2つの国では，従業員の企業に対する態度も，経営の従業員に対する評価も，似た水準にある（中国ではその他の調査項目についても高い評価が出ている）。チェコはだいたい平均的であるが，スロヴァキアは差異が大きく，従業員は企業に対してむしろ肯定的な態度を示しているのに対して，経営が自分たちの仕事ぶりを肯定的にみているとは思っていない。その水準は国際的にみてもっとも低い。これには先に触れた社会文化的相違が作用していると思われるかもしれないが，実際にはそのような相違はチェコとスロヴァキアの間にはない。むしろ，両国間における労働市場の状況の違いや，調査対象企業の特性の違いなどに関連した，もっと別な問題が絡んでいるとみてよい。

3. 従業員による経営行為の評価——因子分析結果

企業内における行為様式について，経営の行為が従業員からどう評価されているかの分析から始める。ここでも5点尺度（1＝「全然そうは思わない」，5＝「まったくそうだと思う」）でその評価を測定する。そのデータ処理には因子分析が最適である。ここでは6つの質問文が「頼りがいある経営」という因子に結びついている（寄与率57％）（図10-3を参照）。

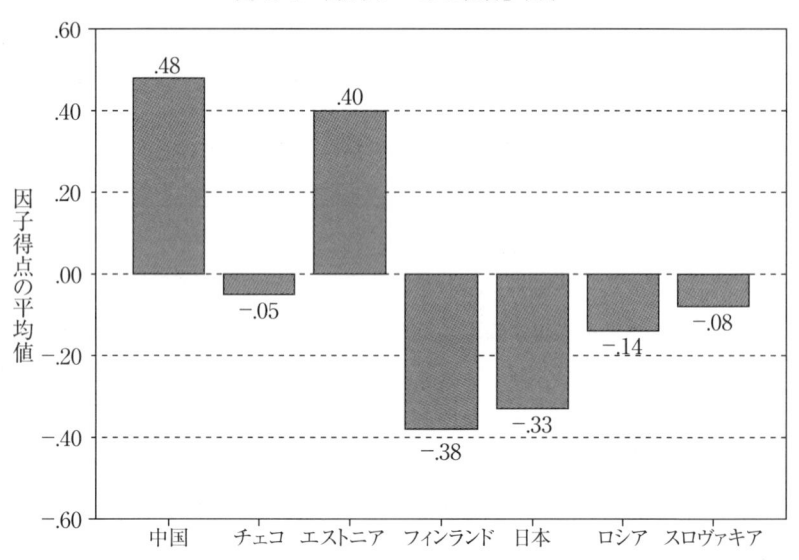

図10-3 「頼りがいある経営」因子

国	因子得点の平均値
中国	.48
チェコ	-.05
エストニア	.40
フィンランド	-.38
日本	-.33
ロシア	-.14
スロヴァキア	-.08

経営者・管理者の行為が従業員からもっとも高く評価されているのは，中国とエストニアの企業においてである。これらの国では従業員による企業の評価も，経営による従業員の評価も，ともにもっとも肯定的であった。これに対して従業員による評価が平均的な国はチェコとスロヴァキアである。さきのデータではスロヴァキアの従業員は経営の自分たちに対する評価を低くみているが，ここでみる限りチェコ並みである。個々の質問文に即して肯定的評価の回

答分布をみると，中国では従業員の多く（60-70%）がどの質問文でも企業の経営行為を肯定的に評価しているが，スロヴァキアでは多くが（約50%）が中間的な評価をしており，フィンランドでは中間的な評価をしているのは少なく（10-20%），多数は否定的評価をしている（30-50%）。チェコの場合は肯定的，中間的，否定的回答がほぼ同程度である。

<u>事業経営の様式</u>も企業文化の一次元である。これには20の質問文が含まれ，それはいくつかの因子に整理されるが，そのうち寄与率が高いのは2つである。そのひとつは「ダイナミックな経営」という因子で，25%の寄与率を持つ（図10-4を参照）。これに含まれるのは，企業目的の明確性，企業の競争力，従業員の技能水準の重視，柔軟な対応，企業の社会的意義である。これはわれわれにとってあまり興味がない。というのはチェコとスロヴァキアの企業の評価は平均水準にあるからで，他国でとくに目立つのは中国企業で肯定的評価が高く，日本企業ではそれが低いという点である。

もうひとつは「非効率な経営」因子であるが，これもチェコとスロヴァキア

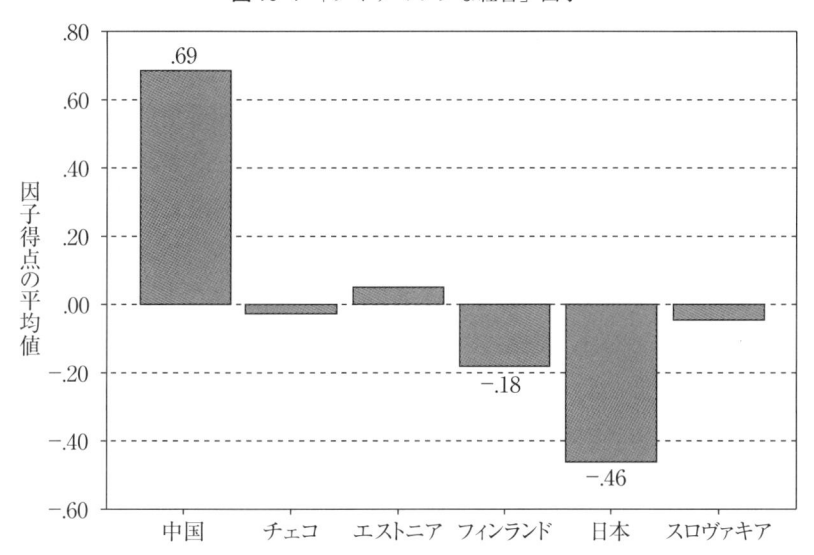

図10-4 「ダイナミックな経営」因子

の企業での評価は平均水準にある（図 10-5 を参照）。この因子の寄与は 14％で，これに含まれるのは人員と資材の不適切な配置，意見の不採用，市場の要請への反応の遅さ，報酬の不公平である。この点で批判的な評価がもっとも高いのはフィンランドで，それに次いでスロヴァキアである。チェコ企業における評価は平均水準よりも多少良好で，この点でもチェコ企業とスロヴァキア企業の違いがみとめられる。評価がもっとも良好なのはエストニアの企業である。

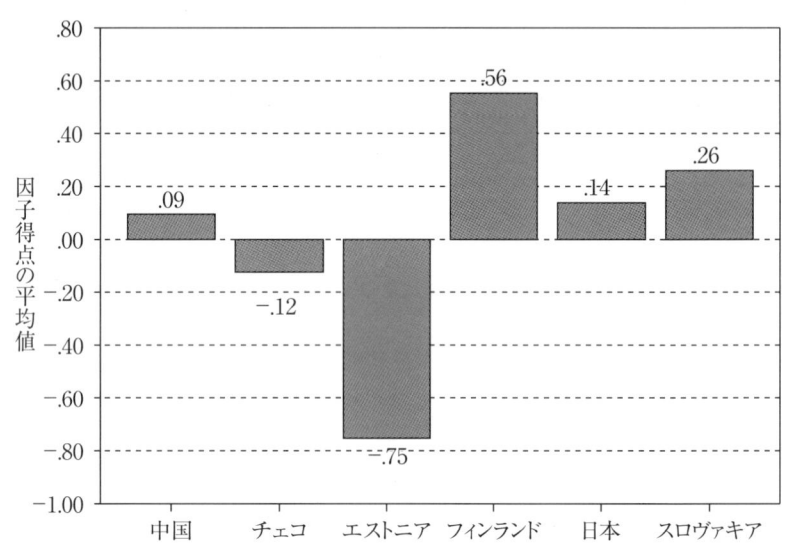

図 10-5　「非効率な経営」因子

国	因子得点の平均値
中国	.09
チェコ	−.12
エストニア	−.75
フィンランド	.56
日本	.14
スロヴァキア	.26

　さらにもうひとつの企業文化の次元は<u>企業内における相互諸関係の様式</u>で，これは 13 の質問文からなり，3 つの因子に分類される。その第 1 は「フェア・プレイ」因子で（図 10-6 を参照），寄与率は 26％ である。これに含まれるのは従業員全員に同一の展望を保証すること，問題解決に際して合意をベースとすること，きちんとした人間関係を維持すること，といった関係様式である。
　ここでもまた中国が抜きん出ており，その評価は顕著に高い。これに対して他の国ぐにの評価はやや低めの水準で，横並びしている。
　第 2 の因子は「非公式的様式」因子と名づけることができよう。これの寄与

第10章　国際比較からみたチェコとスロヴァキアの企業文化　173

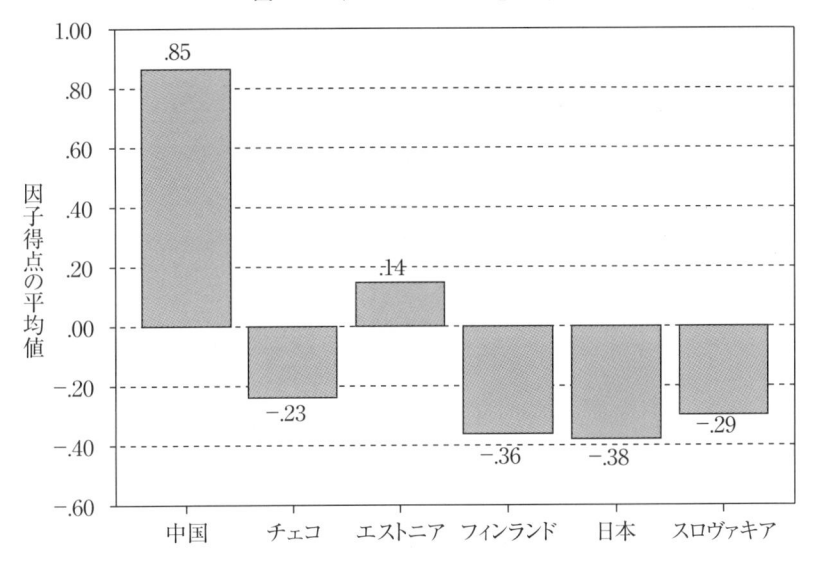

図10-6　「フェア・プレイ」因子

中国 .85、チェコ −.23、エストニア .14、フィンランド −.36、日本 −.38、スロヴァキア −.29（因子得点の平均値）

率は12％であり，もしそうしたほうがうまくいくなら規則を逸脱してもいいとか，非公式なかたちで規則を運用するとか，顧客の利益をあまり顧慮しないとかが，そこに含まれる（図10-7）。この点で顕著なのはエストニアであり，スロヴァキアもそれに次いで高い。ここでのチェコとスロヴァキアの違いは，さきにみた「非効率な経営」における違いよりも明瞭である。

　第3の因子は寄与率が10％で，「無関心」因子と呼べるものである。自分が属する企業の発展になんら関わろうとしないこと，競争を回避することなどがこれに入る。図10-8が示すように，ここでももっとも高い前向きの評価をしているのは，やはり中国の従業員である。さきにみた評価傾向からここでも無関心とは逆の傾向が予想されていた（企業の発展に関わろうとする態度，ともに励ましあって競争しようという態度）が，それにしてもこの結果は驚きである。中国に次いで前向きの評価が多いのはフィンランドとスロヴァキアで，チェコは平均水準にある。逆に後ろ向きの評価が多いのはエストニア，次いで日本である。

　調査で把握された企業文化の最後の次元は作業組織の基本的特徴，つまり顧

174　第3部　中欧における企業文化の動態

図 10-7 「非公式的様式」因子

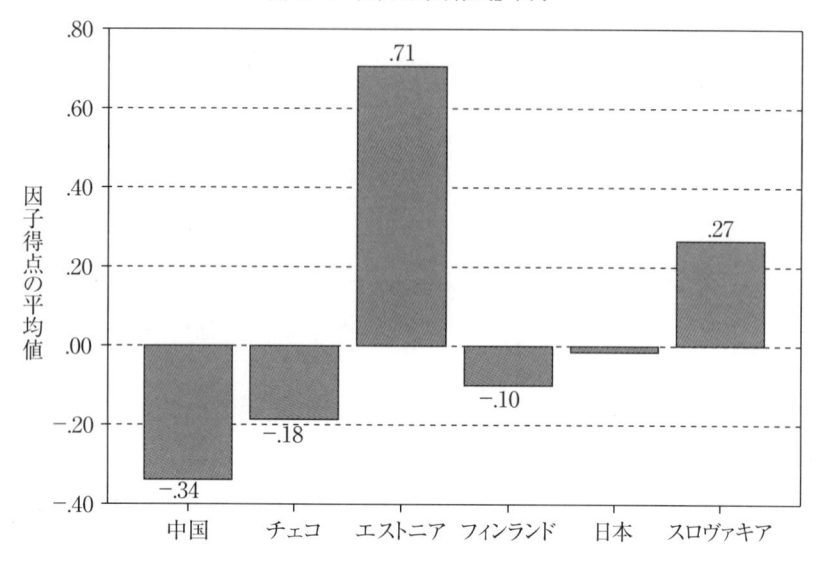

国	因子得点の平均値
中国	−.34
チェコ	−.18
エストニア	.71
フィンランド	−.10
日本	(ほぼ 0)
スロヴァキア	.27

図 10-8 「無関心」因子

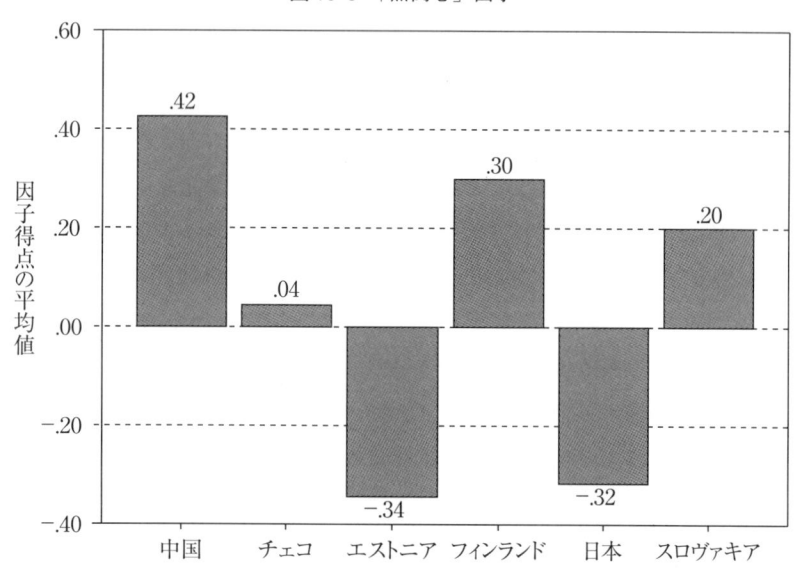

国	因子得点の平均値
中国	.42
チェコ	.04
エストニア	−.34
フィンランド	.30
日本	−.32
スロヴァキア	.20

客のニーズに対応した経営活動の在り方，従業員の作業管理の定式化，作業遂行目標の明確化，などである。この次元もまた11の質問文からなり，その回答結果を先と同じ方法で加工してみる。この次元では興味深いことに寄与率が同じ（23%）2つの因子が見つかった。

第1の因子は「作業管理の公式性」で，明瞭な組織構造とその規則，作業管理に対する権限範囲の明確さが，これに入る（図10-9）。日本の従業員のこの点での意見は他の国ぐにのそれと異なっていて，明らかに否定的である。他方，肯定的な意見がもっとも多いのはチェコである。チェコやスロヴァキアの従業員は自社の作業管理がかなりよく配慮されているとみている。

第2の因子は「成果志向の適用」因子と呼ぶことができる（図10-10）。これには，作業集団の最大成果の達成の要請，新しい発想の迅速な適用，顧客ニーズへの即刻の対応の必要が含まれる。この点ではチェコの従業員とスロヴァキアの従業員の間に対極的ともいうべききわめて大きな差がみられる。スロヴァキアの企業ではこの因子に関する評価は平均水準を大きく上回るが，チェコの

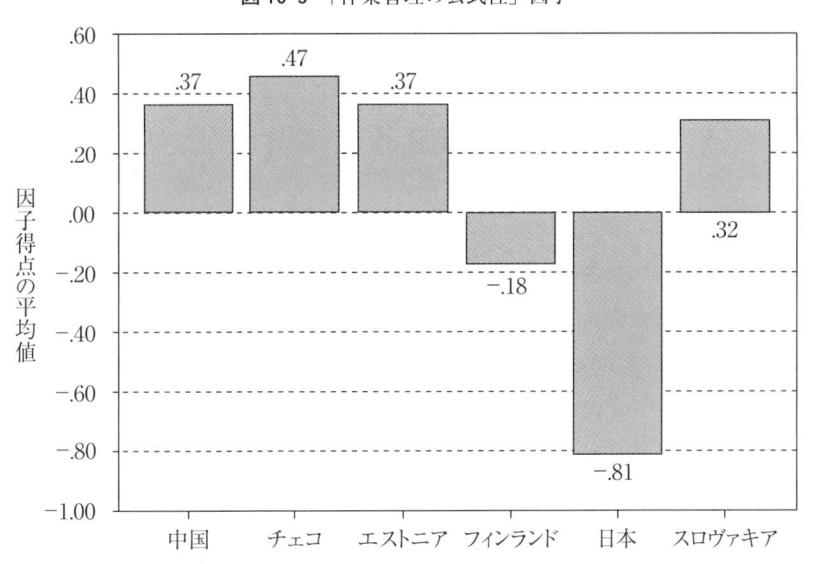

図10-9 「作業管理の公式性」因子

企業はその逆で，平均水準をかなり下回る。チェコの企業ではむしろ作業組織の公式性に重点が置かれているのに対して，スロヴァキアの企業では成果主義が重視されているとみられる。

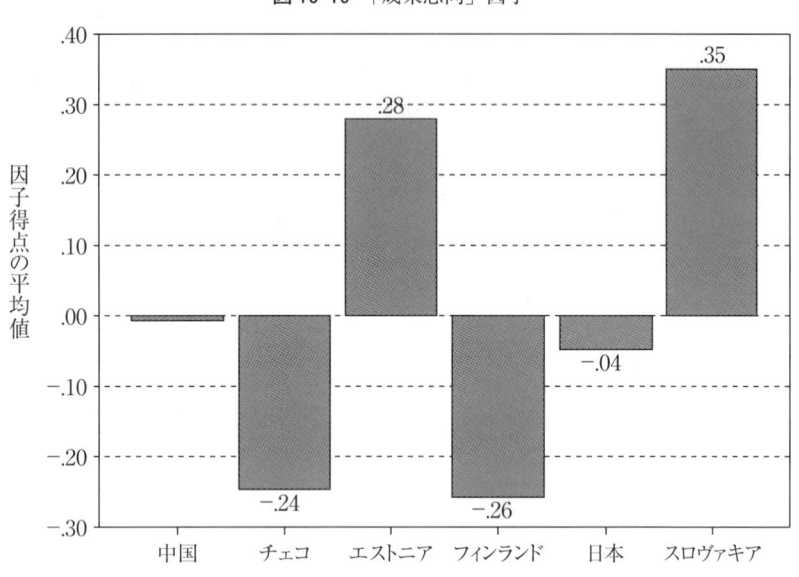

図 10-10 「成果志向」因子

縦軸：因子得点の平均値

- 中国: -（約0）
- チェコ: -.24
- エストニア: .28
- フィンランド: -.26
- 日本: -.04
- スロヴァキア: .35

4. 結　　論

以上でチェコ企業とスロヴァキア企業について企業文化のいくつかの次元を取り上げて分析したが，この種の比較の限界を念頭に入れてもかなり実質的な知見が得られた。チェコとスロヴァキアの従業員は自社に対して同様に肯定的な態度を持っているが，両者を比較するとチェコの従業員のほうがスロヴァキアのそれよりも経営幹部を肯定的に評価している（少なくとも意見表明でみる限り）という違いがみとめられる。またスロヴァキアの従業員はチェコのそれよりも経営幹部をやや低く評価している。

経営幹部に対するスロヴァキアの従業員のこのような批判的な態度は，経営

の非効率や企業内諸関係の問題の多さを指摘する意見が大きな割合を占めていることに反映されている。スロヴァキアの企業で重要な役割を演じているのは，公式の規則を迂回して非公式的に規則を補完していくという行動パターンである。これをよく表しているのは，スロヴァキアの従業員が職場の問題の解決にあまり主体的に関わろうとしないという点である。他方，これら2つの国の従業員は，企業内における昇進の公平性や人間関係の質に対して批判的である点で，よく似ている。

この2つの国の従業員は，自分たちの企業では作業管理の公式性がかなり重視されているとみている点でも，多かれ少なかれ共通している。他方，もっとも大きな違いは成果志向に関する見方にある。この点ではスロヴァキアの従業員は明らかに高い評価をしているのに対して，チェコの従業員はその逆である。いうまでもなく成果志向は確かに必要ではあるが，スロヴァキアの従業員による評価はチェコの従業員と違って，むしろ経営における成果志向を評価しているようである。それは，好むと好まざるとにかかわらず，企業の将来展望の観点からいっていいか悪いかに関わる問題である。チェコの企業でこの点での成果志向の評価が低いのは，企業運営の効率性の低さをもたらしかねない重大な問題を指し示していると思われる。

参 考 文 献

Brooks, I., 2003, *Firemní kultura. Jedinci, skupiny, organizace a jejich chování*, Computer Press.
Ishikawa, A., 2006, "Changing Patterns of Corporate Social Responsibility in Japan", in: G. Széll (ed.), *Corporate Social Responsibility in the EU & Japan*, Labour, Education & Society.
Lukášek, R. & I. Nový, 2004, *Organizační kultura*, Praha: Grada Publishing.
Nový, I. & S. Schroll-Machl, 2009, *Spolupráce přes hranice kultur*, Praha: Management Press.
Šigut, Z., 2004, *Firemní kultura a lidské zdroje*, Aspi.

（原文チェコ語　石川晃弘　訳）

第 11 章
スロヴァキアにおける
企業文化の変化と労働生活

モニカ・チャンバーリコヴァー
モニカ・チャンバーリコヴァー（ジュニア）

1. 国民経済の状況

(1) 社会主義崩壊後の変化

　スロヴァキアは以前も今も「脱社会主義経済」の国と類別されている。しかし「社会主義」体制の崩壊後20年ほどの間に，このような類別に不賛成あるいは反対する声が，スロヴァキア国内でますます大きくなっている。「社会主義」的過去とそれに関連した諸特性（たとえば集団主義など）からの乖離は社会の主流において顕著であり，とりわけメディアにおいてそうである。西欧民主主義とその諸価値への信奉は強く，その価値とそれを実現する方途は追従すべきものとされ，そして現に人びとはそれに追従している。とくにスロヴァキアが2004年にEU加盟国となり，過去数年間強力な経済成長を遂げてきたことから，スロヴァキア国内の主流派は，この国を過去の「社会主義」に関連づけるのは理由がないと信じている。この点は企業文化と労働生活についてもみてとれる。

　スロヴァキア（公式名称はスロヴァキア共和国）は中欧の小国で，その面積は49,035平方キロ，人口は540万人である。この国はかつてのチェコスロヴァキア（のちにチェコ・スロヴァキア）がチェコとスロヴァキアの2つの国に分か

れた1993年1月1日に,議会民主主義と社会指向的市場経済を備えた独立国となった。そしてこの国はヴィシェグラード・グループ(通称ヴィシェグラード4)の長期メンバーとなり,2004年5月1日にはEU加盟国家となり,そして2009年1月1日にはユーロ圏のメンバーとなった。

　チェコと袂を分かって独立国となったばかりの頃(1993年)のスロヴァキアの経済は,かなりの不況のなかにあった。GDPの伸びはマイナス値であり(1989年比で25%減),実質賃金は30%減であり,失業率は14%に上昇し,財政赤字はGDPの30%以上にも膨らんでいた。この不況は主に,1989年末に始まった中央計画経済から市場経済への転換によって引き起こされた。

　その後1994年から98年にかけての時期には経済成長は加速化され,GDPは各年6%の伸びをみせ,実質賃金は7%上昇し,失業率は11%に下がった。しかしそれは強力な財政投入によってもたらされたものであり,その結果財政赤字はさらに拡大し,経済は過熱化した。

　1999年は1993年以降で最低の経済成長率を記録した(GDPの伸び率はわずか1.5%)。これはマクロ経済の安定を図った政府の緊縮政策によるものであった。実質賃金は低下し,失業率は2000年には18.6%となった。

　しかし2000年以降,諸改革の下で持続的な経済成長がもたらされた。インフレ率が2000年の12.2%から2007年には1.9%に下がったことは,国民に歓迎された。2000年に3.2%だった経済成長率は,2007年には10.4%に達し,スロヴァキアはEU加盟国全体のなかでもっとも急速な経済成長を遂げている国となった。

(2) 現在の社会経済状況

　さきに述べたように,近年のスロヴァキアはかなりの経済成長を経ている。経済指標は良好な値を示しており(インフレ率は1.9%,財政赤字はGDPの2.2%),マーストリヒト基準を満たして2009年1月1日にはその通貨もユーロに置き換えられた。

　その一方でスロヴァキアは社会経済的諸問題にも当面している。すなわち地

域格差の拡大[1]，不熟練および低学歴層の長期的な失業率の高さなどがそれである。輸出に占めるハイテク製品の比率の低さ（わずか4.6%）と国民経済の自動車産業へのあまりにも強い偏り（もしこの産業が不況になったらたいへんであろう）も，問題である。

労働生活の点でとくに重要なのは，登録失業者率である。2008年の登録失業者率は7.4%から8%の間であったが，実質的な失業率は10.3%から11%と推定される。登録失業か実質失業かのどちらの率をとるかに関わりなく，その比率は高い。この失業率の高さは，スロヴァキアの政府や公共・社会政策の策定に関わる人たちにとって「悪夢」である。登録失業者の60%を占めているのが不熟練の低学歴者で，その多くは社会の端に押しやられた集団に属し，生涯にわたって国家の保護に頼っている事実をみると，とくにそうである。経済成長は失業率の低下に寄与するとはいっても，上記のような問題のある失業層に関しては，なかなかそうはいかない。

(3) ビジネス環境

ひとくちでいえば，スロヴァキアのビジネス環境は良好だといってよい（とくに大規模な外国からの投資にとっては）。ビジネスにとって主な利点は，①税率が一律19%であり，配当金からの所得税は免除されること，②外国からの直接投資の優遇策が講じられていること（とくに東部地方への投資について），③行政の壁が低くなっていること（とくに企業活動の開始に当たって），④労働力の教育水準が高く，しかも廉価であること，などである。

欠点に関していえば，たいていの経営者があげている問題は，①請求・支払いの規律が弱く，法の執行力も十分でないこと（裁判手続きにかなりの時間がかかることがこれに関係している），②法律がよく変わること（それは近年EU／ECの法律を取り入れる必要があったこととも関係している），③社会保険とくに医療保険への支払いが高水準であること（会社側にとっても従業員側にとっても），④法律による雇用者保護が強力であること（これはヨーロッパ基準の高さにある），などである。

本章の目的にとって重要なのは，主として労働力に関連した諸特徴である。それゆえここで注記しておく必要があるのは，スロヴァキアの労働法による雇用者保護は EU／EC 労働法が保証する水準で定められ，高度なヨーロッパ基準の雇用者保護に対応しているという点である。しかし実際にはこの強力な法的保護はしばしば破られている。とくに失業率が高く，雇用者は自分たちの権利を雇用主に主張するとあとで再就職が難しくなるのではないかと恐れて，法廷や労働監査機関で保護を求めようとしないような地方では，そうである。一方，裁判官や労働監査官は上記のような事情にかんがみ，むしろ雇用者側に同情的であり（労働法に関わる係争では多くの場合雇用者側に裁判費用を請求しない），状況の改善を助ける傾向がある。

スロヴァキアの労働力を特徴づけるもうひとつの重要な点は，労賃の安さと教育水準の高さである。しかしこれはいま，しだいに変わりはじめている。労賃はまだ西欧諸国と比較できるほどにはいたっていないが，明らかに東欧諸国との比較では高くなっている。スロヴァキアの平均賃金はまだ低いとはいえ，教育水準と技能水準が高い労働者を低賃金で雇うのは，ますますむずかしくなってきている。とくに自動車産業ではそうである。

2．企業文化への関心

一般的にいって，企業文化はスロヴァキアではかなり新しいトピックで，その概念が出てきたのはやっとここ数年のことである。この分野に座標を据えた研究調査はまだ稀有であり，それをトピックとしたものは個別的でまとまりがなく，比較研究には耐ええない。それゆえ中央大学社会科学研究所と労働調査協議会で企画され組織されたわれわれの国際共同調査研究はとくに重要な意義を持つ。

過去に企業文化への関心が限られていた理由のひとつは，企業文化が当該社会一般の文化と同一線上にあるものとされていたからだろう。しかしグローバル化の下で企業文化が当該社会の文化とは異なりだし，グローバル企業が異な

る文化を持つ異なる国ぐにのさまざまな現地企業を抱えながら，統一的なパターンを打ち出さねばならなくなったいま，企業文化研究の重要性を研究者たちは提起するようになった。時には企業は新しい環境に自らの企業文化を適用させることが不可能（あるいはきわめて困難）であることを認め，それを修正する必要に当面している。

この点に関して特記しなければならないのは，概してスロヴァキアの労働者は欧米民主主義諸国から進出してきた企業の文化的諸規準を容易に受容していることである。この態度は，欧米民主主義のモデルとその価値，およびそれの実現方式は従うに値するものだという，社会のなかで主流をなしている信念と軌を一にするものであり，企業文化はそのための方途のひとつとみられている。「欧米民主主義流」は当然受け入れるべきものだから，あえて企業文化の諸規準をいまさら成文化したり法制化したりする必要はないという空気もある[2]。

3．経営者の関心と態度

(1) 調査の限界

スロヴァキア企業の企業文化に対する関心とその構築に関する調査が，農業・食品加工業の経営者を対象にして2006年に行われた[3]。その対象となった農業・食品加工業はもともと伝統的な産業に属し，あまりグローバルな性格を持たず，むしろ国内的な特殊性を帯びており，したがってここで得られた企業文化の調査結果はかなり限定的なものであるといえるかもしれない。さらに，この調査は1回限りでなされたものであるため，時系列比較による変動分析ができず，業種の限定性から国際比較に適さないという問題もある。この調査には以上のような限界があるが，調査対象企業数は60社以上もあり，これはこの調査の利点だといえる。

(2) 企業文化に対する経営者の関心

調査結果をみると，経営者の 39.7% は企業文化に関心がなく，それの形成にも関心がないと答えている。経営者の大多数 (75.57%) は，彼らの企業の企業文化はほぼ世間並みですでに十分と考えており，それをもっと積極的に築いていくことなど必要ないとしている。

その一方で，37.58% の経営者は企業文化に高い関心を示しており，目下それを構築中とか，すでに構築済みと答えている。また，22.72% の経営者も企業文化に関心を持ち，いまそれに取り組みだしていると答えている。

要約するならば，農業・食品加工企業の経営者の多く (60.3%) は企業文化に関心を持ち，積極的にそれを構築し，あるいはそれに取り組もうとしているが，残りの 39.7% の経営者は企業文化とその形成に関心がなく，多くは現状で十分と考えている。

(3) 自社の企業文化に対する経営者の評価

経営者のうち自社の企業文化について確信を抱いているのは過半数 (53.94%) を占め，まだ改善の余地があると考えているのは 25.15% で，よくないとみているのは 5.45% にすぎない。残りの 15.45% は目下変動過程にあるので判断できないと答えている。

概して自社の企業文化を確信している者が多数を占めているとみてよい。

(4) 企業文化の構築に対する態度

表 11-1 は，自社の企業文化に対する経営者の評価と，企業文化構築への彼らの取り組みとの関係を示している。

企業文化の構築に積極的に取り組んでいるという企業の経営者のうち 41.13% は，それが変動過程にあるため現状を評価するにはいたっていないが，これからその構築に取りかかろうという企業や取り組む予定もないという企業の経営者の多数は，自社の企業文化を「世間並み」と評価している。

表 11-1　企業文化に対する評価と態度

	自社の企業文化に対する評価			変動過程
	良　好	世間並み	劣　悪	
積極的に構築中	38.71%	20.16%	0.00%	41.13%
構築予定	16.00%	72.00%	12.00%	0.00%
構築予定なし	17.56%	75.57%	6.87%	0.00%

注：「構築予定」という企業の場合，12.00% が現状を「劣悪」とみているが，「構築予定なし」という企業の場合には，現状を「劣悪」とみなしている者は 6.87% だけである。

(5) 良好な企業文化の構築への経営者の動機

企業文化の構築を含めて経営者の活動を動機づけているものは，回答者のうち 23.64% が顧客のニーズと期待に応えることだと答えており，22.73% は品質の維持向上のため，13.94% がイノベーションの促進のためという動機をあげている。

ただし回答の選択肢が限られているため，その動機が何なのかはここからだけでは必ずしも明確には把握しにくい。

(6) 企業文化の目標

経営者の見地からすると，良好な企業文化とはコミュニケーションおよびその経路の改善をもたらすべきものであり，企業文化の構築も主としてそれを目指すものだという（31.52%）。この調査結果は従業員対象の調査結果とも符合する。従業員の場合も，企業文化構築の目標はコミュニケーションの改善にあると答えている（23.19%）。

経営者はまた，各社の企業文化の特殊性をも視野に入れており，企業文化は各社個々に仕立てていくべきもので，そうすることでそれぞれの企業の特殊具体的な諸問題の解決に役立つと信じている（25.76%）。

(7) 調査結果の要約

2006 年の経営者調査から得られた興味ある発見は，企業文化は関心の的と

なっていて,とくに業績が良好な企業でその構築が進んでいるという事実である。業績が悪い企業では企業文化は構築されておらず,また関心や議論の対象にもなっていない。

企業文化とそれの積極的構築への関心は,良好な企業業績の原因なのか結果なのか,あるいは企業文化の積極的構築と企業業績の向上とは類語反復なのか。これは興味あるテーマである。

4．企業文化変動下の労働生活

(1) 調査の方法と対象

われわれは 2008 年に,グローバル経済化のなかの企業文化とその下での労働生活の現状を把握するための国際共同調査[4]に参加した。その調査結果からスロヴァキアにおける労働生活の特徴を描き出したい。この調査で用いられた方法は,従業員を対象としたアンケート法である。

この国際共同調査では参加各国で電機電子産業,一般機械産業,小売業からそれぞれ 2 社を選んで,そこの従業員から回答者を選ぶことをサンプリングの原則としていたが,スロヴァキアでは産業規模の小ささを考慮して,これら 3 業種のそれぞれから 1 社を選んで調査対象としようとした。

しかし実際に各企業の所有者に調査協力を依頼する段になると,同意を得るのがきわめて困難であることがわかった。とくに外国資本の企業からは協力拒否を受けた。われわれの経験からすると,スロヴァキア企業の最高経営者や所有者が従業員の意見に関心を持ってわれわれの調査に協力する姿勢を示したのに対して,外資系企業の経営者や所有者は調査拒否を貫く。面白いことに,自国では社会的責任を負っているとみられている外資系企業でも,スロヴァキアにある現地事業所では調査を拒否するのである。このような経験からわれわれは,スロヴァキアにおける外国資本とその投資の性格を悲観的に眺めざるをえず,巨大外国企業のスロヴァキアへの進出は,すぐれて低賃金労働力や 19%

固定税率などのFDI誘致策といった経済要因に動機づけられているのであって，彼らが自国で実施しているような福祉や環境に対する責任ある施策を，スロヴァキアの地でスロヴァキアの労働者のために実施しようなどとは考えていないのではないかと，疑わざるをえない。

　結局，われわれは電機電子産業の企業からは調査協力の同意を得ることができなかった。そのため，スロヴァキアではそれに代えて有機薬品製造企業を選ぶことにした。そして最終的に同意を得て調査対象となったのは，次の3企業である。

　(i) 一般機械産業：創業1925年で西スロヴァキアに立地する従業員約1,200人の株式会社。1994年に民営化され，株主はポーランドの株式会社とスロヴァキアの複数個人である。

　(ii) 小売業：スロヴァキア全土に分散立地する生協チェーン（主として食品店）で，総従業員数は約13,000人。単位生協の大部分は1950年代に設立されたが，それ以前に設立されたものもいくつかある。

　(iii) 有機薬品産業：1953年創業で中部スロヴァキアに立地し，従業員約1,000人の株式会社。1992年に民営化され，株主は外国ファンドとスロヴァキアの複数個人である。

　各企業から具体的な調査対象事業所を選ぶ際，「社会主義」体制期から変革期を経て市場経済と民主体制への移行期，そしてその後のグローバル化期へという流れのなかでの労働生活の変化を追究できることを考慮した。

　回答者は上記の3企業の従業員から抽出された。

　その構成は，54％が技能労働者，14.4％が事務系労働者，9.9％が監督者，8.1％が中間または上級管理者，4.6％が技術系職員，3％が不熟練労働者，4.5％がその他の職種の従業員で，1.5％が無回答（その多くは小売業食品店の補助店員と目される）であった。

　回答者のこの構成比率は調査対象企業の労働力構成に照応している。

(2) 調査結果から得られた諸発見

① 従業員の満足と不満

　従業員が不満を表明しているのは，なんといってもまずは**給料と手当**である。半数以上の従業員（56.2%）が賃金に不満を抱いており，報酬に満足だという者は回答者のうち 14% にすぎず，28.6% は満足とも不満ともいえないと答えている。自分の働きに見合った報酬を正当に受けていると思っているのはわずか 18.7% である。

　調査時点（2008 年第 1 四半期）におけるスロヴァキアの平均賃金は約 680 ユーロであった。しかしわれわれが調査対象に入れている小売業の平均賃金は，全産業のそれよりも低く，約 480 ユーロで，全産業の平均賃金の 70% 程度の額である。もしわれわれの調査対象に高賃金産業（たとえば電気通信業）を加えていれば，賃金に対する回答者の満足度はもっと高く表れていたかもしれない。

　一方，スロヴァキアの従業員が**満足感**を表明しているのは，まずは**同僚との関係**である（72.0%）。これに不満という者は 5% にとどまる。次に満足感が多いのは**上司との関係**であり（60%），これに不満なのはわずか 9% である。

　もっとも，上司との関係に満足だという者が多い反面，従業員と経営との信頼関係に不満を持つ者が少なくない。おそらくその理由は，中間管理者が従業員に歓迎されない課業の意思伝達者であるとか，課業を従業員が強く拒否するようなときに，上司が「悪しき」中間管理者の決定を修正する役を担っている点にあるのかもしれない。

　概してスロヴァキアで多いのは，とくに満足しているわけでも不満を持っているわけでもないような従業員である。

　そのような従業員の比率を項目別に示すと，以下のようになる[5]。
(i)「仕事における自己実現」では 51.4%（「満足」は 30%，「不満」は 16.7%）
(ii)「裁量の範囲と権限」では 45.3%（「満足」は 29.8%，「不満」は 21.2%）
(iii)「男女の機会均等」では 40.3%（「満足」は 39.3%，「不満」は 17.4%）
(iv)「労働時間の長さ」では 33.1%（「満足」は 44%，「不満」は 22.5%）

(v)「教育訓練」では32.2%（「満足」は34.6%,「不満」は31.2%）
(vi)「雇用の保障」では33.4%（「満足」は33.2%,「不満」は30.9%）[6]

「満足」と「不満」をくらべると，以上の項目では「満足」のほうが多い。次に並べる項目でも満足か不満かをはっきり表明しないものが多いが，「満足」「不満」をくらべると「不満」が「満足」を上回っている。
(i)「作業負担」では43.8%（「不満」30.3%,「満足」24.1%）
(ii)「経営者・管理者の能力」では38.8%（「不満」34.2%,「満足」24.1%）
(iii)「企業情報へのアクセス」では38.5%（「不満」32.1%,「満足」28.4%）
(iv)「昇進の可能性」では38.2%（「不満」37.2%,「満足」21.5%）
(v)「従業員と経営との信頼関係」では37%（「不満」32.7%,「満足」28.2%）
(vi)「企業内福利厚生」では32.4%（「不満」40.8%,「満足」25%）
(vii)「作業環境」では30.6%（「不満」42.1%,「満足」24.6%）

② 定着意思

おそらく現職に満足でも不満でもないという従業員が多いせいか，42.1%もの回答者はかりに転職の機会があったとしても現職を離れようとは思わないと答えており，25.3%はいまの企業での昇進を望んでいる。この結果からみる限り，回答者はいまの企業を他の企業よりもいい職場だと思い，将来性もあると信じているようである。別な見方をすれば，スロヴァキアの従業員は（少なくとも現時点では）あまりスポイルされておらず，「ほどほどに満足（またはほどほどに不満）」であれば十分で，やたらと転職しようとはしない（おそらく収入のいい良好な就業機会があまりないことにもよろうが）ことが示されたといえよう。

しかし，自分で事業を興そうという回答者が15.4%もいることにも注目する必要がある。彼らは社会保険や健康保険の支払いや納税の節減に動機づけられている（従業員でいるよりも自分で事業を営む方がその可能性がある）が，資本の不足やどんな事業を興すかのアイデアの欠如で開業が妨げられている。

管理職に昇進したいという回答はわずか5.8%しかないのは，おそらく，従

業員と経営との信頼関係に不満を持つ者（28.2%）が少なくなく，そのため自ら経営サイドの地位に就くのをためらうからであろうと思われる。

なお，もう仕事はしたくないという者は6.1%だけである。

③ 仕事の意義

仕事の意義に関する回答分布をみると，スロヴァキア人がたいへん重要視しているのは職場での社会的接触と意思疎通，つまり「同僚との良好な人間関係と協力関係」だということがわかる。回答者の過半数（55.5%）が，仕事の意義は社会的接触の場を提供してくれることだと考えている。

次に多いのは，「仕事自身が面白い」点に意義があるという回答（44%）で，それと同程度に多いのは仕事を通して「社会的貢献ができる」という回答（43%）である。

さきに報酬に対する不満の多さに触れたが，これは仕事の意義に関する意識にも反映しており，40%の回答者は「収入の確保」を仕事の最大の意義としてあげている。しかし大多数の回答者は「必要な収入」以上の非金銭的なものを求めている。

なお「地位や威信」に仕事の意義を求めている者は16%にすぎない。これは回答者が主として現業労働者であるからかもしれない。

④ 職務選択で重視されている要因

仕事を選ぶとしたらどんな点が重要かという問いからも，まずは社会的接触，意思疎通，「同僚との良好な人間関係と協力関係」が非常に重要という答えが返ってくる。大多数の回答者（89%）がそう答えている。ただし，この設問には「給料のよさ」という回答選択肢が入っていないことも考慮する必要がある。もしこの選択肢が入っていたら，多くの回答者はこれに答えるかもしれない。

失業の不安もこの問いへの回答に反映している。84.7%の回答者は失業の怖れがないことを仕事選択の重要点としてあげている。

部下の意見をよく聞いてくれる「よい上司」がいることも，多くがあげている仕事選択の重要な点である（84.5％）。

仕事を選ぶのに「昇進機会が大きい」を重視する者は70.4％で，「家族と過ごせる自由な時間」を重視する者（75.5％）よりも少ない。

⑤ 在宅労働や自己開発の必要性

多くの従業員にとって，会社の仕事を自宅にまで持ち込んだり，自宅でEメールによる指示を受けたりすることはほとんどないようである。そのような必要はない，あるいはあったとしても稀であるという回答は，全体のなかで73.2％を占めている。

自分で能力開発を図っている者も多くない。55.7％はそのようなことをまったく，あるいは稀にしかしておらず，ほぼ毎日しているという者はわずか5.6％で，週に1度か2度が13.1％，月に1度か2度が23.3％である。

ただし注意しておかなければならないのは，回答者の職場の特性である。一般機械産業の職場では技能労働者が大型機械のところで働いており，道具を自宅に持っていくことなどできない。小売業の職場では店員は自宅では仕事ができない。有機薬品産業の職場では特殊な装置のもとで働いているので，これも自宅に持ち込むわけにはいかない。

⑥ 企業への態度

さきにみたように多くの回答者は給料に不満を持ち，いまの仕事に対してはとくに満足でも不満でもないと答えているが，企業に対する態度はかなり前向きだとみられる。回答者の半数近く（40.8％）は「会社の発展のために全力を尽くしたい」と答え，およそ3分の1（37.7％）は「会社が自分に報いてくれる程度に，会社に尽くそうと思っている」という「合理的態度」を表明している。これに対して「会社のことなど関心ない」とか「会社にはこれといった感情を持っていない」という回答は，合わせて5.8％にすぎない。

この調査結果から雇用主や投資家への重要なメッセージを読み取れる。すな

わち，スロヴァキアの雇用者はいまなお「善良な働き手」であり，賃金には不満を持っていても企業に対しては前向きの貢献意思を持ち，同僚と良好な職場風土を分かち合い，良好な人間関係を保って働くことを幸せとしているのである。

5．スロヴァキアの労働生活——その特徴と変動パターン

(1) 変動パターン

　スロヴァキアで行われてきた諸調査をみると，集中計画経済から市場経済への転換は労働生活に次のような変化をもたらしたとみられる。それは，(1)**個人主義化と競争**，(2)**長い労働時間**，(3)**効率と成果の追求**，(4)**雇用の不確かさ**，である。

　すべてこれらの変化は予期されていたものであり，一般に市場経済への移行の「典型的な」結果であると考えられている。それはまた実務家たちからも指摘されている。たとえば人材顧問会社ハルモ（Harmo）のズデンカ・オスワルドヴァーは次にように述べている。「外国からの投資家とその経営者（および集中計画経済から市場経済への移行）はスロヴァキアの事業所に成果主義と効率主義への指向をもたらした。……1989年以前にはなかった不確実性という新しい現象がもたらされた。1989年以前にはスロヴァキアの雇用者たちはのんびりと安心して働き暮らしていた。」ワープーア（Whirpoor）社のスロヴァキア現地事業所の所長エルリコ・ビオンディも，「われわれの内部監査から，わが社の従業員は会社に誇りを持っているが，仕事については成果と効率とグローバル性の一辺倒だと感じていることがわかった。」と指摘している。

　脱移行期（およそ2000年に始まる）のなかでの近年の経済成長の下で，スロヴァキアでは雇用者も社会全体も，（ふたたび）**家族生活と労働生活の調整**を強調するようになった[7]。それとともに企業文化への関心も大きくなった。

(2) 非変動パターン

　他方，経済環境や政治環境の変化にもかかわらず，スロヴァキアの雇用者とその労働生活のなかで変動しない諸特徴もある。それは主として，(i) 表立った争いを回避する，(ii) 激しい労働争議を起こさない，(iii) 上下の位階関係を尊重する，(iv) 上位者に対しては自制する，(v) 家族と家庭生活には常に強い関心を持つ，といった点である。

(3) 個別主義化

　個別主義化は移行期のごく初期に始まり，いまも続いている。それは労働生活だけでなく社会一般をみても顕著である。そしてそれをマスメディアが促進している。集団主義は社会主義体制と結びついているものとして　忌避されている。

　従業員サイドにおける個別主義化へのシフトは，とくに労働組合の退潮に数量的に表れている。労働組合組織率は1980年代にはほぼ100％であったが，2008年には30％へと低下している（組織率がいまでも高いのは教員のような公共部門の雇用者である）。従業員の個別主義化と労働組合の分権化は使用者側からも促されている。使用者側は「ホワイトカラー・ユニオン」を作るとか，職場に複数組合を打ち立てるなどして，組合の力を弱めようとしてきた。

　個別主義化は使用者サイドにも表れている。たとえば2004年にはスロヴァキア共和国使用者団体連合（略称AZZZ）はAZZZと全国使用者連盟（略称RÚZ）の2つの組織に分裂し，さらに新しい使用者団体「クラブ500」が生まれた。

　しかし個別主義化が進むなかでも，スロヴァキアの雇用者はまだ，同僚との良好な関係をたいへん重要だと思っている。

(4) 雇用の不確実さと雇用契約

　雇用の不確実さ，失業率の高水準，パートタイム労働者における「良好な」職務の欠如と低賃金という事態のなかで，スロヴァキアの雇用者は雇用契約の

柔軟性よりもむしろ**確実性**を求めている。彼らが強く求めているのは，雇用期限なしのフルタイム契約である。

統計によれば，スロヴァキアの雇用者全体のなかで 94.7% は無期限の職務に就いており，短期雇用者は 5.3% にすぎない。短期雇用者全体のなかで短期雇用のままでいいという者はわずか 1.5% であって，他の者はなんらかの個人的あるいはその他の理由で短期雇用に甘んじている。

また，パート雇用者は全雇用者の 3% にすぎず，そのうちパートで満足という者はわずか 0.7% であり，他は望んでもフルタイムの職務に就けなかったとか，健康などの理由でそれを遂行できないという人たちである。

(5) 雇用の不確実さ，賃金の低さ，労働時間の長さ

スロヴァキアの雇用者は雇用が不確実でかつ賃金が低いのを補うため，労働時間の柔軟化を図ろうとする。彼らは賞与や残業手当で基本給の低さを補完しようとしている。EU の勧告に基づいてスロヴァキア政府は残業時間の上限を定めようとしたが，使用者だけでなく雇用者側からも拒否されている。

残業を望み残業規制を望まないという態度は，経済成長と実質賃金の上昇によって解消されよう。その最初の兆しは，労働組合と雇用者が，イースターやクリスマスといった国民休日には営業時間を制限しようといいだしていることにみてとれる。日曜や国民休日に商店が営業することは，スロヴァキアの伝統にはなかったことであり，近年になって外国の小売チェーンによって導入されたものである。そして消費者はそれに敏感に反応し，歓迎した（もっとも，クリスマスやイースターの期間中に商店が営業するのは不必要だという消費者も多数いるが）。

残業という意味での柔軟化は，フレキシブル・タイムによる労働時間の柔軟化など，他の形態に置き換えられていくだろう。労働時間の柔軟化はいままず広がっている。いまでは雇用者の 6.3% がフレキシブル・タイムで働いている。この意味での労働時間の柔軟化は，労働生活と家庭生活とのバランスを図る意味でも，有効な措置である。

(6) 雇用の不確実さと労使紛争の回避

　雇用の不確実さからは，安定した職務に就き残業をしていくという態度だけでなく，使用者に対する従順さも出てくる。実際，スロヴァキアの雇用者はストライキをしないし，公的機関の前で使用者を攻め立てないし，使用者が雇用者保護法に違反しても訴えようとはしない。法廷で行動を起こすのは，不当な解雇が行われたときくらいである。不当解雇の紛争事例ではたいてい雇用者側が勝利している。

　しかし，スロヴァキアの雇用者が**表立った紛争を避ける**理由は，雇用の不確実さだけにあるわけではない。一般的にいってスロヴァキアの雇用者は，同僚間でも使用者との関係でも表立った紛争を避けようとする。彼らは問題を表立った紛争によって解決することよりも，むしろ，うやむやのままにしておこうとする。ストライキやロックアウト，抗議行動やデモといった労働争議は稀にしか起こらず，起こったとしても通常ほんのお印程度である。スロヴァキアで起こった雇用者の行動は，賃上げ（医療保健従事者，警官，教員）か，事業所閉鎖計画反対（鉄道労働者）に向けられたものであった。

　紛争解決の仕方に関して，実務者は自らの経験から次のように述べている。「他の国にある現地事業所では上下関係にまつわる問題が出てくるが，スロヴァキアではそれがなかった」（ポプラド・ワープーア社のエッリコ・ビオンディ所長），「スロヴァキアの従業員の典型的な特徴は，上下関係を尊重し，上位者の前では自分を抑えることだ」（ズデンカ・オスワルドヴァー，パートナー）。

(7) 労働生活と家庭生活

　家族と家庭生活は大多数のスロヴァキア人にとって昔も今も重要事項である。スロヴァキアには家族の強いつながりの伝統があり，それはいまも生きている。今日，経済の成長とともに，**労働生活と家庭生活のバランス**がまた強調されてきている。

　市場経済によってもたらされた長時間労働は，いま家庭生活との調整を求め

られている。これは次の事実にみてとれる。

(i) 家族との自由な時間を重視する者（75.5%）は，昇進機会を重視する者（70.4%）よりも多い。

(ii) 雇用者がフレキシブル・タイム制で働くことに関心を持つようになってきている。

(iii) 厚生労働省がそのイニシアチブをとっている。

　厚生労働省は2000年に「家族にフレンドリーな使用者」というコンペを開始し，それはその後毎年催されている。このコンペは，労働生活と家庭生活の調和を可能とする労働条件を創出し，家庭における従業員の義務と男女の平等を尊重するよう，表彰によって使用者を動機づけることを狙っている。

(8) 雇用者の動機づけ要因

　スロヴァキアの雇用者を動機づけている最大の要因は，賃金と報酬条件である。

　この事実は団体交渉過程と労働協約そのものをみれば明らかである。労働協約で合意された賃金が高ければ高いほど，その労働協約はよい協約とされ，労働組合は成果を上げたことになるのである。

　スロヴァキアにおける団体交渉過程をみると，動機づけ要因として賃金に次ぐものは，フレキシブル・タイム制による労働時間の緩和と，有給休暇の増加である。なお，一般的にみて，労働における安全衛生は現行の法で十分に律されているとみなされており，この点で使用者にいま以上の義務を課すことは不要とみられている。

6. 結　　論

　スロヴァキアでは近年の経済成長の下で企業文化への関心が増大してきた。

　2006年調査からは，企業文化が関心の的となっていて，とくにそれがいい業績をあげている企業で構築されているという，興味ある事実が明らかとなっ

た。業績が悪い企業では企業文化が形成されておらず，関心や議論の的にもなっていない。企業文化への関心とその積極的構築が企業業績の向上をもたらすのか，それとも後者が前者をもたらすのか，つまりどちらが原因でどちらが結果なのか，あるいは企業文化の構築と企業業績の向上とは類語反復の関係にあるのか，という点の解明は，興味ある研究課題である。

2008 年調査では，すでにデータ収集の過程で面白い発見があった。スロヴァキア人の最高経営者や所有者は自社の従業員の意見に関心を持ち，自社での調査に協力してくれたのに対して，外国人の最高経営者や所有者は自社での調査を拒否した。外国からの投資家は彼らの母国では社会的責任を持った使用者とみなされていても，スロヴァキアの現地事業所では調査の遂行を拒んだのである。

2008 年調査でのデータ収集とその分析を終えてわかったことは，スロヴァキアの従業員はいまなお「善良な労働者」で，賃金には不満であっても企業には帰属意識を持ち，多くは現職の地位にとどまりたいと思っており，自社の発展に最善を尽くそうという姿勢を保持し，よき同僚とよき上司との関係に満足しているという特徴である。

1）経済格差は東部と西部の地域格差となって現れている。1 人当たり GDP でみると，西部のブラチスラヴァ県のそれは EU 25 カ国平均の 120% に相当するのに対して，東部のプレショウ県のそれは 30% にしかならない。この大きな東西格差は，東部におけるインフラ整備，とくに高速道路の不備に起因するとされている。
2）ワープーア（Whirpoor）社スロヴァキア現地事業所所長のエルリコ・ビオンディ氏は自らの経験を次のように述べている。「母国企業（米国）の企業文化をスロヴァキアの事業所で実施しようとしたら，スロヴァキア人従業員は，なぜ自分たちにとって当たり前な誠実さとか協力とかチームワークなどといったことをいまさら取り立てて云々するのか，理解できないという顔をした」と。他方，キア自動車のスロヴァキア現地事業所の韓国人経営者は，スロヴァキア人従業員が過去の共産主義プロパガンダに酷似したかたちで工場の壁にモットーや動機づけの標語が懸かっているのにうんざりしている顔に直面した。
3）詳しくは Fazekašová（2006 b）を参照。
4）この調査は中央大学の石川晃弘と労働調査協議会の白石利政のイニシアチブで

組織され,スロヴァキアではスラートコヴィチョヴォ・ヴィシェグラド大学のモニカ・チャンバーリコヴァー,ミハル・コシュタール,モニカ・チャンバーリコヴァー Jr. が実施に当たった。

5) 各質問への回答が 100% にならないのは,無回答があるため。

6) 民営化とリストラの時代が過ぎてすでに多くの年月が経ち,回答者の多くはすでに所与の企業に定着している従業員たちである。彼らは自社の雇用保障を高く評価しており,一部では雇用不安からしだいに解放されてきている。

7)「社会主義」体制下の社会政策(企業内社会政策も含めて)は,現在の眼からみても高水準の,家族扶助向けの福祉処置をとっていた。

参 考 文 献

Cambáliková, M., 2007, "Gender Equality: The New Agenda of the "old" Social Partners?", *Slovak Sociological Review*, Vol. 39, No. 3.

Fazekašová, M., 2006a, "Firemná kultúra—rozličné chápanie, podpora i očakávania" (Corporate culture; different understanding, support and expectations), 2001 HRweb.sk, www.hrweb.sk

Fazekašová, M., 2006b, *Podniková kultúra vo vybraných podnikateľských subjektoch PPoK* (Corporate culture in chosen companies of agriculture and food processing sector), Slovenská polnohospodárska univerzita v Nitre (Slovak Agriculture University in Nitra).

Horníková, Z., 2005, "Firemnú kultúru musia zamestnanci pochopiť a manažéri ňou žiť'" (The Corporate culture must be understood by workers and lived by managers), *TREND*, 16. March.

Kiss, Š. & M. Šiškovič, 2006, *Porovnanie životnej úrovne na Slovensku v rokoch 1989-2005* (Comparison of standard of living in Slovakia in years 1989-2005), Institute of Financial Policy of the Ministry of Finance of the Slovak Rublic.

Magazine *Manažer* 11, 1998, issued by ibis partners, "Najlepšia podniková kultúra je autentická" (The best corporate culture is the authentic corporate culture), www.ibispartners.sk

Daily press (www.statistics.sk, www.employment.gov.sk, www.finance.gov.sk)

(原文英語　石川晃弘　訳)

第 12 章
独立変数としての企業文化
――ポーランド製造業の管理者調査から――

ピオトル・ホムチンスキ

1. 企業文化の先行研究

　企業文化の研究は，通常，組織の公式な面と非公式な面の両方を追究することを狙っている。研究者たちは，ある組織の人間関係を調べるのに，ちょうど指紋をとるかのようにその固有な特殊性を浮き立たせることに関心を寄せる。企業文化の関連文献のなかにはその研究方法に関して数多くの立場がみられる。そしてそれぞれの方法的立場には賛同者もいれば反対者もいる。企業文化研究に質問紙法を用いることに対しては，「サーベイ方式の使用は多くの文化研究者たちから，調査対象者の見解よりも社会科学者が調査結果として打ち出す見解の方が数的にはるかに上回り，したがって文化の測定方法としては不適切だとみられている」(Hofstede 1998: 479) という批判が出されている。しかしその一方で，組織文化の質的研究法としてよく使われる参加観察法では，調査者側の感情が入ってしまって調査結果にバイアスがかかる可能性がつきまとう (Arnould 1998: 73) とか，データの収集と解釈に客観性が欠けてしまう (Doktór 1964: 49; Shaughnessy et al. 2002: 107-108) とか，観察対象者に調査者が，また調査者に観察対象者が，なんらかの影響を与えてしまうのを防げない (Babbie 2003: 313; Frankford-Nachmias & David 2001: 302; Chomczynski 2006: 71) といった批判が出ている。

　こうした方法論的対立に対してホフステードは，「組織文化の研究は事例研

究法だけでなされるべきものでも,質問紙法だけでなされるべきものでもないというのが,慎重な中間的立場ということになる」(Hofstede 1998: 479) と結論づけている。ひとつの具体的な社会現象の研究にさまざまな方法を使うことを前提としたグラウンデッド・セオリー的方法論に依拠する研究者たちの声 (Konecki 2000) も,また納得できる。得られたデータを確かめそれをさまざまな視点からみていく機会を,それは与えてくれる。

　企業文化研究で使われる方法には多くの立場があるが,文献に表れたその方法論的立場については,少なくとも3つ[1])に区別することができる。リンダ・スミルチッチは研究者による企業文化の扱い方を次のように示している (Smircich 1983)。

　1.独立変数としての扱い。この概念的立場においては,文化は「成員によって組織に移入されるものとされ,社会科学者たちは『経営と従業員の慣行の国による違い』を追究する」(Smircich 1983: 343)。トロムペナールスとフムプデン=ターナー (Hampden-Turner & Trompenaars 2000) やホフステードによる著名な国際比較研究において採用されたのは,国民文化に染まった独立変数として企業文化を措定するという立場であった (Dastmalchian, Lee & Ng 2000をも参照)。

　2.従属変数としての扱い。この立場をとる研究者たちは,組織文化を「当該企業を特徴づける構造,規模,技術,リーダーシップ様式などが生み出したもの」(Smircich 1983: 344; Konecki 2002: 117-119) として捉えた。ウィルキンスとオオウチは企業文化と企業業績との関係を研究している (Wilkins & Ouchi 1989)。

　3.内在的変数としての扱い。この立場では,企業文化は所与の組織にとっては独特な,そして国民文化からも企業内の諸要因からも独立している,自律的現象として扱われている (Konecki 2002: 119参照)。スミルチッチは,この立場をとる研究者たちは「文化は組織のあるがままの状態という見方を好んで採用し,文化は組織の一側面だという見方を置き去りにしている」(Smircich 1983) という。

本章では，企業文化を独立変数として扱うという，第1にあげた方法論的立場を採用する。そして異なる都市（ウーチ，ワルシャワ，ポズナン，ジェシュフ）に立地する企業の文化的差異を検証して，地域文化と企業文化の関係を追究していく。

2．研究の方法

この調査[2]は製造業部門の55社で行われた。調査時点での各社の従業員数は100人以上であった。調査が行われた地域は，ワルシャワ，ウーチ，ジェシュフ，ポズナンという，4つの大都市である。狙いをつけたサンプルは調査対象企業の上級管理者と人事部門管理者で，各社から上級管理者10人と人事部門管理者1人を選んだ。

日本やその他数カ国で行われた国際共同調査では一般従業員を主としたサンプル構成をとっているのに対して，ポーランドでの調査では国際共同調査と共通する質問紙を用いているものの，サンプルを管理者に限定しているため，本章で扱うのは管理者から得られた情報のみである。質問紙は451人に配られ

表12-1　企業類型別・地域別サンプル構成

			合計	ワルシャワ	ウーチ	ポズナン	ジェシュフ
所有形態	国有企業	％	27.1	29.2	45.2	5.1	22.5
		実数	119	40	56	5	18
	民有企業	％	72.9	70.8	54.8	94.9	77.5
		実数	320	97	68	93	62
	合計	実数	439[3]	137	124	102	88
資本属性	国内資本	％	74.9	76.6	83.1	52.0	86.9
		実数	332	105	103	51	73
	外国資本	％	25.1	23.4	16.9	48.0	13.1
		実数	111	32	21	47	11
	合計	実数	443	137	124	102	88

注：所有形態の合計が「国有企業」＋「民有企業」より多い地域は，不明企業があるため。

た。サンプルの選び方は割当法と無作為抽出法とに拠った。割当法は企業を類型化して、その類型に沿って個人サンプルを無作為に抽出して行った。企業類型は企業規模と所有形態（民有か国有か）と資本属性（国内資本か外国資本か）の違いから構成した。企業類型別のサンプル構成は表12-1のようになった。

われわれの発見は、回答者の生活の私的領域（表12-2）と職業的領域（表12-3）に関する質問群と、管理職のポストに就くうえでの重要要因（表12-4）に関する質問への、回答結果の分析から得たものである。

われわれは表12-2と表12-3の質問群を、ハムプデン＝ターナーとトロムペナールスの著書『資本主義の7つの文化』（Hampden-Turner & Trompenaars 2000）で示されたカテゴリーとある程度対応するかたちで、以下の5つの主要な統合カテゴリーにまとめあげ、それらのカテゴリーをそれぞれ変数として分析を進めている[4]。

1．**普遍主義・対・特殊主義**。管理者はなにかある普遍的ルールに沿って職能を遂行するか、それともルールにかかわらずに個々のケースの特殊性に沿って活動し決定するか。変数名は「普遍主義①」または「普遍主義②」。

2．**分析主義・対・総合主義**。管理者は当面する問題を個々の要素に分けて考えるか、それとも諸要素をひとつの全体にまとめて包括的に捉えるか。変数名は「総合主義①」または「総合主義②」。

3．**個人主義・対・集団主義**。管理者は個々人の目標や権利をより重視するか、それとも集団とその利益を個人の上位に置くか。変数名は「個人主義①」または「個人主義②」。

4．**平等主義・対・位階主義**。管理者は個人をその地位に関係なく平等に扱うか、それともその位階上の地位を考慮して扱うか。変数名は「位階主義①」または「位階主義②」。

5．**ネット**。私的領域で目標達成のためにコネ（私的、家族的、等々）を使う場合の変数を「ネット①」とし、職業的領域で会社のスタッフ間のコネに頼った行動をする場合の変数を「ネット②」とする。

上に掲げたカテゴリーは下の表にある個々の質問をまとめあげたものであ

表12-2 あなたは自分の個人的見解として、次にあげる意見をどう思いますか。
(1. まったくそうは思わない, 2. あまりそうは思わない, 3. わからない, 4. だいたいそうだと思う, 5. まさにそうだと思う)

なにか問題があった時には、私は隣人に頼れる。	1 2 3 4 5
いつも他人と仲良くしていることは大切なことだ。	1 2 3 4 5
誰かが自分より上の地位に就いたら、その人を評価してあげる。	1 2 3 4 5
ポーランド市民権があっても、それだけではポーランド人とはいえない。	1 2 3 4 5
日々の状況はいつも違うから、普遍的なルールなどは不要であり、それにこだわることはない。	1 2 3 4 5
個人的コネを使ってビジネスをするのはフェアでない。	1 2 3 4 5
問題を抱えるポーランド企業は国から相応な扱いを受ける権利があるべきだ。	1 2 3 4 5
親友の子どもが職を探していたら、助けてあげたいと思う。	1 2 3 4 5
何か問題を扱うにはそれを全体関連的に捉えて、できるだけ一般的な解決策を探る必要がある。	1 2 3 4 5
子どもは成人した後でも両親を全面的に尊敬すべきである。	1 2 3 4 5
会社での出世のために家庭を犠牲にすることなど、受け入れられない。	1 2 3 4 5
ポーランド企業を外資に売り渡すのは、ポーランド国家の利益に反する。	1 2 3 4 5
世間で受け入れられている生活のルールには、従うことが大切である。	1 2 3 4 5
市当局が決めたことは、それが自分たちの利益に反する集団や団体も尊重すべきである。	1 2 3 4 5
友人を助けるためなら、法律の規定が明確でない事態でも、まずは会いに行こうと思う。	1 2 3 4 5
父親が家族経営ビジネスをしていたら、子どもの1人はそれを引き継ぐべきだ。	1 2 3 4 5
会社で高い地位にいる親戚の誰かを雇い入れるのは悪いことではない。	1 2 3 4 5
なにかひとつの主要目標を定め、他のもろもろの目標をそれに従わせるのは、どんな時でも重要である。	1 2 3 4 5
適切なルールを知りそれを使えば、どんな問題も解決できる。	1 2 3 4 5
集合住宅の住民たちは役場に頼らず自分たちで協力して解決する。	1 2 3 4 5
経営者や管理者は部下より年上でなくてはならない。	1 2 3 4 5
職を得るには私的なコネや接触を持っていることが重要である。	1 2 3 4 5

表12-3 あなたは自分の会社について，次のような見方をどのように思いますか。
(1. まったくそうは思わない，2. あまりそうは思わない，3. わからない，4. だいたいそうだと思う，5. まさにそうだと思う)

社内の紛争はすべて，もっぱら経営の手で解決されている。	1 2 3 4 5
わが社が地域社会と良好な関係を保つことは，重要なことである。	1 2 3 4 5
われわれは新しい特殊な課業を問題なく受け入れる従業員たちを高く評価している。	1 2 3 4 5
わが社の誰もが，人事考課が個人の実績に関する具体的事実と評価項目に基づいていることを知っている。	1 2 3 4 5
従業員が推薦する新人の採用はいいことであって，わが社の採用人事で行われている。	1 2 3 4 5
なにか微妙な問題を扱わねばならないとき，社内のいろいろな位階の人たちがパートナーとして協力する。	1 2 3 4 5
わが社では，チームが家族のような親密で温かい関係となることが会社にとって好ましいと思われている。	1 2 3 4 5
上下の信頼関係がわが社では重要だと考えられている。	1 2 3 4 5
ミスを犯した従業員を罰する時には，われわれは彼／彼女の生活を含めた全般的な事情を考慮にいれる。	1 2 3 4 5
わが社の基本的情報に関してはすべて，われわれは数字と図表で示すことができる。	1 2 3 4 5
わが社では，成員の友情関係に基礎を置くチームはいい成果を上げると考えられている。	1 2 3 4 5
全従業員に周知された手続きに従うことは，わが社の活動の土台である。	1 2 3 4 5
従業員の人事評価をする際には，われわれはその家族状況も考慮にいれる。	1 2 3 4 5
わが社では，どこかの部課だけの問題と見えるようなものでも，他の部課の協力で解決している。	1 2 3 4 5
わが社では従業員の威信は位階上の地位にではなく，職務遂行能力に因っている。	1 2 3 4 5
わが社では従業員各人の職能開発を保証しようとしている。	1 2 3 4 5
わが社では従業員の家族とのコンタクトを維持していこうとしている。	1 2 3 4 5
わが社はチャリティ活動で知られている。	1 2 3 4 5
わが社では，時には家庭を犠牲にしてまでも，全面的に会社に尽くすことが期待されている。	1 2 3 4 5
われわれは自分の自由時間を割いてまでも仕事に尽くす従業員を好む。	1 2 3 4 5
給料は個人の努力と成果で決まり，個人間で差が出る。	1 2 3 4 5
われわれは従業員の会社に対する帰属意識が大切だと知っている。	1 2 3 4 5
会社と地域住民の問題は，両者共同で解決すべきである。	1 2 3 4 5

表 12-4　管理職に就くうえで，次の事柄はどの程度重要だと思いますか。

	非常に重要だ	ある程度重要だ	わからない	あまり重要でない	まったく重要でない
家族のコネ					
政治的なコネ					
私的なコネ					
能力・資格					
仕事の経験					
教育水準					

る。表 12-2 は私的領域に関連した質問群であり，表 12-3 は職業領域に関連したそれである。ネットに関しては表 12-4 のような質問形式がとられた。

3．調査結果

　すでに述べたように，表 12-2 と表 12-3 のなかの諸項目は 5 つの統合変数にまとめあげた。最大値と最小値を示す範囲は統合変数ごとに異なる[5]。その範囲を示すと，以下のようになる。

　「普遍主義①」8-40
　「ネット①」　5-25
　「総合主義①」3-15
　「位階主義①」3-15
　「集団主義①」3-15

　表 12-5 は個々の統合変数の平均値と標準偏差を示している。このデータから回答者の間にみられるいくつかの傾向を指摘することができる。

　「普遍主義①」に関しては，回答者は概して中間的な位置にあり（中間はちょうど 24 ポイントのところにくる），普遍主義・対・特殊主義という二分法でいえばわずかながら普遍主義の側に寄っている。

　「ネット①」に関しては，平均値は 9.6 で小さく，回答者は「ネット的行動」の水準が低いとみられる。実際問題として，この回答傾向からすると，管理者

は特定の目標を達成するのに私的コネを乱用することを支持していないようだ。これにはポーランド文化の影響もあるかもしれない。なにかビジネスを行うために私的なコネを使う（親戚縁者を優先雇用するなど）ことは，フェアでない行為として社会的非難の対象となるようだ。

「総合主義①」の平均値は11.7で，回答者は分析主義よりも総合主義の方に価値の重心を置いているとみられる。彼らは，問題を扱う際，それを個々の要素に分解して検討するよりも，一括して全体関連的に捉えるほうを好むようだ。

興味あるのは平等主義・対・位階主義のジレンマに関わる変数「位階主義①」の値である。その平均値は8.5でどちらかというと低く，回答者が位階主義よりも平等主義への傾斜を示しているといえる。もちろんこれは表明された価値であって，内面に秘めている価値とは別かもしれないということを，念に入れておく必要はある。

最後の「個人主義①」は，個人主義・対・集団主義のジレンマに関するものであるが，その平均値は10.3であって，ちょうど個人主義と集団主義の中間という傾向を表している。

表12-5　統合変数①の平均値

実数		普遍主義①	ネット①	総合主義①	位階主義①	個人主義①
実数	有　効	440	450	448	451	442
	欠　損	11	1	3	0	9
平均値		29.8114	9.5956	11.6897	8.4701	10.3167
標準偏差		3.9855	2.1296	1.8573	2.1147	1.8342

上であげた諸結果を，こんどは地域という変数を入れて観察してみよう。表12-6は地域別に各統合変数の平均値と標準偏差を掲げている。

この表に示された諸結果からは，統合変数の値は地域間に差がないことがわかる。ワルシャワの回答者も，ウーチやポズナンやジェシュフの回答者も，非常によく似た見地に立っていることがみてとれる。一元配置分散分析法によるテストでこの発見が確証されている。

次に，私的領域の規範と価値に関する表12-2の質問群から構成した統合変

表12-6 地域別にみた統合変数①の平均値

都市		普遍主義①	ネット①	総合主義①	位階主義①	個人主義①
ワルシャワ	平均値	29.8963	9.2920	11.7518	8.3285	10.1985
	実数	135	137	137	137	136
	標準偏差	3.9366	2.1391	1.9012	2.3267	1.9695
ウーチ	平均値	29.6250	9.6452	11.6612	8.6210	10.1597
	実数	120	124	121	124	119
	標準偏差	4.0419	2.1421	1.9303	2.1053	1.8039
ポズナン	平均値	30.6566	9.8614	11.6275	8.5098	10.6667
	実数	99	101	102	102	99
	標準偏差	3.8576	2.1773	1.9084	2.1236	1.7321
ジェシュフ	平均値	28.9651	9.6932	11.7045	8.4318	10.3182
	実数	86	88	88	88	88
	標準偏差	3.9954	2.0192	1.6411	1.7603	1.7456
合計	平均値	29.8114	9.5956	11.6897	8.4701	10.3167
	実数	440	450	448	451	442
	標準偏差	3.9855	2.1296	1.8573	2.1147	1.8342

数を，職業領域の規範と価値を示す表12-3からの統合変数と比較してみる。ここでの各統合変数の範囲は，以下のようになる。

　「普遍主義②」3-15

　「ネット②」　5-25

　「総合主義②」3-15

　「位階主義②」5-25

　「個人主義②」7-35

表12-7 統合変数②の平均値

		普遍主義②	ネット②	総合主義②	位階主義②	個人主義②
実数	有効	450	443	450	447	444
	欠損	1	8	1	4	7
平均値		8.3556	16.2777	8.7933	13.1074	24.9347
標準偏差		1.7500	3.1612	1.7969	2.4608	3.1975

「普遍主義②」の平均値は「普遍主義①」のそれに非常によく似ている。平均値8.35ということは，回答者が普遍主義・対・特殊主義という対抗軸の真ん中近くにいることを示す。

「ネット②」の場合は「ネット①」との間に明らかな違いが認められる。後者の平均値が9.6だったのに対して，前者のそれは16.3である。この間にはかなりの差がある。ビジネスにおいては「ネット」はだいたい肯定的に捉えられている。それは企業の活動により大きな効果を生むからであろう。回答者は，チーム内の従業員の関係が家族のような親密なものであることの良さをみとめている。彼らはまた，従業員の家族との接触を保つことが重要であると考えている。

「総合主義②」と「総合主義①」との間にもかなりの違いがみられる。私的領域に関わる後者の平均値が11.7であるのに対して，職業領域に関わる前者のそれは8.8である。問題を扱う際，私的な場では全体関連的なアプローチがとられるのに対して，ビジネスの領域では分析的なアプローチの方がよしとされているとみられる。おそらくこのアプローチがビジネス遂行にとって必須なのであろう。

位階主義に関する2つの統合変数の間には有意な差はみとめられない。「位階主義①」の平均値は範囲3-15の間で8.47，「位階主義②」のそれは範囲5-25の間で13.1である。私的領域においても職業領域においても，回答者はどちらかといえば位階主義よりも平等主義の方に向いている。

最後の統合変数「個人主義②」の平均値は24.9（範囲は7-35）であり，個人主義・対・集団主義の軸上では集団主義の方に寄っている。職業領域に関する価値志向は私的領域に関するそれとはある程度異なっているようだ。これはビジネスにおいては私的な場におけるよりも集合行動が一般的であることの証左かもしれない。

上で分析した5つの統合変数について，地域別の特徴を探ってみる。表12-8は各統合変数の平均値を地域別に示している。

この表から明らかなように，地域間には有意な差はみられない。ただウーチ

表12-8 地域別にみた統合変数②の平均値

都市		普遍主義②	ネット②	総合主義②	位階主義②	個人主義②
ワルシャワ	平均値	8.1825	16.8120	8.7372	12.7500	25.1805
	実数	137	133	137	136	133
	標準偏差	1.7666	3.3397	1.9676	2.3054	2.9228
ウーチ	平均値	8.5041	14.7190	8.8618	13.6667	24.2377
	実数	123	121	123	123	122
	標準偏差	1.5908	3.2229	1.7802	2.8188	3.5397
ポズナン	平均値	8.2647	16.3069	8.8137	13.3168	25.2157
	実数	102	101	102	101	102
	標準偏差	1.8451	2.5719	1.6812	2.4205	3.2749
ジェシュフ	平均値	8.5227	17.5795	8.7614	12.6322	25.2069
	実数	88	88	88	87	87
	標準偏差	1.8193	2.5267	1.6951	2.0123	2.8940
合計	平均値	8.3556	16.2777	8.7933	13.1074	24.9347
	実数	450	443	450	447	444
	標準偏差	1.7500	3.1612	1.7969	2.4608	3.1975

において,「ネット②」の平均値が他地域と比べて若干低い。

表12-9は,表12-4に示しておいた設問に対する回答の分布である。これは,管理職に就くための条件を回答者がどう考えているかを示している。

表12-9 管理職に就くうえで重要なもの
(「非常に重要だ」と「ある程度重要だ」をあわせた答の%)

	全体	ワルシャワ	ウーチ	ポズナン	ジェシュフ
家族のコネ	53.1	45.6	**65.6**	50.0	36.6
政治的なコネ	70.8	61.7	**84.5**	47.1	68.2
私的なコネ	88.1	84.5	**96.8**	86.2	80.5
能力・資格	67.6	79.3	54.5	**83.4**	73.6
仕事の経験	70.0	**80.1**	60.2	79.4	67.8
教育水準	72.8	75.7	65.9	**84.4**	76.7

この表にみるように,ウーチでは大多数の回答者が管理職に就くのに家族の

コネ，政治的なコネ，私的なコネが重要だと答えている。その反対がポズナンで，ここでは能力・資格，経験，教育水準といった要因が重視されている。

次に，初めの3つのカテゴリー（家族のコネ，政治的なコネ，私的なコネ）をまとめて「縁故主義次元」と名をつけ，後の3つ（能力，資格，仕事の経験，教育水準）を一括して「業績主義次元」と呼ぶこととし[6]，これら2つの次元の平均値と標準偏差を地域別に示すと，表12-10のようになる。

表12-10　縁故主義次元変数と業績主義次元変数の地域別平均値

	全体	ワルシャワ	ウーチ	ポズナン	ジェシュフ
業績主義次元					
平均値	11.1	10.7	**12.0**	10.6	11.0
標準偏差	2.5	2.8	2.0	2.6	2.6
最小値	3	3	6	3	3
最大値	15	15	15	15	15
縁故主義次元					
平均値	11.6	11.7	11	**12.2**	11.6
標準偏差	2.3	2.2	2.3	2.6	2.4
最小値	4	6	5	5	4
最大値	15	15	15	15	15

この表からも先に指摘したウーチとポズナンの違いが明らかにみてとれる。しかしその差ははっきりと結論づけられるほどの大きなものではない。また，標準偏差値は小さいから，回答は統計的にみてかなり同質的であると思われる。

4．結論

さきにみたように，回答者の意見は地域間で違いがあるとはみえない。したがって，対象企業の企業文化に違いがあるとすれば，それは地域文化の違いが影響したものではないといえる。地域間には企業文化の違いがほとんどなく，ビジネスは普遍的な現実認識の様式を要請するものだといっていい。管理者た

ちは地域がどこかに関わりなく，職業生活や私的生活を，同じような仕方で認識しているようだ。この点は男女間についてもいえる。われわれは経営活動遂行に関する認知が男女間で差があるかどうかも分析したが，差は認められなかった。年齢についても同様である。ここからわれわれは，おそらく管理職という地位は，地域や性別や年齢などから独立した，むしろ同質的な職能的，人格的特性を要請しているという結論を，引き出せる。

しかし私的領域と職業領域の間では諸次元における差異が発見された。この2つの領域の間でもっとも明瞭な差がみられたのは「縁故主義」である。ビジネスでは「縁故主義」の志向がかなり強い。それはおそらく，コネや人間関係が企業活動をより効果的にするという，肯定的な見方からきていると思われる。回答者は家族関係のような緊密な関係が従業員のチームのなかにあることをよしとしている。一方，私的領域においては，「縁故主義」の志向は職業領域に比べてかなり弱い。

5. 終わりに

われわれの研究の当初の意図は，国内の文化がそこに立地する企業の文化に与える影響を調べることにあった。われわれは地域間における企業文化の差をほとんど見出せなかったが，企業活動を基礎づける諸条件に焦点を置いた研究を重要だと思っている。そのような研究は，どこかある国でビジネスを打ち立てようとする人たちに役立つ，重要な情報を提供してくれる。多くの多国籍企業は，それが立地する当該国の文化的背景に関してトップ・マネジメントが理解を欠いているために起こる，深刻な困難を経験しているからである。

さらにわれわれは，本章のはじめにあげた3つの方法論的立場からの研究の必要性を強く感じている。企業文化という複雑な現象を扱うには，同じ研究のなかでも異なった方法的観点を入れていく必要がある。そうすることによって，現代の企業活動における変化をよりよく理解する機会が増える。

1）実際にはもっと多くの方法論的立場があるが，ここで紙幅の制約からその全部を示すことができない。
2）この研究プロジェクトの主査はクシシュトフ・T. コネツキ教授（Prof. Krzysztof T. Konecki）である。
3）実数値が 451 より小さいのは，データに欠損があるため。
4）表 12-2 または表 12-3 による。
5）この数値が低ければその志向が弱く，同じ対照軸の反対方向が強いことを意味する。たとえば「普遍主義①」の数値が低ければその反対の「特殊主義」の値が高いということである。
6）これら2つの統合変数は，個々の項目を合わせた合計である。

参考文献

Arnould, E. J., 1998, "Ethical Concerns in Participant Observation/Ethnography", *Advances in Consumer Research* 25 (1): pp. 72-74.

Babbie, E., 2003, *Badania społeczne w praktyce* (The Practice of Social Research), przełozyli: A. Kłoskowska-Dudzińska i zespół. Warszawa: Wydawnictwo Naukowe PWN.

Chomczyński, P., 2006, "Wybrane problemy etyczne w badaniach. Obserwacja uczestnicząca ukryta" (Some Ethical Problems in Research. The Covert Participant Observation), *Qualitative Sociology Review*, Vol. II, No. 1.

Dastmalachian A., S. Lee & I. Ng, 2002, "The interplay between organizational and national cultures: a comparison of organizational practices in Canada and South Korea using the Competing Values Framework", *The International Journal of Human Resource Management*, 11: 2.

Doktór, K., 1964, *Przedsiębiorstwo przemysłowe. Studium socjologiczne Zakładów Przemysłu Metalowego "Cegielski"* (The Case Study of the Manufacture Company.), Warszawa: Książka i Wiedza.

Frankfort-Nachmias, Ch. & N. David, 2001, *Metody badawcze w naukach społecznych* (The research methods in social sciences), przełozyła: E. Hornowska. Poznań: Wydawnictwo Zysk i S-ka.

Hampden-Turner, Ch. & A. Trompenaars, 2000, *Siedem kultur kapitalizmu* (The Seven Cultures of Capitalism), Kraków: Dom Wydawniczy ABC.

Hofstede, G., 1998, "Attitudes, Values and Organizational Culture: Disentangling the Concepts", *Organization Studies*, 1998.

Hofstede, G., 2000, *Kultury i organizacje* (Cultures and Organizations), Warszawa: Polskie Wydawnictwo Ekonomiczne.

Konecki, K., 2000, *Studia z metodologii badań jakościowych: teoria ugruntowana* (Studies of methodology of grounded theory), Warszawa: Wydawnictwo Naukowe PWN.

Konecki, K., 2002, "Kultura organizacyjna. Główne perspektywy analityczno-badawcze" (Organizational Culture. Main analytical and research perspectives), in: K. Konecki & P. Tobery, (eds.), *Szkice z socjologii zarządzania*, Łódź.

Shaughnessy, J., O. Zechmeister & J. S. Zechmeister, 2002, *Metody badawcze w psychologii* (Research methods in psychology), przełożyła M. Rucińska. Gdańsk: Gdańskie Wydawnictwo Psychologiczne.

Smircich, L., 1983, "Concepts of Culture and Organizational Analysis", *Administrative Science Quarterly*, 28.

Wilkins, A. & W. Ouchi, 1983, "Efficient Cultures. Exploring the Relationship between Cultures and Organizational Performance", *Administrative Science Quarterly*, Vol. 28, pp. 468–481.

(原文英語　石川晃弘　訳)

第 13 章
転換期ポーランドにおける
外資系企業の信頼文化
―――理論と実践―――

ゾフィア・ルンメル＝シスカ

1. 信頼文化の今日的意義

　『ハーヴァード・ビジネス・レヴュー』の 2009 年 6 月号はビジネス界における信頼の再構築をトピックにした特集を組んだが，これはビジネス経営に対する有意義なサインを示している。同じ年の 6 月には，ギャラップ世論調査研究所が米国，日本，台湾，中国，ドイツ，スロヴァキアなど 9 カ国で，組織と経営に対する人びとの信頼に関する世界規模の調査を実施した。さらにまた，信頼をテーマとした国際コンファレンスもいくつか開かれている（たとえば 2009 年 11 月 25 日のタイ国アサンプション大学で）。
　信頼と真実という人間関係の基本的価値に人びとの関心を鋭く向けさせたきわめて適切な書物は，R. シュヴァルツ『基本への回帰』やペーター・ゼンゲ『必然的革命』(Senge et al. 2008) などである。人びとは自分たちの生活と経済を構築し安定させるもっとも重要な道徳価値を問いはじめた。われわれはお互いに信頼しあわなければならない，そうしなければうまくやっていけないし，実も上がらないのである。
　2001 年にノーベル経済賞を受けたジョセフ・G. スティングリッツは『ガーデアン』紙（2008 年 9 月 22 日）のインタビューで，「ウォール街の危機をもたらしたのは，世界金融巨頭たちの不誠実と，金融市場の防衛と統制に責任を負

うべき人びとの力量の欠如である。……金融危機の主要な原因は，銀行に対してだけでなく，社会におけるあらゆる重要な意思決定者に対して全般的に信頼が欠けてしまうことにある」と語っている。エンロンやワールドコムやタイコなどの一連の有名な不祥事は，従業員の企業と経営に対する信頼を低めた。いまや世界は，金融危機だけでなく，政治家，政治機関，行政と経営に対する信頼に関して，道徳危機をも経験している。

　ウォレン・ベニスは「経営者の成功は投資家にどれだけの富をもたらしたかで測られていたが，今日の経営者は経済的・倫理的・社会的に持続可能な組織を築くことが必要とされている」（HBR, Sept 2009: 56）と述べている。われわれは基本に立ち返って，信頼という価値が経済においていかに重要であるかを示さねばならない。ポーランドで行われた調査研究の結果は，米国やアジア諸国やその他，経営者が自分の利益のために真実を隠したがる国ぐににも当てはまる。

　タイの日刊紙『ザ・ネーション』は最近企業における信頼と真実に関する記事を掲載している。人間行動と組織成果に関する重要な価値は多数あるが，使用者と雇用者，上司と部下の効果的な関係においてもっとも重要な価値は，信頼と真実の2つである。

　『ハーヴァード・ビジネス・レヴュー』の2009年4月号は「身体への注目」と題して，信頼は包囲下にあると述べている。企業は信頼を悪用してきた。いまや経営者はそれを取り戻す精神的圧力をかけられている。ビジネスに信頼をいかに復元すべきか。これが2009年6月号の主題である。エーデルマンの信頼指標によればビジネスに対する公共の信頼は弱くはなかったが，米国ビジネスにおける信頼度は58％から38％へと落ちている（HBR, April 2009）。

　企業における信頼文化の創造と維持は今日，以前に増してますます重要になっている。

2．信頼の古典的言説と現代的定義

　社会科学における信頼の研究はあまり多くはないが，最近になって展開をみせている。現在のところ研究成果が出されているのは，主に臨床社会心理学，社会学，メディア研究，倫理学，哲学の分野である。そしてこれらすべての分野からのデータは，組織と経営の理論に応用されている。古くは哲学，倫理学，宗教学からの研究成果があるが，新しい発見をもたらしているのはメディアにおける信頼の研究である。

(1)　古典的言説

　労働と人間関係における信頼をめぐる言説は，古くから提起されてきた。その一部は紀元前600年の，たとえば儒教の「王道」論に遡る。今日にいたるまでの何世紀もの間，哲学者や実践家はそうした古くからの信頼論に関わっている。
　MCAプロフェッショナル・サービス・グループ（LLC）が2008年〜2009年に，人間関係と労働関係における信頼の重要性を示す，次のような洞察に富む引用文を収集している。

　　「労働者と使用者の間に相互信頼の関係を打ち立てることができれば，どんな時にも耐えうる構造の礎石を据えたことになる。」（19世紀の工業家，マーク・ハンナ）
　　「誠実な人びとに囲まれて，その人たちに任せよ。経営者だった頃，モトローラの前社長ボブ・ガルヴィンが私の最有力な指導者だった。彼は私に『よい指導者は，自分のスタッフがたずねるどんなことにもイエスと答えることができ，彼らが正しい措置をとるにちがいないと全幅の信頼を置けるとわかっているときに，いい仕事ができる』と語った。もし誠意のある正しい人たちに囲まれて，その人たちがみんな組織の目標と目的をよく理解していれば，指導者としてなすべき最善のことは，彼らに任せること

である。正しい人は，信頼を受けることでますますいい仕事をしようと駆り立てられるだろう。」(AMD社社長ヘクター・ルイズ，『フォーチュン』誌2005年3月21日のインタビュー記事)

「信頼に関してもっとも難しい問題は，それを築くのはたいへんだが，壊れるのは簡単だということだ。信頼構築の基本は，あなたと顧客との類似性を強調することだ。」(IBM創立者トーマス・J．ワトソン)

「有能なチームが非利己的な信頼で結ばれ，その直観力を大胆さと努力とに結びつければ，登り道への用意はできた」(古代ヨガ師パタンジャリ)

「宣誓よりも性格の高貴さに信頼を置きなさい」(古代ギリシャ立法者ソロン)

「信頼は利ざやと取り分の動因である。それは消費者が追い求め，互いに分けあうものである。」(アルカチュア社社長，ラリー・ライト)

「社内に信頼関係がなければ，顧客との信頼関係も持ちえない」(不動産企業家ロジャー・スタウバッハ)

「責任転嫁をするような経営者を信頼してはならない。またそのような人を私は顧客としても仕入先としても受けいれたくはない。」(ペニー・ジェームズ・キャッシュ)

(2) 信頼の概念規定

本章では信頼を信用関係と理解する。そして信頼文化とは，企業がその政策を遂行し，倫理コードを満たし，法を遵守し，約束を守り，従業員の信頼行動を発達させ持続させていることを想定している。

社会科学における信頼研究は，集団や組織のなかの人間関係に眼を向けてきた。そこには人と人との信頼関係と，人と集団ないし組織との信頼関係という，少なくとも2つの面がある。ここでの定義は応用経営心理学に基づく集団と個人に関する調査研究から出ている。もちろん工学においても，機械やコンピュータや自動車など人間が作った無機的対象物とその信用性に関して，信頼を考察することがありえよう。たとえば，われわれはドイツ製の時計よりもスイス製の時計を，またポーランド車よりもアメリカ車を，より信頼が置けると

して好むだろう。これも信頼文化の重要な一部をなすが，それはむしろマーケティング科学で扱う消費者行動の問題である。本章での研究は，従業員と経営者の間の信頼と人間関係における信頼文化に焦点を置き，いかに企業内に信頼風土を導入し発達させ維持するかを解明することを狙っている。

　組織において監督者は，要求された水準で時間通りに仕事をこなす従業員を信頼する。従業員は約束を守る経営者を信頼する。この型の信頼は責任とも呼ばれる。

　信頼のもうひとつの意味は，人間関係の感情的側面と結びついている。従業員も経営者も，他の人や他の集団から傷つけられたくないという感情を持っていよう。信頼に関わるこの種の関係は，親密性あるいは友好性と呼ばれる。

　研究者のなかには，他者が共通の規範と合意に沿った行為をとることができ，また喜んでそうするだろうと信じられることをもって信頼とする者もいる。信頼とは，他者の行動が共通利益に持続的に対応しそれを支え続けるという，個人の確信的期待である（Bennis 1973）。

　マクドナルドらによれば（MacDonald, Kessel & Fullerth 1972），信頼には契約的信頼と公表の信頼という2つの主な型がある。契約的信頼とは，「他者の口頭あるいは文書による約束事が信用に値するという，個人や集団が持つ期待」（Rotter 1967）である。ある人があることをするといったなら，その人は実際にそれをするだろうという期待を持てるとき，われわれはその人を信頼する。この種の信頼は責任とも呼ばれる。公表的信頼とは，「ある人が自分の感情や意見や価値を他の人たちに伝えたとすると，他の人たちはその人のいうことに敬意を持って耳を傾け，その話をもとにその人を傷つけたりはしないよう配慮するだろうという期待」（Jourard 1964）である。この型の信頼は親密性とも呼ばれる。親密性（intimacy）の意味は古いフランス語の「知らせる」から来ており，誠実に情報を伝達し共有することを快く行うことを意味する。ラテン語のintimatusの意味は，あることを誰か他者に知らせることである。これは親友関係にみられるような両者間の感情的緊密性として理解することができる。つまり親密性とは個人の情報を共有することを意味し，それによって集

団への個人の積極的関与が発達していく。

(3) 信頼と職場関係

　企業の有効な変革とリーダーシップの効果的発揮に信頼が果たす機能については，数多くの理論が知見を提供している。

　生産やサービスに寄与する人同士が相互に真心と敬意を抱くという一連の感情が職場にみられることは，誰でもが知っている事実である。組織は職場でのこの人間感情を許容すべきであり，たんに仕事上の役割からそれに配慮するというだけでなく，人格全体の問題としてそれをみとめるべきである。職場行動においては，信頼は責任，関与，誠実を意味する。責任とはさきに述べたように合意，約束，発言を守ることである。関与とは人間関係，友好関係，緊密関係を指す。職場における誠実を指す信頼の意味は，作業や任務に直接関連する共有された情報や感情に人びとが積極的に関わることを意味する。誠実とは，集団の問題解決に役立つ情報の共有（事実情報にせよ感情的なものにせよ）への積極的関与として，操作概念化しうる。

(4) 信頼と生産性

　信頼が仕事の効果を上げるとか，管理者と従業員との相互関係がいい作業結果をもたらすということは，必ずしもこれまでの関連研究からは証明されていない。しかし不信が生産性を低下させ，仕事のモチベーションや職務態度といった組織行動を悪化させることは，証明されている。不信の風土があるところでは生産性が低下し，離職率が高まることが明らかになっている（Robbins & Judge 2009）。

　それゆえ評価の高い世界企業はすべて，社内における一定の信頼水準を保っている。

(5) 信頼とリーダーシップ

　これまでの研究によれば，信頼は有効的作業集団を発達させる重要な要因で

あり（Mink et al. 1979），建設的変化を導く基本的要因である（Bennis 1973）。

契約的信頼と公表的信頼という2つの型の信頼は，リーダーシップの効果を高める。集団が親密な関係にある場合には，リーダーは成員の忠誠心を得られる。信頼の欠如はその集団における緊密性の欠如の予兆である。また，誠実な情報を伝えるのを厭わないことは，個人的または集団的問題解決を促すという，リーダーシップ機能のひとつとして必要な要因である。組織内の親密性は，職位や職務や職種のマスクを外した人間そのものとして人びとが知りあおうとすることから始まる。そのようなチームの成員はお互いに自分が信じていること，感じていること，考えていること，欲していることを忌憚なく話し，誰かから問われれば誠実に答える。信頼の風土を築くにはリーダーはチーム運営の当初においてかなり多くの時間と注意が必要とされるが，いったんそれが築かれれば，多大な時間の節約ができるようになる。効果的リーダーシップに関してビル・ゲイツやジャック・ウェルシュのようなリーダーの行動様式の研究があるが，従業員がリーダーを信頼するようになるのは，よい結果がもたらされるような状況の場合であることが明らかにされている。人びとはしばしば，組織のリーダーが過去の経験からして自分に不誠実ではないかと疑う。しかし課業の成果が上がると信頼が発達する。

(6) 信頼における真実の重要性

信頼を論ずるとき，真実という概念を想起する必要がある。これら2つの価値はどのように結びついているのか。原則的にいって，信頼が発達するのは，真実を前提とした関係がある場合である。われわれは嘘をつかない人を信頼する。人がなにを語るにせよ，それが真実の話ならわれわれはその人をますます信頼する。しかし経営の現場では，真実を語ることは必ずしも容易ではない。組織内においては真実を語るのに障害がある。率直に意見をいうと，皮肉をいわれたり，不快な目でみられたり，さらには閑職に追いやられたり，やる気をくじかれたり，ついには職を追われたりなど，一連の公式あるいは非公式な罰を加えることが，経営の実践において起こりうる。

多くの場合，最高経営者は真実を語る自由をもっとも期待している。今日では彼らは従業員にこう公言できる。「私は答えを知らない，だから皆でそれを描き出そう」と。しかし10年前には多くの国でそんなことは不可能だった。そしてそれはいまでもポーランドを含む多くの国で困難である。従業員は最高経営陣があらゆる答えを知っていることを期待している。われわれの大部分は，真実を述べると上司や同僚への忠誠，報酬やインセンティブ，等々，システムに組み込まれている諸関係に差しさわりが出てくるという構造のなかで，生き働いている。

(7) 理論的検討の小括

信頼の科学的研究は主として行動経済学や行動心理学の研究者によって現在進められているが，まだ十分とはいえない。社会諸科学においては現在，信頼とは内面的なものであって，観察と測定が可能なのは確信だけではないかという議論が続いている。信頼の結果として出てくる確信は，たとえば消費者確信指標（Consumer Confidence Index）のようなもので行動を通して測定しえよう。しかし倫理的見地からすれば信頼は道徳であり，それの直接的な観察や測定は不可能である。

3．信頼文化構築の実践的取り組み

(1) 研究の対象と方法

社会主義時代のポーランドでは，従業員は経営や同僚との関係で信頼を期待することができなかった。従業員は欺かれ約束は守られないというのが，共産主義体制における経営の共通した実際であった。嘘をつくことが日常生活の規範になっていた。

経済の全分野において外国資本が持ち込んだ新しい文化は，閉鎖性と不信に彩られた旧時代の企業および国の文化に対して，開放性と信頼に特徴づけられ

たものであった。

　ここで扱うデータはフォード自動車会社の2つのポーランド現地企業から得たものである。筆者は1991年から2002年までフォード自動車会社ポーランド現地法人で人事部長として働いていた。その経験からポーランドに設立された2つの世界企業に光を当てて，信頼風土の構築と維持に関する諸側面を述べてみたい。

　信頼の文化はいくつかの方法と技法で構築され維持される。信頼は通常，企業の価値，使命，ビジョン規準，倫理コード，社会的責任綱領，従業員評価制度，職務態度調査のなかに含まれる。2つの企業では信頼風土はこれらのプログラムによって導入され維持された。これらのプログラムはすべてグローバルなものであり，アジア，ヨーロッパ，北米，オーストラリア，ポーランド，その他あらゆる国で類似している。

　調査で用いた主な方法は参加観察と文書研究である。筆者は人事部長としてフォード・ポーランド社で1991年から2000年まで，ヴィステオン・ポーランド社で1999年から2001年まで勤務し，そこで教育訓練を受けるとともに社員教育を担当し，業績評価システムと職務満足調査を実施し，「企業の社会的責任」綱領にも関わった。

(2)　対象企業2社の概要

① 歴史的概観

　フォード・ポーランド社とヴィステオン・ポーランド社の哲学はともに世界規模のフォード自動車会社のそれから来ているが，両者はそれぞれ完全に別のものとして設立され，経営と組織も別々である。

　フォード・ポーランド株式会社は1993年に新たに自動車組立工場を設立したが，それは2000年に操業を停止した。

　ヴィステオン・ポーランド株式会社の従業員は苦難の道を経てきた。もともとの工場は1950年代に旧ソ連への全面輸出のために作られた。しかしロシアへの輸出は1980年代に停止した。そして1990年代に工場は民有化され，2000

年にフォード自動車会社によって買い取られた。かつて5,000人いた従業員は民有化の過程で減って1998年には1,600人となり，2000年にはヴィステオン・ポーランド社の社内改革でさらに減って1,000人になった。ヴィステオン社はいまも操業を続け，発展している。工場では空気ブレーキ，油と水のポンプ，半シャフトなどの自動車部品を製造している。

② 立地場所

両者の一方は他方から300キロほど離れた地点に位置していた。フォード・ポーランド社はビジネス機会や就業機会の利点がある首都ワルシャワから60キロほどの，ポーランド中央部に立地していた。ヴィステオン社は大都市から遠く離れた，ほかに就業機会がない南西ポーランドの土地にある。フォード・ポーランド社の敷地は21,430平方メートル，ヴィステオン社のそれはもっと大きく300,000平方メートルであった。

③ 従業員構成

フォード・ポーランド社は350人の現場作業員と技手，31人のスタッフを雇用し，スタッフのうち12人がフォードの外国人経営者と外国人専門職員で，あとはポーランド人であった。ヴィステオン社の従業員数はそれよりも3倍ほど多く，ポーランド人は全部で915人を数え，そのうち702人が現場作業員，213人が国内からの専門職員で，4人が外国からの経営者と専門職員である。

フォード・ポーランド社の従業員の平均年齢は現場作業員が25歳で職員が30歳であった。彼らの大多数は社会主義時代の工場勤務経験はなかった。従業員の教育水準は一般に高く，現場作業員の80％は職業高校卒であり，専門職員の80％は大卒で，大多数が英語を流暢に話せた。現場作業員も専門職員もほとんどあるいはまったく監督を必要としないほど自立性が高く，新しい経験をためらわず，たえず学習し，コミュニケーション技術を磨いた。労働組合はなかったが，賃金は地元の水準よりも高かった。

フォード・ポーランド社にくらべてヴィステオン・ポーランド社の従業員は年齢が高く，教育水準は低く，賃金も低かった。その平均年齢は43.5歳で，平均勤続年は19年であった。現場作業員の50％以上は中卒で，専門職員のうち大卒は20％未満であった。従業員の多くは社会主義時代の労働経験を持ち，労働組合に組織されていた。

生産性に関しては，フォード・ポーランド社はヨーロッパで最高水準の経済成果を上げていた。ヴィステオン社はその逆で，当時まだ試行期間でたえず変化を経ていて，利益はあまり出ていなかった。

④ 信頼と主感情

フォード・ポーランド社は従業員と経営の間に高水準の信頼があった。ヴィステオン社はその逆で両者間の信頼の水準は低い。ポーランド・フォード社で支配的だった感情は，幸せ，満足，相互愛であった。ヴィステオン社の支配的な感情は，恐怖であった。その恐怖には失職，絶えざる配転，過去に築いた評価や地位の喪失などの理由がある。

(3) 企業の哲学・価値・ビジョン・使命——実施と訓練

企業内における信頼文化は，価値，ビジョン，使命からはじまる。ビジョンと使命は従業員に共有され受容されなければならず，全従業員に対する教育訓練プログラムの主題でなければならない。ビジョンと使命の言明は，行くべき方向，企業が将来達成しようとする目標を，従業員に提示することである。

1802年に設立された有名な米国のウエストポイント軍事専門学校は，「われわれは信頼に足るリーダーを育てる」というビジョンを掲げた。このウエストポイント軍事専門学校は今日にいたるまで著名であり最良である。ビジョンは企業の存続と発展にとって強力なツールである。

フォード・ポーランド社とヴィステオン・ポーランド社の2社はいずれも，「使命」文書のなかで信頼と信頼価値を述べている。それは「誠実」と呼ばれ，全従業員の日常行動において求められている。誠実は効果的リーダーシップに

とってもっとも重要な原則である。なによりもまず，それは効果的コミュニケーションの土台である。両者とも誠実は「中核価値」で「リーダーシップ規準」とされている。

フォード自動車会社では，誠実は人びとの第1原則であり，「誠実にはけっして妥協はありえない」とされており，誠実は，(1)正直の例証であり信用の表明であり，(2)依存の可能性を示し，(3)原則に基づいた判断を行う，という3つの点によって定義づけられている。

次のステップは倫理規準を作りだし，透明政策を推し進めることである。倫理規準は信頼に関する企業政策である。それは行動規準の規範と規制を含む。

以下に述べるのは，フォード・ポーランド社とヴィステオン・ポーランド社の実例である。

① フォード・ポーランド社の場合

フォード・ポーランド社では倫理規準は透明政策とも呼ばれる。この政策は企業がいかに誠実を価値づけるかの指針を提供する。これによって主要な職務責任が説明可能な透明な仕方で遂行される。それはまた汚職や利害紛争の回避やインサイダー取引などを防止し，知的所有権など企業の所有権を守る道具立てでもある。透明政策はフォード社従業員と顧客の双方に贈り物の授受を禁止している。フォード社と金銭的利害関係のある取引先やその他の関係者が提供する慰安や楽しみの場にいかに関わるかという点で，従業員はどのように行動し，従業員自身や会社にとって好ましくない結果をもたらしかねない行為をいかに避けるかということが，詳しく指示されている。従業員各自はこの透明政策をよく読んで，その諸規則に従うことに同意する確約書に署名しなければならない。教育訓練は新入社員オリエンテーションに始まり，訓練後は昇進やその他の職位の異動の際にその遵守状況が照査される。署名された確約書は人事部や法規部で従業員個人ファイルに保存される。

全従業員が企業価値を盛り込んだ倫理規準を理解し，さまざまな仕事の状況下で信頼と真実の価値を実践に移すまで，教育訓練に多くの時間を費やす。

② ヴィステオン・ポーランド社の場合

ヴィステオン社社長ピーター・J．ペスチーヨの経営規定（2001年）はこう記している。「誠実は経営にも従業員にも求められる最高の倫理規準を意味する。それは，人びとが曖昧さや不確実をよいことに自分の個人的利得を追ったり他者に報いたりせず，正当なことをなすように導く。企業の成績は誠実ということに託されている。」

誠実は企業の価値体系と使命提示のなかの中核価値のひとつである。ビジョンの共有は親密感をもたらす。共通目標の実現を深く考えるならば，お互いの貢献の必要性を認めることになる。

社長は『誠実の誓約』の１頁目で次のように述べている。「ヴィステオン社が国際化するにつれて，われわれは異なる，ときには矛盾したビジネスの仕方，慣行，法律，規制にたえず当面している。急激な変化の最中にあっては，なにかひとつの堅固な岩礎がなければならない。それがわれわれの倫理規準である。しかし行為の「正しい」方向を定めるのは必ずしも容易ではない。従業員の皆さんがヴィステオン社倫理政策の理解を高めることによって，重要な問題を見定め，適切な方針を追求し，倫理的ジレンマに当面したときに正しい行動をとれることが，期待されているのです。」

ヴィステオン・ポーランド社では従業員全員に倫理ガイドとして『誠実の誓約』という小冊子が配られた。このガイド書には，求められる行動，価値，リーダーシップ規準などが載せられている。もっとも重要な行動は信頼と真実の価値に基づくものと述べられており，具体的には多様で平等な機会，健康の保持と環境の保全，製品の安全性と品質，企業の財産と情報，知的財産，インサイダー取引，利害紛争と国際ビジネス，政府の規制などについて書かれている。

これらの価値と行動は，すべての従業員が誠実と敬意をもって扱われ，個々人の違いも高く価値づけられているような環境を，企業が構築し維持することに通じる。また，企業の配慮は，安全な環境と信用できる製品の開発と維持，他社や他人の知的財産の不当な使用の回避，非公開情報を使った株や保険の売買といった企業情報の濫用の防止，現地文化や異文化の下での贈与に関する政

策などに及ぶ。

　すべての従業員はこの教育訓練を通して倫理政策の諸要点に通じ，倫理政策とビジョン・使命の関係，リーダーシップ規準と中核価値の関係を理解するようになった。教育訓練は下に掲げる遵守確約書への署名で終了した。この確約書へは従業員がひとりひとり署名しなければならず，ときには仕入先業者も署名を求められた。

遵守確約書

　私は小冊子『誠実の誓約』に盛られたヴィステオン社の倫理政策を理解していることをここに確約し，さらに私がヴィステオン社の社員である間これらの倫理規準を遵守しそれにそった行為をとってきたこと，また将来も取り続けること，私が新入社員である場合にはその行動を今後とっていくことを，確約いたします。またさらに，私はこの政策で禁じられているいかなる行為にも関与せず，私が監督責任を負う場合にはそのような行為を他の社員に指示しないことを表明いたします。

　可能な限り，私は監督者の権限において，私の監督責任下にある社員に対して倫理自覚教育が行われることの保証責任を負います。

　私は倫理政策違反の可能性がある場合，また倫理政策に関する私の責任や私の監督下にある個々人の責任に関して質問がある場合には，法規部または内部監査に早急に報告いたします。

日付：_____
　　署名：_____
　　部署：_____　氏名（印刷）：_____

署名後これを法規部にお戻しください。

(4) 職務態度サーベイ

　企業は使命声明と倫理規準の教育を実践に移した後，それを照査するシステムを導入しなければならない。照査方法のひとつは職務満足サーベイである。このサーベイは管理者の責任と責務，誠実でオープンな意思疎通，従業員による感情，願望，意見の真摯な表現に対する許容度といった，信頼のあらゆる側面を測定するものである。

① ヴィステオン・ポーランド社の場合

　2001年に実施された職務態度調査では900人の従業員と経営者の全員が対象となった。これはこの企業の歴史において初めてのことであった。回答内容の秘密はすべて保証された。従業員は全員，企業の現場で質問紙に回答を記入し，工場内のあちこちに設けられた信書箱にそれを投函した。調査に関する説明は全従業員集会でトップマネジメントと人事部が行った。回答済み質問紙の回収は，時間雇いの現業職の場合は1日以内，専門職と管理職の場合は1～2週間以内とされた。全従業員はこのサーベイの理由について説明を受けた。質問文はポーランド語であった。

　調査対象となった部門を列挙すると，社長室，人事部，情報処理部，経理部，技術部，仕入搬送部，品質販売部，施設部，製造部であり，製造部門の従業員は鋳造，ブレーキ，ばね，ポンプの4部門にまたがる。調査結果は数週間後に全従業員集会で工場長が報告した。

　質問紙は，職務全般，労働条件，ビジネス，コミュニケーション，承認と動機づけ，自由裁量，作業集団とチームワーク，品質，作業負担，人事管理，労働安全，監督，一般的質問という項目からなる，合計200の設問で構成された。従業員は各質問に対して，「まったくそう思う」「だいたいそう思う」「そうは思わない」「わからない」の選択肢からひとつの回答を選ぶよう，指示された。

　信頼の問題と結びついた直接の設問は，監督に関する3つの質問文からなる

部分である。承認と動機づけに関しては「個々人はそのアイデアや成果がみとめられている」「作業集団はそのアイデアや成果がみとめられている」「私はいい仕事をしていることがみとめられて満足している」「経営はいつも約束を守っている」という質問で測られている。

調査の最終結果からは信頼文化がさらに改善される必要があることがわかった。ヴィステオン社従業員の39％は経営が約束を守っていないと苦言を呈し，41％が自分に対する社内での承認に不満を表明している。彼らは自分たちのアイデアが仕事に生かされず，いい仕事をしてもみとめられないと思っている。

② フォード・ポーランド社の場合

フォード・ポーランド社における職務態度と職務満足の調査は，PULSEと呼ばれる質問紙で測定された。この調査の対象とされたのは専門職と管理職の従業員だけであった。PULSEの主な目的は，従業員の職務満足の水準を通して企業の効果性を測定することにあった。

企業に関する設問は，作業集団とチームワーク，教育訓練と能力開発，作業負担とストレス，職務と企業，監督，マトリックス経営，品質，権限の範囲と差異など10項目からなり，合計56の質問文で構成された。各質問に対しては，「1. まさにその通りだ」「2. ほぼその通りだ」「3. どちらともいえない」「4. あまりそうとはいえない」「5. まったく違う」という5点法による回答選択肢が設けられた。そして回答結果に表れた肯定的回答の度合いによって企業の強さと弱さが測定された。

回答済の質問紙は社内の主な場所に4週間設けられた信書箱で回収され，回答の秘密性は厳守された。従業員は経営者と人事部によってこの調査に応じることが義務づけられ，調査の前と実施期間中に人事部の部長とスタッフによって指示が与えられた。回答の仕方や質問の内容に関する質問はいつでも受け付けられるようにした。

調査は英語で行われた。この調査は毎年繰り返されている。調査の対象と

なったのは製造部，販売部，経理部の合計100人の従業員で，回答回収率は80%であった。

企業と経営の強さを評価した回答を60%以上とし，中間的な回答を60-40%，企業の弱さを示す回答を40-30%（30%未満の回答はなかった）とした。

信頼文化の水準を示す直接的な設問は2つである。ひとつは権限に関する設問のなかにあり，その質問文は「私の監督者は信頼の風土を築きあげた」である。もうひとつはマトリックス経営の項目のなかにある質問文で，「わが社の経営陣は企業間の信頼風土を促進している」，つまり企業のリーダー陣が企業間および企業内の信頼風土を発達させているというものである。

フォード・ポーランド社における回答の66%は肯定的回答（「まさにその通りだ」「ほぼその通りだ」）で，否定的回答（「あまりそうとはいえない」「まったく違う」）が16%であった。ちなみに信頼と誠実に関する世界各地のフォード工場での調査結果をみると，肯定的回答は全体で65%，アメリカで78%，メキシコで73%，オーストリアで68%，ブラジルで62%，イギリスで60%，ドイツが最低で58%であった。経営陣が企業内外の信頼風土を築いているという点に関しては，ポーランドでの肯定的回答は低く，わずか45%であり，否定的回答は28%，中間的回答は27%であった。

概してポーランド工場でも全世界の工場でも，企業の弱さを示す結果はみられなかった。1996年以降，相互信頼がほとんどの国の工場で従業員から企業の強さとして肯定的な評価を受けてきた。

(5) 成果評価調査

信頼の水準を照証するために成果評価法も用いられる。これによって従業員と管理者の職務能力と職務成果を評価することができる。

① ヴィステオン・ポーランド社の場合

ヴィステオン・ポーランド社に全従業員と経営者に対する成果評価が導入されたのは2001年である。評価システムの中心をなすのは，リーダーシップ規

準と呼ばれる10個の評価項目である。各専門職社員は，他者を尊敬しているかどうか，責任を取っているかどうか，意思疎通をよくしているかどうか，チームの貢献を正当に認めているかどうか，教えかつ学んでいるか，ビジネスを理解しているかどうか，誠意を示しているかどうかといった，リーダーシップ能力の評価をされた。

企業内の信頼風土は，①責任をとること（決定と行動に対する責任），②誠意の表明（非の打ちどころのないビジネス倫理の保持）という，2点から測定された。

従業員の成績は「不十分だ」「ときどき発揮されている」「たえず発揮されている」「十分である」という，4点法で評価された。そして従業員間の比較のために，「優れている」「並みである」「劣っている」という3つのカテゴリーが使われた。そしてその評価結果は，年に1度か半年に1度，個々に直属の上司との間で話し合われた。

② フォード・ポーランド社の場合

フォード・ポーランド社では従業員の誠実性と道徳行動を照査するいくつかの技法が用いられた。2000年に導入されたものは360段階からなる。

360段階評価システムは，自己評価，上司による評価，同僚による評価，部下による評価，顧客による評価，その他いくつかの評価源からなる。評価報告は，同僚，チーム員，部下，ときには顧客も含めた10人から12人くらいの人びとの審査会から返される。全フォード社幹部が世界的規模で評価できるように設定された評価基準は，誠実性，勇気，持久力，人格発達，チームワークと意思疎通，奉仕精神，結果への邁進，体系だった思考，ビジネス洞察力，イノベーション，品質方法などからなる。

評価結果は直属の上司，直属の部下，職場の同僚，自分自身の4者から直接集められた。職務成果と職務能力の測定には9点法尺度が使われた。フォード・ポーランド社での全項目の平均点は6.2点（理論的最高点は9点）であった。

信頼文化の誠実性次元に関する評価得点は，自己評価が6.70，管理者によ

る評価が6.17，同僚による評価が6.89，部下による評価が5.33であった。誠実性に関する評価の水準は他の評価項目とくらべて高く，社内で従業員の行動に要求される12の項目のうち4番目に位置した。誠実性よりも高い評価得点を示したのは，①ビジネス洞察力，②チームワーク，③持続力，であった。

(6) 企業の社会的責任（CSR）

企業の目標は，コミュニティ，社会，そして世界において信頼される市民であることである。信頼文化を築くのを助けるプログラムは企業内にまだほかにもある。企業の社会的責任（CSR）は，生産性や安全とともに企業目標のひとつである。

フォード・ポーランド社とヴィステオン・ポーランド社ではそれは企業市民綱領と呼ばれ，たんに企業イメージや企業評価をよくするためだけでなく，この企業は地域社会や外部環境によって信頼されている企業だということを示すために導入された。企業の信頼文化を特徴づけるものは，外部に対して開かれた存在だという点にある。

① ヴィステオン・ポーランド社におけるCSR

ヴィステオン・ポーランド社は毎年，病院，託児所，学校，自治体など，地域社会のプロジェクトに2万米ドルを提供した。ヴィステオン社はプロジェクトを公募し，助成金支給の最適プロジェクトを決めた。企業の首脳が，たとえば学校のコンピュータ室（2000年），病院の医療機器（2000年），自治体の自転車専用道路（2001年）など，最終的採択をしている。

② フォード・ポーランド社におけるCSR

フォード・ポーランド社では病院や学校での児童向けサービスを提供し，従業員や経営者が自由時間に教室の壁や学校の壁に絵を描くなど，個人的に学校向けの活動をしていた。フォード社の販売部は地域の孤児院でクリスマス・パーティーを催し，子どもたちとゲームをしたり素敵なプレゼントをしたりし

た。

　地域社会向けの従業員市民綱領は企業内外で信頼関係を醸成し，企業の信頼文化の統合的部分をなしている。

(7) 研究結果の小括

　研究対象とした2つの企業では，信頼に関する企業文化を構築し維持するために必要なあらゆる歩みがとられた。

　両社では従業員にとっても経営者にとっても，誠実性とか信頼文化に関する情報と活動は概して目新しく，思いがけないことであった。

　ヴィステオン・ポーランド社で倫理規準の教育が行われていた間，高学歴で経験のある監督者や従業員にとって，利害関心の葛藤を理解することは困難であった。従業員の50％以上は倫理的ジレンマを理解できなかった。しかし遵守確約書への署名の前に人事部長を訪れたのは2人の従業員だけだった。1人は離職をした人で，もう1人は妻がヴィステオン社と同じような自動車部品を製造する小企業の所有者であった。当時のポーランドでこのような高い水準の倫理と道徳を持つ企業は，多くなかった。

　フォード・ポーランド社で信頼文化を容易に受容したのは，社会主義体制下での労働体験を持たない若年従業員であった。ヴィステオン・ポーランド社ではその逆であった。この企業では従業員と経営者の大多数が社会主義体制下で暮らし働く経験を持っていた。まずは彼らの頭を切り替える必要があった。企業が国の物ならそれは皆の物だから，知的財産も道具も機械も，デザインもプロジェクトも，すべて会社の所有物は従業員であろうがなかろうが誰でも自分の物にできるという考えに，彼らは馴れていた。そのような行為は盗みとは考えられず，国という雇主を騙し盗み取ることはあたりまえのこととされていた。人びとは医師から病欠の必要の証明をもらってはよく欠勤した。医師は7日間から3カ月間の病気の証明を簡単に出した。そのため有給で欠勤する者が多かった。このような態度をヴィステオン・ポーランド社で変えるのは大変だったし，フォード・ポーランド社でも場合によってはやはり大変だった。友

好的関係，緊密な関係，協力の関係を築くのも大変だった。

　CSR綱領の目的は社会一般と地域社会に貢献することである。ヴィステオン・ポーランド社はフォード・ポーランド社にくらべて，この点で問題が多かった。

4．結　　論

　経営者と従業員との信頼関係は，企業において必要不可欠である。1992年～2001年時点でのポーランド内のグローバル企業における信頼に関する研究から，筆者は信頼の理論的概念と経営実践を提示した。

　信頼には，仕事や経営や組織全般に対する従業員の態度と期待に根差した普遍的意義がある。職場の人間関係における相互信頼は，企業の持続的な存在と成長にとって不可欠的な定数である。

　この章で提示した理論と研究結果はどの国のどの文化にも妥当し適用可能である。それはヨーロッパだけでなくアジアやアメリカにも妥当する。1900年前後の労使関係論は，労働者と経営との一般的な不信から発した。1924年～1927年の人間関係論は，経営と従業員の相互信頼が従業員の生産性，忠誠心，企業目標との一体感を生みだし，仕事に対する全般的な好ましい感情を作りだすことを証明した。信頼ある労働関係はここ100年ほどの間に徐々に発達してきた。信頼を植え付け育て上げることが，長期にわたる企業の市場での存続を可能にしてきたといえる。

　労働関係における信頼というトピックはとくに新しいわけではないが，現在という時点でそれはきわめて大きな注目を集めるようになっている。一連の企業スキャンダルがかつてなかった規模で噴出している一方，信頼と真実を重要な価値としてその使命やビジョンに関する文書に盛り込んでいる企業が，市場でより大きな成功を収めている。企業が信頼に関心を向けそのための教育訓練を施しているのは，そのためである。

　筆者はこの章で協力関係における信頼文化の構築と維持の方法をポーランド

の2社に即して提示したが,これが他社でも役立つことを願ってやまない。

参考文献

Bachmann, R. & A. Zaheer (eds.), 2006, *Handbook of Trust Research*, Cheltenham: Edward Elgar, 2006.
Bennis, W. G., 1973, *The Learning Ivory Tower*, Jossey-Bass.
Bicchieri, C., J. Duffy, & G. Tolle, 2004, "Trust among strangers", *Philosophy of Science* 71: 1-34.
Ferrin, D. & K. Dirks, 2001, *The Role of Trust in Organizational Settings*.
HBR (Harvard Business Review), 2009, *Rebuilding Trust, June*.
Jourard, S. M., 1964, *The Transparent Self*, New York: Van Nostrand Reinhold.
MacDonald, A. P. J., V. S. Kessel & J. B. Fuller, 1972, Self-disclosure and Two Kinds of Trust, *Psychological Reports*, 30.
Marková, I. & A. Gillespie (eds.), 2007, *Trust and distrust: Socio-cultural perspectives*, Greenwich, CT: Information Age Publishing, Inc.
Mink, G., J. Shultz & B. Mink, 1979, *Developing and Managing Open Organizations*,Texas,USA.
Misztal, B., 2000, *Trust in Modern Societies: The Search for the Bases of Social Order*, Polity Press.
O' Toole, J. & W. Bennis, 2009, What's Needed Next: A Culture of Candor", *Harvard Business Review*.
Robbins, S. & T. Judge, 2009, *Organizational Behavior*(13th edition), Prentice Hall.
Rotter, J., 1967, "A new scale for the measurement of interpersonal trust", *Journal of Personality*, 35 (later, in: Mink and others, 1979, *Developing and Managing Open organizations*, Texas).
Rummel-Syska, Z., 2002, "Trust and Effective Leadership. Polish Experience", Paper for XVII IODA Congress, Chile, 8-11 October.
Senge , P. et al., 2008, *The Necessary Revolution*, New York, 2008.
Welch, J., 2005, *Winning*, London.

(原文英語　石川晃弘　訳)

第4部　ロシアにおける企業文化の動態

第 14 章
国際ビジネスにおける信頼と倫理
　　——ロシアの特殊性——

リュドミラ・シモノヴァ

1．経済のグローバル化とビジネス倫理の要請

　グローバル化の進展に伴って，それに対応した国際ビジネスの規準となるべき公式および非公式の諸制度の欠陥が出てくる。その結果，国際経済活動において，まったく新しい**倫理**問題が前面に浮上してくる。

　社会の管理運営様式は外在的・強制的な型から内在的・道徳的な型へと変わってきており，社会を調整するメカニズムも公式的なものから非公式的なものへと移ってきている。法律的規制は道徳的・倫理的規制にますます代替ないし補完されてきており，そのキイポイントは相互関係の倫理的部分，つまり価値とか文化規範とか範例に移っている。

　競争的相互関係がパートナーシップに代替ないし補完され，国際的な戦略的連携が多様な形態で発展するにつれて，株主のほかに，パートナー，顧客，供給者，政府，さらには国家自体という，さまざまな利益集団の意義が増大してきている。これらの集団間の関係と態度は，ビジネス倫理を基にした明確な規範的準則に沿って築かれねばならない。「任意の規範的倫理に基礎を置く」型の組織（Corracciari 1993: 19, 27）は，今日，ビジネスの世界でますます広がってきている。とくに日本経済において，ビジネス面での高度な文化的・倫理的規準が伝統的な公式的規制に取って代わっている。

　さらにまた，経営者自身もその周囲と地域社会にますます関わるようになっ

てきている。彼らの「責任範囲」は信じがたいほど拡大している。前世紀の末，社会監査という名で企業行動を査察する新しい社会運動が現れた。こうした動きはすべて，企業のビジネスにおける倫理性を強化し，経営者を道徳的行動規準に従うように仕向けた。

とりわけ経営自体の目標が変化した。その重点は所与の職能を遂行することから世界的視野で経営に当たること，そして倫理を基礎としたより繊細な楽器を必要とする「意識の調音」を作ることへと，移ってきた。

そして最後に，「生存の経済学」に対して現代の「発達の経済学」は，人間の物理的だけでなく理知的および感情的エネルギーも，そして人間の道徳的および精神的潜在力も作用する過程に，注目することを呼びかけている。

それゆえ，倫理原則と道徳原則は相互関係システムの中核に措定される。それは現代世界経済のもっとも希少な資源であり，国際ビジネスの自己組織化の新しい道である。1990年代中葉でアメリカの巨大企業の約75％が，ビジネス倫理基準のシステムを自社に取り入れようとしていたというハーヴァード・ビジネス・レヴューの調査結果は，十分納得がいく。

2．ロシアの問題

ビジネス倫理の枠組みを築く必要があるのは，ロシアの企業でも同様である。

第1に，アメリカの専門家が指摘しているように，ロシアのビジネス倫理基準を語ることはまだ「儀礼」的な段階にある。なによりもまず，それは次のようなビジネス評価の低さから来ている。すなわち，ロシアは国際場裡で，低水準のビジネス文化と「タイガ的経営」(Shikhirev 1999)の国というイメージでみられているが，こんな神話から抜け出すべきである，と。

第2に，グローバル化は国際ビジネスの相互関係ルールを画一化することを要求している。いまロシアで行われているビジネス行為の標準は，全世界で通用しているものとはかなり異なる。

第3に，ロシアの経済的・政治的再生はたんに「確固とした」経済だけでなく，「社会的に健康な」道徳経済を必要としている。それゆえに現在，それに照応するような政治的コンセプトが打ち出され，それに必要な法制が採用され，大統領とビジネス界リーダーたちとの会合が定期化されている。しかし，この倫理問題への動きは，まだ公式的で宣言的な性格から抜け出ていない。この間，倫理価値は「経済発展の推進物か障害物か」が問われている（Cottaciari 1993: 19, 27）。この点に関しては，正当な倫理は良好なビジネスそのものであると結論づけてよいだろう。

　ビジネス倫理はまた，ビジネス・リスクを減じる働きもする。ロシアのビジネス環境を考慮に入れると，今日のロシアにおけるミクロ・レベルでの倫理リスクは，典型的には次のように列挙できる。すなわち(1)長期的展望に立たず目先のことにしか取り組まない，(2)倫理問題を「単純」に片づけたがる，(3)倫理標準を遵守するコストを負いたがらない，(4)企業の文化構築機能を経営者が無視している，(5)諸価値のシステムを荷物箱に詰め込んでしまっている，(6)倫理の問題を法律いじりで片づけてしまう，(7)倫理問題を処理する経験や習熟した手続きを欠いている，(8)倫理的にみて疑わしい状況が生じたとき，それに対して明確な判断と処置を行うべき効率的なシステムが欠けている，(9)この最後の点と関連して，組織倫理と個人倫理が乖離してしまっている。

　要するに，「生存の経済学」に対して「発達の経済学」は，伝統的管理からリーダーシップへ，客観物による経営から価値による経営への移行を想定している。しかし価値による経営は，一国内のビジネスと企業文化とにおける深い内面的変革と，強制の文化から自己意識と信頼の文化への移行を経ねば，可能とならないし十分ともならない。

　信頼はビジネス倫理の土台である。信頼は，同時に，効率的なビジネス取引の前提であり条件である。信頼の基本的要素は確信性（confidence），信義性（faithfulness），依存可能性（reliability）である。使徒パヴェルは信義を「見えざるもののなかにある確実なるもの」で「待たれていることの達成と実現」と定義している。F．フクオカは信頼を，協働活動や経済交換に参加する全関係

者の権利と利益を保証するために個人や集団や組織が負う責任を，信じることだとしている（Shikhirev 1999: 112）。

　信頼に関する研究が始まったのはそう昔のことではなく，1990年代にはそれが一種のブームとなった。とくに経営の通文化的研究においてそうである。国際ビジネスにおける信頼の欠如は，ロシア内外のビジネスマンから強く指摘されている。アメリカ経営アカデミーがみとめ，また調査結果も示しているように，ロシアにおける国際ジョイント・ベンチャーの失敗の主な理由は，次の点にある。すなわち，信頼できるパートナーの欠如（28%），ファイナンスの問題（20%），官僚主義の問題（16%），法制上の問題（10%），相互不理解（10%），市場調査結果の悪さ（5%），その他の理由（5%）である（Kvint 1994）。

　ここにみられるように，ロシアにおける国際ジョイント・ビジネスの不成功の理由の38%は，信頼できるパートナーの欠如と相互理解のなさに関係している。

　ロシアでビジネスを行うに当たってもっともありうる危険な脅威は，ビジネスマンたちによれば「ロシア側パートナーの管理行政の悪さと罪悪」（61%），「外国側パートナーの罪悪」（11%），「自社人材の市場価値の低さ」（4%）であり，大多数のパートナーは信頼できると答えたのは回答者全体の6分の1（17%）にすぎなかった。そして回答者の3分の1（約30%）は信頼できるパートナーは2人に1人しかいないといい，回答者の10人に1人は信頼できるのは個人的にしかいないと答えている。また，シヒレフの調査では，ビジネスマンたちがもっとも重要と考えているのはビジネス・パートナーとの関係における誠実（69%）と責任（52%）であり，消費者や社会に対する責任を倫理規範と認識している者は3分の1にすぎない（Shikhirev 1999: 104-105）。

3．国際ジョイント・ベンチャーにおける信頼の意義

　国際的な戦略的提携者として最適なビジネス・パートナーを選ぼうとすると

き，とくに次のような問題に気をつけなければならない。それは，基本的に異なる文化環境で形成された世界観を持つパートナーと一緒に働くことのむずかしさ，ビジネスへのパートナーの不釣り合いな寄与に絡んだ葛藤，そしてとくに，パートナーに国際ジョイント・ベンチャーへのシェアをより多く持たせることの重要性であり，そのシェアは将来のベンチャーにおける当該パートナーの実質的な参加と貢献の高さに関連する。

　国際ジョイント・ベンチャーのパートナーの最適選択基準としてあげておくべき主な点は，ジョイント・ベンチャーの成功に対するパートナーの強い関心，長期的な成功をビジネスにもたらす能力，得られた信頼の水準と確実性の高さ，である。

　しかし，国際ジョイント・ベンチャーのパートナー関係を決める際に考慮すべきもっとも重要な点は，文化の違いとパートナー関係における信頼の水準である（Shaw 2000: 138）。

　信頼は企業の競争力の重要な源である。それゆえ，信頼を，組織の他の資源と同様に，経営者によって慎重に守備され必要によっては調整されるべき，企業の資産と考えるべきだといってよい。信頼はいまや，人道的概念や心理的特性というよりも，むしろますます*経済的カテゴリー*となってきている。それは社会資本であり，ロバート・ショウの言葉を借りれば「協働の資本」であって，「組織内の異なる諸部分を強力に束ね，効率的かつ敏速に不一致の障害を克服していく」核心のひとつをなすものであり，「下請協力企業を持つマルチ・チェーン組織は，信頼なくしては効果的な機能を営むことができない」（Shaw 2000: 32）。

　信頼は国際的な戦略的提携の実効性をあげるうえでもっとも重要な要因の役割を演じる。戦略的提携企業の経営者によれば，「経営者はパートナーとの関係で『健全な新陳代謝』を保たなければならない。……そして企業の内部や企業とパートナーの間の信頼は，この『健全な新陳代謝』を促す酵素の役割を果たすものである。同時にまた，提携者同士の歴史的根源，伝統，競争戦略，価値，文化，生産方式の違いも，慎重に考慮に入れなければならない」（Shaw

2000: 35)。

　いまや信頼は，忠誠に取って代わりつつある。それは組織の取引関係の輪を広げる際に必要な存在となってきており，取引関係はますます任意的性格を帯びてきている。相互依存の関係が増し，それに伴って関係取り消しの可能性も増えている。信頼はまた，責任履行を保証すべき実効性のある契約的，法制的，社会的手段が欠けているような場合に，特別に重要となる。したがって，ジョイント・ベンチャーや戦略的提携といった組織形態のビジネス行為は，一定水準の信頼なくしては成り立ちえない。「信頼が欠けていれば，ネットワーク活動を意図するこれらの新しい組織はすぐにでも伝統的な位階的組織の企業に同化してしまうか，ただ崩壊してしまうかすることになる」（Shaw 2000: 243）。他方，競争力のある組織を築き発展させる際の基本的な困難は，「文化を経営すること，いいかえれば組織生活のいわゆるソフトな非公式的部分を経営すること」にあり，実はそれが組織内で現実の目標達成的な人間行動を形成しているのである。

　将来展望として，ロシアで倫理標準がいつになったら遵守されるようになるのかという点についてかなりの確度で予測するとすれば，まずこれから何年かの間に生産部門で，次いで小売業部門で，そして最後に金融部門でそうなるといえる。この点で最良の展望を描けるのは，まずはおそらく，同質的な価値を共有し相互責任を負っている家族経営ビジネスや中規模企業であろう。実際，中規模企業は今日，相互信頼の土台をなす相互認め合いの関係に対応した，ひとつの価値システムをしだいに持つようになっている（Shikhirev 1999: 142-143）。

4．結　　　論

　最後に，国際ビジネス関係の倫理に関する考察から，次のような結論を引き出すことができる。

　1．グローバル化時代の世界経済は，経済的，社会的，道徳的諸要請を絶えず調和させ調整し，経済効率基準とその基準の倫理的価値とを均衡させるのを

必要とするような，込み入った社会文化的現象を露わにしている。

2．古典派経済学に伝統的な経済合理性のカテゴリーは，いまや倫理合理性のカテゴリーによって補完されねばならない。この2つのカテゴリーを同等に考慮に入れることによってはじめて，現代の諸条件下における選択と国際協力ビジネス効率の妥当な分析ができる。

3．経済行為における倫理の意義の研究は，価値や行動規準の主導性が普遍的になり，信頼や責任など重要な規制的影響を与えるような統合的諸要因が前面に出てくることを，明らかにしている。この普遍的趨勢の研究は今後数十年，現実性と有効性を持ち続けるだろう。その一方で，ビジネスの文化的多様化も増大し，各国の社会文化的発展モデルも多様化し多数化していくだろう。

参 考 文 献

Corracciari, G., 1993, "Ethics and Economics: Opened Question", *Issues of Economics*, No. 8, pp. 17-27.

Karpukhina, E. A., 2004, *International Strategic Alliances. Experience and Research*, Moscow: Delo i servis.

Kvint, V., 1994, "Don't Give Up on Russia", *Harvard Business Review*, March-April, pp. 62-74.

Shaw, Robert B., 2000, *Keys to Organizational Trust*, Moscow: Delo.

Shikhirev, P. N., 1999, *Ethical Principles of Doing Business in Russia*, Moscow: Delo.

（原文英語　石川晃弘 訳）

第 15 章
企業文化のロシア的特性
——ホフステードのパラメーターによる比較分析から——

グルナラ・ロマシュキナ

1．比較研究の視点

　企業文化の比較研究はいま広く進展を見せている。その研究には2つの脈絡が認められる。第1の脈絡では国や地域の文化的伝統の「特異性」を描き出すことに関心の焦点を置き，他方，第2の脈略では「特異性」の裏側に隠れている「共通性」を浮かび上がらせることを主要な関心事としている。ここでいう「共通性」とは，公式的構造面の「共通性」から機能面・過程面の「共通性」まで，かなり広く考えられている。アプローチのこのような多様性は，さまざまな点でロシア以外の国ぐにをも含めた普遍的な傾向，あるいは部分的に共通する傾向を踏まえた，今日ロシア社会で生起している社会的，文化的，歴史的展開の研究に広く門戸を開くことになる。
　文化比較的アプローチをとる研究者の場合には，文化を「並存」的に捉える見方が特徴的である。彼らは2つの国民，2つの文化が類似していてもそれを認めず，それぞれが独自なものであるという見方をする。しかし文化の類似性を否定する見方をとると，外面的に類似する現象のなかに質の差異を見出そうとする二者択一的なアプローチを肯定することになる。だが問題は，2つの文化がその本質においていかに類似しているかにある。しかしその本質的共通性の評価はしばしばきわめて主観的なものになってしまう。

2．先行研究にみるロシア人の心的傾向

(1) ホフステードのパラメーター

　各国の経済文化を測定する国際比較パラメーターとしては，ホフステードが開発したものがもっともよく知られている。その長所は，異なる地域と国ぐにから比較可能な数多くの調査結果が得られているということにある。彼は1970年代に40カ国の国民文化の比較研究を行い，その後調査対象国を増やしてロシアも含めた（Hofstede 1997: 85）。しかし1993年に公表されたロシアのデータは，標準化された質問紙によるものではなく，国家統計や，文献や歴史からのロシア的モチーフの記述や，局所的な調査の結果など，間接資料によるものであった。ナウモフが1996年～1997年にホフステードの方法を使って行った調査では，ロシア国内にあるいくつかのビジネス・スクールの250人の教員と学生が質問の対象となった（Hofstede 1997: 23）。彼の調査結果は，ビジネス・スクールの教員と学生がロシアを，つまり「ふつうの人びと」を代表しえないということで，酷評を受けた。ほぼ同じ時期に，ロシアは国際調査プロジェクトGLOBE（組織行動のグローバル・リーダーシップと効率性に関する調査研究プログラム）に参加した（Hofstede 1997: 14）。この調査では食品加工，電信電話，銀行の3業種の経営管理者が質問の対象となった。この調査から，ロシア人の経済心性とそれの世界環境への適合性に関する客観的なアプローチも可能となる。

　これらのプロジェクトで用いられたロシア人の特性を測る量的指標はまちまちであったにもかかわらず，導き出された一般的結論はどれも似たり寄ったりであった。個人主義・対・集団主義のパラメーターでは，ロシアは明瞭に集団主義に偏しているといった結論が出された。ホフステードの「権力の間隔」パラメーターは最高値を示し，従属への強い要求，非平等規範の容認，上司への非接近性などを意味している。第3のパラメーター「不確実の回避」は，ロシ

ア人が義務的ルールをあまり持たずにリスクに備えていないことを示している。

　ホフステードは一国の文化を，人びとの個々の行動とプログラム化された共通意識との結合物として扱っていない。ホフステードのモデルでは，価値志向に関する質問への回答の統計分析は，同じ問題に対してそれぞれの国民がどんな回答をするのかという点での，差異に向けられている。取り上げられている問題は，社会的不平等，具体的には権力の大小とその間隔（PDI：権力の間隔），人びとの不確実性に対する備えや感情のコントロール（UAI：不確実性の回避），個人と集団の関係（IDV：個人主義），行動面での男性らしさと女性らしさ（MAS：男性らしさ），家族と社会に関する東洋と西洋の観念（CDI：儒教的力動性）である。

(2) 個人主義——集団主義

　人類は大部分，集団関心と個人関心が交錯する社会のなかで生きている。**個人主義**は，個々の人間が強力な共通義務に拘束されずに交流し，誰もが自分自身や自分の家族に最大の関心を払うような状況を指す。これに対して**集団主義**は，人びとの第1の関心が所与の集団への強い帰属にあり，無条件の忠誠をそれに捧げることにあるような状況を意味する。個人主義社会の歴史的起源は狩猟採集活動，個人農業，小規模な家族経営にあった。集団主義が発達するのは大きく開かれた空間と大家族（多世代家族，複合家族）においてである。ホフステードが例としてあげる強力な個人主義の国は，アメリカ，イギリス，オランダなどで，集団主義が強力な国はコロンビア，パキスタン，台湾，ロシアなどであり，その中間に日本，インド，オーストリア，スペインなどがくる（Hofstede 1997: 54）。しかしわれわれの調査では，ロシアは集団主義が強力な国だという確証は得られていない。

　ロシア人が個人主義的なのか集団主義的なのかについては，まだ議論は終わっていない。エンゲルガルトは長年にわたる農民の行動の観察からこう述べている。「活動の孤立性，無力性，不承不承性……などに基づく，農民におけ

る個人主義の強力な発達が幾度もみとめられた。これらが一体となってその共通原因となっている」(Engel'gardt 1987: 24) と。忘れてならないのは，何百万という農民のこのような行動を，一体何が1930年代の工業化の期間に工業や都市に持ち込んだかということである。たとえばベルジャエフは「ロシア人は常に集団の温かさのなかで生きるのを好んだ」(Berdyaev 1990: 10) と述べており，アクサコフは「ロシアの共同体のなかにいる人間は，抑圧を受けることはなく，暴力や利己主義や排斥を蒙ることもない。……そこには自由があり，協和がある」と語っている。この矛盾の説明は，たとえばエンゲルガルトがあげている次の例のなかに読みとれる。「もし壕を掘るのに出来高払で4人を雇ったとする。ところがその4人は一緒に壕を掘ろうとせず，壕を4つに区分し，1人ひとりが分かれて掘るだろう」(Engel'gardt 1987: 61)。この見方はまた，人と人との関係を規定するロシア社会の社会中心主義的な性格の下で，自由の概念がロシア人の心性のなかで個人性を封じる意志の概念に置き換えられ，「プログラム化」されないばらばらな個々人の活動が出てくるということからも確証される (Engel'gardt 1987: 293)。「『他人よりも悪い暮らしはしないこと』」という標語は，ロシア的文化原型では一方で『成上り者』に対する敵意と羨望を示し，他方で『永遠に貧窮の償いをしていく』ことを意味するのに対して，欧米では同じ標語が，競争で勝ち抜くことに全力を上げるように個人に働きかけるだろう。しかもロシアの共同体的集団主義はストルィピンの改革と共産主義によって最後の止めを刺された。ディリゲンスキーはスターリン後の後期社会主義を完全個人主義の社会と命名している (Diligenskii 1996)。ロシア人の脱集団主義をさらに推し進めたのは，疑いなくペレストロイカと今日の諸改革である。その結果ロシア人の集団主義はますます形式的で人為的なものになってきている。現在では職業が人びとを「個人主義－集団主義」軸，地域の文化，年齢，労働経験の線上に配置し，経営への関与度もそれに影響していることが，ナウモフの調査で確証されている (Naumov 1996)。「私」と「我々」のロシア人的理解は，現実の行動からみて西洋とも東洋とも文化的に異なる。ロシアの経済文化は集団主義と個人主義の間にとてつもない距離がある文化の例を

示しており，それゆえおそらくきわめて不安定なのである。

(3) 男性的社会――女性的社会

男女間に厳格な役割分担がある社会をホフステードは**男性的**社会とし，その役割規定が緩い社会を**女性的**社会と呼んでいる。国民文化の測定に用いられている尺度と用語法は相対的である。

ここで測定する男性度と女性度の形成と発展には，その国の歴史と伝統が大きく影響している。「女性的」文化は，寒冷な気候条件の下で社会が生存し発展していくのに適合した男女関係を持つ。ホフステードは日本，オーストリア，スイスを「男性的」な国としてあげ，オランダとノルウェーを「女性的」な国，そしてロシアをやや「女性的」な国としている (Hofstede 1997: 93)。ロザノフは男女の出産数について述べながら，次のように記している。「女性は結婚しても名前は変わらない。ただしそれは公式文書上のことであり，実際には名前も人格も魂も男，つまり夫に奪われる。……妻はたんに「夫の家に入る」だけでなく，『召使い』にされるのだ」(Rozanov 1990: 31)。しかし彼は神話的なバイキング的勇敢さがロシア人にあるということを否定している。ベルジャエフは彼の説に同意して，ロシア人は基本的に従順で，また「女性的」でもあると述べている (Berdyaev 1990)。エンゲルガルトが19世紀後半のロシア農民の生活の観察から導き出した結論は，また興味深い。つまり「所有主はけっして夫ではない。村の女はいまでも強い」(Engel'gardt 1987: 8) というのである。

(4) 不確実性の回避

不確実性の回避の度合いというパラメーターは，社会が時間の流れのなかでいかに問題を処理するかという問いに対応する。生活のなかに不確実性を想定する度合いは人によって異なる。不確実性は不安を生みだすから，人はその不安の度合いを減じる仕方を発達させてきた。一国の経済文化を分析する際には，不確実感がたんに個人だけのものではなく，当該社会の他の人たちに多かれ少なかれ共有されていることを踏まえる必要がある。この点に関してホフス

テードは，不確実性の回避を，「所与の文化の人びとが不確実で未知の状況からくる脅威を認知し反応する度合い」(Hofstede 1997: 30) と規定している。これを直接に表現するのは，予測可能性に対するニーズの表出（書かれたものであれ口頭によるものであれ）である。知られているように，文化の違いによって人びとの不安の感じ方の大小も異なる。「動揺する」文化はより「表出的」でありがちで，そこでのコミュニケーションは情動的であり，口頭で交わされる。

不確実性を回避しない文化においては，人びとの不安度は低い。逆に不確実を強く回避したがる文化の下では，人びとは小うるさく，落ち着きがなく，いらいらしていて，情動的で，攻撃的である。ホフステードがあげている国の例をみると，不確実性回避度が高いのは日本，フランス，ロシアなどで，それが低いのはアメリカ，香港，インドネシアである (Hofstede 1997: 64)。

しかしこのパラメーターの解釈に関しても，ロシア人の間で違いがある。クリュチェフスキーは「慎重なロシア人が気まぐれな勇気に取りつかれて，希望のない無駄な決定を慌ただしくしたがる。それは幸福，成功，偉大なるロシアをせがむことへと傾く」(Klyuchevskii 1956: 39) という。エンゲルガルトは「ロシアの百姓は『法律』というものを知らない。彼らが重んじるのは神の律法だ」(Engel'gard 1987: 32) とみている。ベルジャエフは「ロシア人は西欧人にくらべて遵法的ではない。ロシア人にとって重要なのは，形式よりも内容である」(Engel'gardt 1987: 37) と述べている。これは不確実性を当然と受け止め規則を無視するということに帰する。エンゲルガルトはまた「わが国では概して先進機械器具に過大なほどの価値が置かれている」(Engel'gardt 1987: 76) と書いている。知られているように，不確実性を強く回避する社会では技術が人間よりも尊重されている。また，「法の粗雑さがその劣悪な執行で埋め合わされている」というとき，それは「旧いロシア的」状況に照応している。最後に，不確実性回避の水準と権力の間隔とが関連していることに触れておく必要がある。たとえば権力の間隔が大きい社会では，社会内部の規則があまり必要とされない。また，文化パラメーターで測られる度合いは，競争環境の程度に大きく影

響されるという点も，考慮に入れる必要がある。

(5) 権力の間隔

「権力の間隔の大小」は，人がその組織のなかで権力が不均等に配分されているのを，どの程度よしとしているかを測るパラメーターである。つまりここで基本的に問われるのは，所与の社会にどの程度権力の不平等があるかということである。その程度が低ければ，その社会は比較的平等だということになる。歴史的にみて権力の間隔は，異なる文化の下で異なる形成のされかたをしてきた。

第1に，文化パラメーターは環境に影響される。たとえば北の地域での生存は，自己充足能力の大きさと強者への依存度の小ささとに強く結びついている。第2に，中間階級は常に経済や性・年齢の違いから権力の間隔を測る。第3に，教育水準が高く技術発展が進んでいると，人と人との間の依存度は小さくなる。ロシアではこの点が重要だということでは，すべてのロシアの哲学者は意見が一致する。ベルジャエフはこの世界の「権力」は悪意の塊であり，この世界の管理は邪悪であって，「ロシア人は西欧の人びとよりも怒りと罪悪を強く感じている」（Berdyaev 1990: 61）と述べ，「この敵こそロシア国家でありその権力である」と明言している。

しかしナウモフ，ラートフ，ダニロヴァ，タラルヒナは，ロシアで一定の時期に権力の間隔が基本的に小さくなったことを指摘している。ナウモフは情報社会の到来が重要な役割を果たしているという。ダニロヴァとタラルヒナはそれが社会的不平等観と絡んでいるとみる（Danilova & Tararukhina 2003: 18）。権力を擬人化すること，これがロシア人の心的傾向である。

(6) オリエンテーションの短期性――長期性

ホフステードの文化尺度の5番目は，「**オリエンテーションの短期性・対・長期性**」である。このパラメーターは，「よき管理は資源の節約からなる」という孔子の思想から示唆を受けており，対極的な西洋文化と東洋文化とに対応

した伝統的な指向性の違いで区分している。そこで測定されているのは，節約と蓄積への切望，目的達成における忍耐と固執といった，将来に対する見通しに絡んだ行動である。

3．調査の対象地域

ダヴィデンコとロマシュキナの指導下で，2004年5月～6月にチュメン市とチュメン州で「ロシアの企業文化とインフォーマル経済」研究プロジェクトが実施された（Davydenko & Romashkina 2006）。そのモニター・スタディは別な地域（スタヴロポルとトゥーラ）で行われた。大量観察データは相互交換を条件にラートフ（ロシア科学アカデミー社会学研究所）に渡された。

この調査では2つの仮説の検証が行われた。第1は，ロシアの経済文化はそれがいま移行過程の中間的な性格を持っているという共通面と，顕著な地域差からくる特殊面があるという仮説で，第2は，ロシアの経済文化はインフォーマル経済の特徴を呈しており，その特徴はまた地域的特殊性に規定されているという仮説である。

被質問者となったチュメン州のサンプルは全部で2,410人であり，そのうちチュメン市からは610人，さらにトゥーラからは572人，スタヴロポルからは597人が回答を寄せた。**チュメン州**は経済的にみてロシアでもっとも安定した地方のひとつである。それは西シベリアで最大の州で，北極海から北カザフスタンに跨り，そして西はウラル山脈に接する。地理的にみてチュメン地区は西ロシアと東ロシアを結ぶ地点にある。この辺りの中部ロシアは生活水準がかなり高い。その原因の第1は，最大規模の油田とガス源にある。チュメン州の製造業生産高はロシア諸州のなかでトップ・クラスに位置する。第2に，この地方は農業，石油精製，機械工業が高度に発達している。第3に，その面積がロシアでもっとも大きく，貧しい南部と豊かな北部を抱えている。チュメン州は都市化が高度に進んでいる。人口の70％以上が都市に住む。しかし人口密度は低い。石油やガスの採掘地域にみられるあらゆる問題が，チュメン州の経済

に内在する。最大の弱点は地域間を結ぶ交通通信が不便であること，賃金はロシア平均をかなり上回るのに生活の質が低水準であることにある。ここで石油やガスの処理を行っている企業はモスクワで登録されており，したがって納税もここではなくモスクワで行われている点を考慮に入れる必要がある。現在チュメン州はロシアや CIS 諸国やその他の国ぐにからの多様な民族の流入者を惹きつけている。その結果チュメン州はきわめて「混成」的な民族構成になっており，流入者と地元民との間の問題が起きている。チュメン市はこの州の首都であるが，その管轄は南部に限られ，北部地区（フマルとイナル）はそれぞれ別な首都を持ってロシア連邦に帰属しているとはいえ，州としてはチュメン州に入っている。

　トゥーラ州（工業ゾーン）の面積は比較的小さいが，人口密度は高い。かつてこの地方では石炭業が重要な産業であったが，いまでは小さくなっている。今この地方で重要なのは，化学，冶金，機械の諸工業の企業である。トゥーラ市はこの州の中心で，ヨーロッパ・ロシアの中央部における先進的な工業中心地のひとつである。トゥーラ市は銃砲生産と機械生産の町であって工業労働者階級の比率が高く，トゥーラ経済は防衛産業に大きく依存していたため，20世紀末には深刻な危機に直面した。ロシアでは 1990 年代に再組織化，次いで「ショック改革」がとられたが，国家受注に大部分依存していた防衛企業はこの間に崩壊した。その結果，この地域は熟練度の高い労働者と質の高い労働が蓄積されていながら，生活水準をかなり低下させることとなった。

　スタヴロポル地区（農業ゾーン）は農産物加工と農業機械製造の地帯である。ここは南ロシアで非常に豊かな地区である。北コーカサスに隣接するこの地区には，盛んなシャドウ経済，弱体な経済関係といった，多くの問題があり，それがこの地区に支配的な企業文化の諸特徴を生みだしている。この地区では炭化水素の採取が行われているが，その規模はチュメン地方とくらべるとずっと小さい。スタヴロポル市は自治地区を含むこの州の首都である。スタヴォポル地区は人口密度が高いが都市化の程度は低く，労働の質は低いがインフォーマルな収入は高いという特徴がある。

ヤーシンはその論文「経済の近代化と価値体系」のなかで,「ロシアの経済と輸出の構造は市場の力を受けて展開している。輸出はいまなお, 石油, ガス, 非鉄金属, 鉱物媒体, 木材といった原材料と, 武器が中心であり, 国内市場では農業, 食品加工業, 建設資材が競争力を持っている」(Yasin 2003: 129) と指摘している。これらすべてが, 21世紀初めまでのロシアにおけるきわめて大きな地域格差の原因をなしてきた。その格差は所得, 生活水準, 経済関係の発展など, あらゆる分野に及んでいる。

4. 分析の方法と発見

われわれの質問紙にはホフステードの企業文化パラメーターに適合するような設問群が盛り込まれている。回答結果の比較のために0点から100点までの回答尺度を設けた。表15-1にはロシアが積極的な市場改革に乗り出した1989年から2004年までの期間の測定結果が表示される。そのパラメーターの動態から「個人主義」化,「権威の間隔」の縮小,「男性らしさ」の増大,「不確実性の回避」度の低下をみることができる。チュメンとトゥーラとスタヴロポリのパラメーターはわれわれが独自に算出し, 他のデータはすべて対応するデータ源からとった。

表15-1 ホフステード・モデルによる企業文化調査諸結果の比較表

パラメーター	IDV-個人主義	PDI-権力の間隔	MAS-男性らしさ	UAI-不確実性の回避	CDI-儒教原則
ロシア(1989)*	39	-	30	-	76
ロシア(1989)**	26	76	28	92	-
ロシア(2001)*	39	93	36	95	-
モスクワ(2003)***	67	40	60	54	27
スタヴロポリ(2004)****	37	47	-	55	31
トゥーラ(2004)****	42	45	-	49	32
チュメン(2004)*****	43	42	58	49	32

注:調査者は, *ホフステード, **ボリンガー, ***ナウモフ, ****ラートフ, *****ダヴィデンコ&ロマシュキナ。

(1) 分析結果の概要

「権力の間隔」指標は特徴ある動態を示している。まずは急速な拡大をみせ、その後1990年のショック改革の影響を受けてしだいに縮小し、今世紀初めまで漸減してきた。質問紙回収の方法やサンプル誤差の違いを考慮しても、この変化はロシア社会の強力な変動傾向を反映しているといえる。「権力の間隔」パラメーターは大きな地域差をも示している。モスクワが「不確実性の回避」度を除くすべてのパラメーターにおいて、ロシア中でもっとも顕著な変化を示している。

われわれが関心を寄せたのは、今日「ロシア的企業文化」と呼べるものがあるかどうかであった。トゥーラとチュメンとスタヴロポルの3市で得たパラメーターはかなり似た値を示しており、その限りではロシアとしての共通した文化をある程度云々することができるかもしれない。しかし同時に、分化と差異についても考慮しなければならない。チュメン市の市民は「個人主義」度が高く、「権威の間隔」が小さい。彼らは依存への必要性が小さく、不平等を避け、必要なときにだけ権威の階統性をみとめる傾向があること、スタヴロポルの住民はチュメンやトゥーラの住民にくらべて、権力の不平等を規範として受け入れていることが検証された。チュメン地区の市場改革はこの地方の経済的特性によって円滑に進みえた点を、ここで想起しなければならない。チュメンとトゥーラの市民は不確実性に挑み、個人として行動する指向を持ち、自由な社会的意思疎通の条件下にいるという結論を、われわれの調査結果から引き出すことができる。彼らは状況をありのままに受け入れて機会と生活に挑んでいるが、スタヴロポルの市民はそのような特徴があまりみられない。スタヴロポルの市民はチュメンやトゥーラの市民にくらべて、働き過ぎを歓迎しない。

(2) 分析軸1――「権力の間隔」と「個人主義－集団主義」

もっと詳しく心的傾向の地域特性をみるために、ロシア3地域で得られた結果と、ホフステードの方法で行われた国際調査の結果とを、比較してみよう。

ホフステードの2つのパラメーターの異同を示した図には，彼が提起した国民文化の型が示しだされている。

図15-1に映し出されているのは，世界諸国とロシア3地域の「権力の間隔」度と「集団主義」度のランク付けを示すIDV-PDI指標間の関係である。この図から，かなり離れた位置にある2つの国グループがみとめられる。ひとつは西欧文化圏の国ぐにで右下に位置し，「権力の間隔」の小ささと「個人主義」度の高さが特徴的である。これに対してアジア，ロシア，ラテンアメリカの国ぐには左上に位置し，「権力の間隔」が大きく，「集団主義」度が高い。

図15-1　「個人主義」尺度（IDV）と「権力の間隔」尺度（PDI）からみた各国・各地域の位置

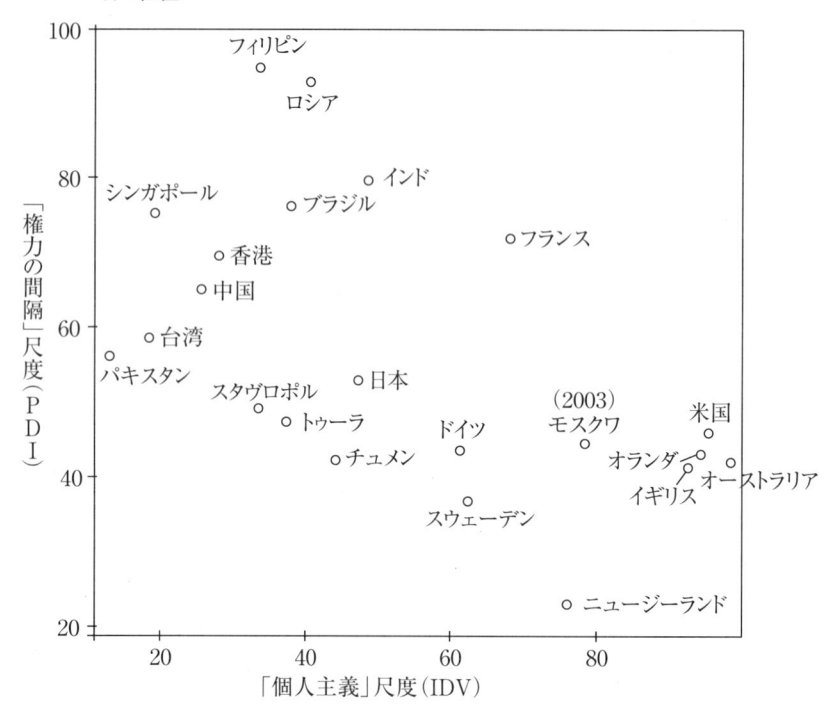

調査対象国民のなかで，個人として行動するのをもっとも好むのは欧米人である。彼らは自由な社会的意思疎通の状況下にあり，自分自身や家族の生活は

他に依存せず独立的であり，同時に権力からの距離は比較的小さい。これに対して左上の隅にはたとえばフィリピンが位置している。この国では集団主義が特徴的で，育児は家族や親族の集団的責任の下になされており，同時に人びとは権力の不平等を規範として受け入れている。ロシアの3地区はこの点で西と東の中間に位置する。チュメン，トゥーラ，スタヴロポルの市民の心的傾向は西方的特性と東方的特性とを合わせ持っている。

たとえばロシア全体の「個人主義・集団主義」パラメーターは1989年（39点）と2004年（43点）であまり変わっておらず，人びとは集団の一員としてのアイデンティティを持ち続けている。しかし「権力の間隔」パラメーターは1989年には76点を示していたのに，2001年には93点へと上がっており，かなりの変化をみせている。質問紙回収方法とサンプル誤差の違いからくる影響を考慮に入れたとしても，この間に権威の間隔が拡大したという変化をみとめなければならない。しかし2003年以降はそのパラメーターの値が半減して45点となり，権力の間隔は著しく縮まった。「権力の間隔」パラメーターの値はロシア国内で地域差があり，モスクワでは40点，チュメンでは42点，トゥーラでは45点，スタヴロポルでは47点である。このパラメーターからみる限り，ロシアの諸地域のなかで人びとの間で権力の間隔がいちばん小さいのはモスクワであり（これは予想されたことだが），いちばん大きいのはスタヴロポルである。おそらく諸改革の結果として，西欧的な権力観へとロシア中心部住民の心的傾向が変化してきたといえる。

西方文化と東方文化の比較はしばしば，東方＝集団主義，西方＝個人主義，という二分法で行われる。しかし現実には「東方」型の文化と「西方」型の文化とはさまざまな面で相互作用している。カスピ海から太平洋に跨るユーラシア空間に位置するロシアは，このような相互作用の考えられるすべての，あるいはほとんどすべての面を含んでいる。チュメン地方は，北は北極海，南はカザフスタンの草原へといたるロシアの中央部にあり，西と東をつないでおり，それゆえにここの企業文化が測定軸上のどこに位置するかを明らかにすることは，とくに興味深いものがある。

比較分析を始めるに当たって想定しておいた方がいい点がある。それは，集団主義と個人主義は未開文化から近代文化まで，西方文化から東方文化まで，あらゆる文化に含まれていて，ただその度合いが文化によって異なるという点である。「個人主義」の度合いと「権力の間隔」との不整合はそれぞれの企業文化の内部で緊張を引き起こす。西欧文化では横の間隔が大きい。それと対照的なのがフィリピンで，縦の間隔が大きい。縦の間隔が大きく個人主義度が高いと権威が不安定となる。ロシアの3地域のなかでチュメンは「個人主義」指標では日本に近いが，「権力の間隔」という点では日本より小さい。つまりチュメンの企業の労働者は日本の労働者よりも，傲慢な階統性を尊大なものとみなし，集団のなかにおける役割を取り換えがちである。この点で日本により近いのはスタヴロポル地域である。

(3) 分析軸2――「個人主義－集団主義」と「不確実性の回避」

次に「個人主義」と「不確実性の回避」という，ホフステードの2つのパラメーターについて考察する。ここでは「不確実性の回避」を100点尺度で測り，0点から25点までを回避度が弱く，75点から100点を回避度が強いとする。「個人主義」指標を縦軸とし，「不確実性の回避」指標を横軸として示すと，図15-2のようになる。

予想したように，ここでも西方諸国と東方諸国とは基本的に隔たっている。図の右下に位置している国ぐにには「不確実性の回避」指標の値が低く，将来を制御しようという意志が弱い社会である。このような国ぐにの市民，たとえば中国人は，根気強く働く傾向があり，仕事へのプレッシャーが強く，同時に集団主義的特徴がある。図の左上にあるのはアメリカ，イギリス，オランダ，オーストラリア，スウェーデンといった国ぐにである。ここでは「不確実性の回避」指標の平均値が高く，「個人主義」度が高い。つまり各個人は自分の関心にそって活動し，周囲の環境に対する関心も強い。

ロシアの3地域はこの点で東方諸国に近い。すでに確証したように，ロシア人は人間関係の点で東方モデルに近く，国家や権威に対する関係では西方モデ

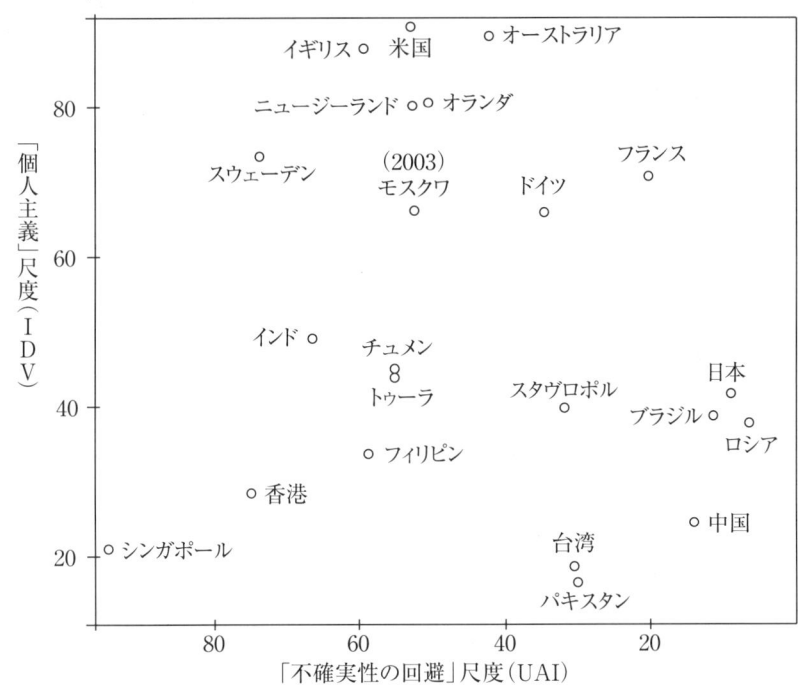

図15-2 「不確実性の回避」尺度（UAI）と「個人主義」尺度（ICV）からみた各国・各地域の位置

ルに似ている。ロシアの3つの地域間には「不確実性の回避」度に大きな差はみとめられない。

(4) 分析軸3──「権力の間隔」と「不確実性の回避」

最後に，「権力の間隔」と「不確実性の回避」という2つのパラメーターの関係を検討する。

ここでは西方諸国と東方諸国と間にかなりの隔たりが示されている。日本は仕事へのプレッシャーがもっとも大きく，「権力の間隔」は平均的である。スウェーデンとシンガポールはこのプレッシャーがもっとも小さいが，この2つの国を比べると，スウェーデンでは「権力の間隔」が小さいがシンガポールではそれが大きい。ロシア3地域はこの2カ国の間に位置する。ロシア3地域の

間には「権力の間隔」の点でも職場のプレッシャーの点でも大きな違いはない。

ロシアに関する改革前の時期のホフステードの調査結果（1989）は，全体として改革後の調査結果（2003-04）とかなり似ているが，2001年のデータはこれらとかなり異なる。実際，2001年のロシアは危機的状況にあったが，状況は2004年には文化的にも持ち返した。

2004年の「不確実性の回避」指標をみると，チュメンの企業の労働者は日本の労働者とかなり異なる。チュメンでは「不確実性の回避度」が高く，確定性，活動の計画性，生産諸関係の整然性への強い指向が示されている。これに対して日本では「不確実性の回避」は弱く，リスクに対して甘いという特徴がみられる。この点でチュメン住民の心的傾向はたとえばアメリカのような国に近い。

分析結果を要約すれば，企業文化に関してはチュメン地域の企業は「不確実性の回避」という点では西方モデルと異なり，「権力の間隔」と「個人主義」という点では東方諸国と異なり，モデルとしては安定的でないといえる。

参考文献

Berdyaev, 1990a: Бердяев, Н. А., 1990а, *Судьба России*, Сов. писатель.

Berdyaev, 1990b: Бердяев, Н. А., 1990b, *Русская идея: О России и русской философской культуре*, Наука, 1990.

Danilova & Tararukhina, 2003: Данилова, Е. & М. Тарарухина, 2003, "Российская производственная культура в параметрах Г. Хофштеда", *Мониторинг общественного мнения*, №3.

Davydenko & Romashkina, 2006: Давыденко, В. А. & Г. Ф. Ромашкина, 2006, "Современная российская коррупция-общее и особенное", *Экономика преступлений и наказаний*, Выпуск 9-10, Под ред. Ю. В. Латова. Москва: изд-во РГГУ, с.23-35.

Diligenskii, 1996: Дилигенский, Г., 1996, "Российские архетипы и современность", *Сегодня*, 5 июля.

Engel'gardt, 1987: Энгельгардт, А. Н., 1987, *Из деревни: 12 писем, 1872 – 1887*, Мысль.

Grachev, 1999: Грачев, М., 1999, "Менеджмент в «международной системе координат»", *Экономические стратегии*, № 2, с.19-32.

Hofstede, G., 1997, *Cultures and Organizations: Software of the Mind*, McGraw

Hill.

Klyuchevskii, 1956: Ключевский, В. О., 1956, *Сочинения в восьми томах*: Т.1, Госполитиздат.

Latov, 2001: Латов, Ю. В., 2001, "Латова Н. В. Российская экономическая ментальность на мировом фоне", *Общественные науки и современность*, №4, с. 31-43.

Latova, 2003: Латова, Н. В., 2003, "Российская экономическая ментальность: какой она стала в 1990-е годы и какой тип работника сформировался в результате", Интернет - конференция Поиск эффективных институтов для России XXI века <http://ecsocman.edu.ru/db/msg/115492.html> с 27.10.03 по 27.12.03 http://www.ecsocman.edu.ru/bd/msg/124476 <http://www.ecsocman.edu.ru/bd/msg/124476>.

Naumov, 1996: Наумов, А., 1996, "Хофстидово измерение России (влияние национальной культуры на управление бизнесом)", *Менеджмент*, № 3, с. 70-103.

Rozanov, 1990: Розанов, В. В., 1990, *Сумерки просвещения*, Педагогика.

Sorokin, 1990: Сорокин, П. А., 1990, *Основные черты русской нации в двадцатом столетии: О России и русской философской культуре*, Наука.

Yasin, 2003: Ясин, Е., 2003, "Модернизация экономики и система ценностей", *Вопросы экономики*, №4, с. 5-35.

(原文ロシア語　石川晃弘　訳)

第 16 章
プロフェショナル文化の形成における企業文化の位置と役割
―― ロシアの経験に即して ――

ニコライ・ドリャフロフ
アンナ・カレーキナ

1．問題の提起

　グローバル化の過程は今日，全世界的に生活のあらゆる分野を覆ってきており，ロシアもその例外ではない。われわれは政治面でも経済面でも職業面でも国際的組織で協働し，国際フォーラムや国際コンファレンスに参加し，多国籍企業で働き，産業分野や職業分野で国際的に経験交流を行っている。
　現代ロシアでこれらの多様で多次元的な接触を促進するためには，人びとは純粋に言葉上の規範や規則だけでなく，組織のなかで支配的な文化の規範と規則を身につけなければならないと信じるようになってきている。しかしロシアのスペシャリストたちにとって，巨大多国籍企業で働きだし，異文化対話から生ずる解釈の食いちがいなどの問題に当面することは，今はまだ予想外のことである。
　しかしこの点に関連して，異なる文化条件下で働ける国際レベルのスペシャリストの育成問題に取り組むことは生産的であり，そうすることによって組織とそこで働く人びととの長所の最大限の活用と，多国籍組織で必然的に発生しその他の可能性をも派生させる，国民文化と企業文化の融合がもたらされる。
　経済の国際化の過程におけるロシアの企業文化の分析はかなり難しく，また

似たような分析は数多く試みられている。しかしわれわれはここで，ロシアの労働主体がトランスナショナルな経営主体と企業文化の諸特徴から影響を受けながら，プロフェショナル文化をどのように形成していくかという，特別な視点からこの問題に取り組みたい。この問題の研究は，専門職者の適応，自己開発，内面的労働動機の向上の過程を徹底させるという脈絡で，現実的重要性を帯びている。

2．プロフェショナル文化の構造

ロシアにおける労働主体のプロフェショナル文化の形成は，錯綜した過程である。ここではこの過程の実効性を阻害する諸矛盾を分けておく必要があると思われる。第1は諸文化の相乗作用の欠如である。企業文化の相違性や異文化コミュニケーションの特異性に絡んだ問題的諸状況を溜めこむ，「貯蔵所」が欠けているのである。心理学的観点からすれば，基本的矛盾は，いかにこの問題的諸状況が労働主体に反映しているかということへの，関心の不十分さにある。また，所与の企業で労働主体のプロフェショナル文化を形成していく方法が欠如している点も，指摘することができる。

プロフェショナル文化は，個人の知識，能力，技能，価値を表現し，労働主体の精神的発達の全般的過程を通して形成され，その職業的な発達と完成を確実にする，動態的な錯綜した現象である。

プロフェショナル文化は，システムという観点からみるならば，構造的な類似性を有する文化の，下位システムとして捉えられる。プロフェショナル文化のシステム分析は，その構造概念を明確にし，ロシアにおけるその発展の傾向と展望を明らかにすることを可能にする。

プロフェショナル文化の構造概念は，3次元（高次元，中次元，低次元）の構造をとる階統的システムとして表現できる。

プロフェショナル文化の構造モデルとその構成部分は図16-1のように表される。

図16-1 プロフェショナル文化の構造モデル

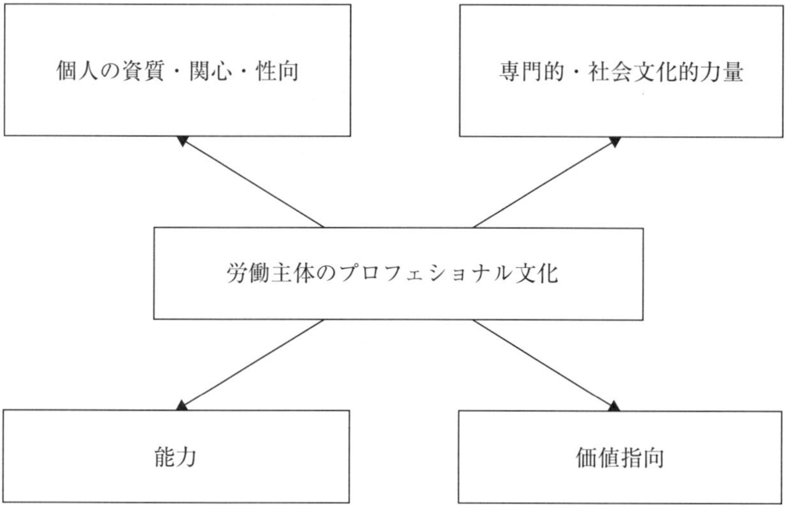

```
[個人の資質・関心・性向]        [専門的・社会文化的力量]
            ↖            ↗
         [労働主体のプロフェショナル文化]
            ↙            ↘
     [能力]                    [価値指向]
```

図に示すように、プロフェショナル文化は、次のような4つの構造単位に集約される。

・「個人の資質、関心、性向」は活動の計画性と合理性、粘り強さ、観察力、機知、自立性、知識欲、仕事における誠実性、正確性、忍耐強さ、根気強さなどからなる。

・「能力」は大量の情報を処理する能力、ばらばらな事実を比較し分析する能力、思考の柔軟性（計画変更の能力、課題解決の仕方）、高度な集中力、万遍にわたる確かな目配り、記憶力のよさ、新しいものを受容し実践に移す能力などからなる。

・「価値指向」は社会的経験の会得で形成され、目的、理想、信念、その他個人の諸態度を全面的に基礎づける。

・「職業的・社会文化的力量」は、理論的知識と、一定の規範と規準で調整された実践的技量とが結合したものであり、職業経験を通して短期間で新しい知識を身につけ、非標準的な状況に対応していく力量を意味する。

ここにあげた4つの項目から、労働主体は、所与の企業文化に適応する過程

で，プロフェショナル文化の形成の目標と課題，およびその水準の評価が規定されうる。これによって精神過程，能力，創造的活動，意思疎通力などの最適な発達に専門職者の努力を集中することができ，その結果としてスペシャリストがより一層の自己開発とプロフェショナル文化の水準向上への自覚を持つようになる。

プロフェショナル文化の重要な構造部分は価値指向である。なぜなら，プロフェショナル文化への帰属は，専門的活動を社会文化の優先事項に意識的に従わせることを意味し，責任と良心がプロフェショナル精神の鍵となるからである。

価値は形を変えて活動や行為の動機として，世界における人間の志向，一定の目的の達成に対する志向として現れる。プロフェショナル文化は必然的に価値に照応して，人間の動機構造に入りこみ，人間活動の文化に影響する。

3．労働主体とプロフェショナル文化

プロフェショナル文化は人間の集合行動の所産であるが，その具体的な担い手は個々の人間である。そしてそれぞれの労働主体は同時にプロフェショナル文化と次のような関係にある。

・「プロフェショナル文化の所産」。これには規範，価値，倫理，他者との相互行為，専門教育の学習，技能と能力の向上が入る。これは直接または間接に個人活動の適性の形成やその適性の基準修正の働きをする。

・「プロフェショナル文化の消費者」。これは個人が自己実現のために，専門職の実践現場でプロフェショナル文化の規範や規則に準拠し，知識，価値づけられた規準，典型的倫理形態などを活用することである。

・「プロフェショナル文化の生産者」。これはプロフェショナル文化の水準を創造的に向上させるものであり，個人の評価においては創造の基本要素としてみなすことができる。

・「プロフェショナル文化の中継者」。これは蓄積された知識や能力や経験を

実践行為のなかで活かし広げていくことである。「専門職文化」のより重要な特質，すなわち集合体の土台としての機能を，集団主体と「私」個人とに分けて問うことも可能である。

このように，労働主体のプロフェショナル文化は，その内容からいって外部の社会文化環境と相互作用している開かれたシステムであり，その外部環境の影響で変化すると同時に外部環境に対して影響を与える。それは，多かれ少なかれ，企業目標に特別に反応して活動実績を上げるように従業員を鼓舞する，諸力の長期的な持続的相互関係である。この過程の効果の大小は，活動主体の

図16-2 社会文化環境と労働主体のプロフェショナル文化の相互作用

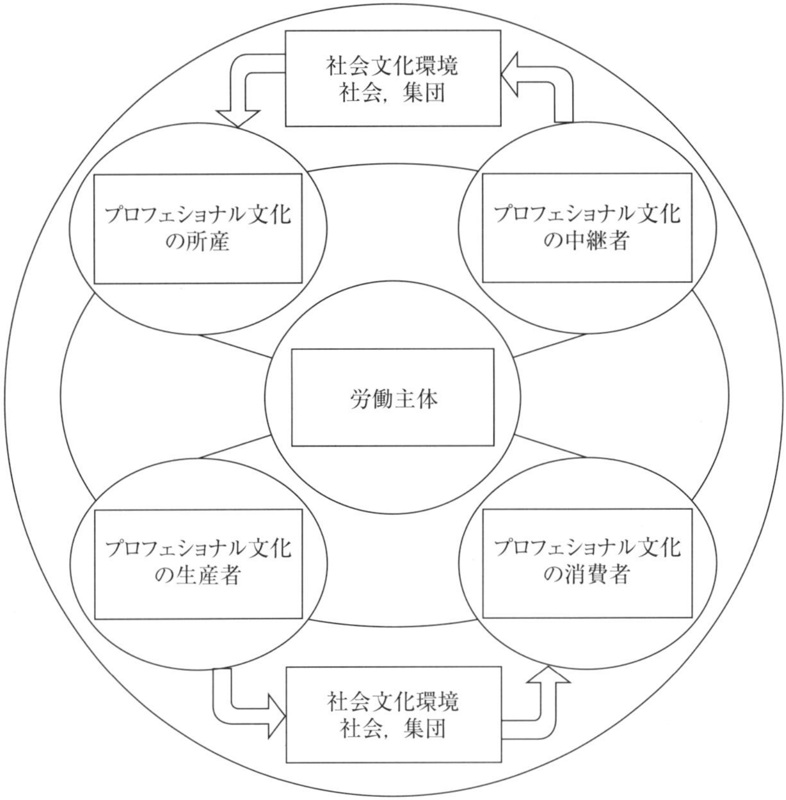

価値が，社会や集団で受容されている価値や規範とどの程度対応しているかによる。社会文化環境と労働主体のプロフェショナル文化との相互作用を示すと，図 16-2 のようになる。

4．プロフェショナル文化と外部環境

これと関連して，プロフェショナル文化の形成において特別な意義を持っているのは外部環境の文化，すなわち経済活動の経営文化，勤労者の一般文化，企業従業員の組織・協働文化である。専門家の公平な意見によると，現在まだこの種の文化にはプロフェショナル文化の成長にとっての未活用の蓄えがあり，仕事に対する満足度や現代企業の活動の効果性もそうである。プロフェショナル文化の形成に対するさまざまな文化種の影響を図示すると，図 16-3 のようになる。

図 16-3　プロフェショナル文化の実効的形成に対する諸種文化の影響

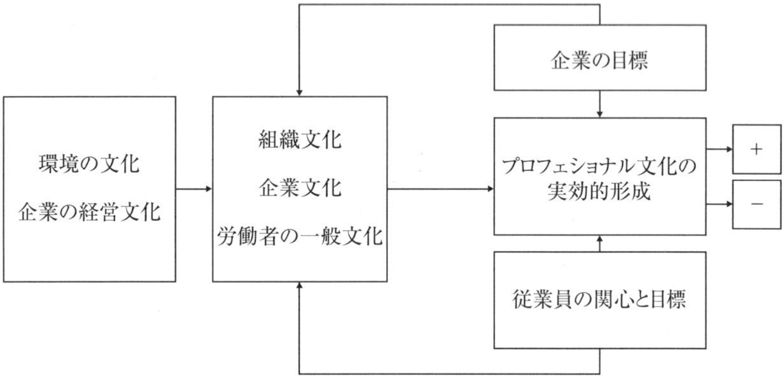

この図にみるように，筆者は，転換期経済の組織変革と関連する諸種の文化から影響を受けつつプロフェショナル文化が実効的に形成される過程を，概念的に明確化しようと試みている。ここでの場合，企業が目指すものはその目的追求活動の実効性を高めるプロフェショナル文化の形成である。プロフェショ

ナル文化の水準が高いほど，労働主体が，所与の企業の文化の型を特徴づける行動規範，行動規準，行動モデルの，実質的な担い手となる可能性が高い。

5．企業文化とプロフェショナル文化

　今日の条件下で重要な役割を演じるのは，企業文化である。その内容からいって，企業文化は労働主体の創意を一般的目標に向けて動員し，職務への貢献を確かなものとし，相互理解に到達することを可能とする，威力ある戦略的手段である。すでに述べたように，企業文化とプロフェショナル文化の結合は，一定の相乗作用を持つような「相互作用」を媒介として実現されねばならない。最終的にはそれは共同活動を意味する。それは異種の部分や要素を結合させ統一することによって，個々別々の諸要素の活動のたんなる寄せ集めよりも優れた結果をもたらす。これら諸文化の相互作用のおかげで，人事技術面で非伝統的なアプローチと多種多様な諸問題に対する解決が基礎づけられ，プロフェショナル文化の「担い手」としての労働主体に対する個人的対応が可能となり，それによってプロフェショナル文化の概念の発達が促されるのである。

　この種の相乗作用は，とりわけ，ロシアを含む全世界に拠点を置く多国籍企業にとって現実的問題であり，これらの企業ではプロフェショナル文化と企業文化の相互作用に加えて，異なる文化に属する創造的生産グループが共同活動をしている模様が観察される。調和ある専門職的相互作用をこのような企業の内部で実現するには，堅固な絆を土台づける相互適応と結合が不可欠である。そのためには，言語とコミュニケーション，価値と観念，教育と専門訓練といった，労働主体のプロフェショナル文化を構成する重要な諸事象に，多国籍企業の企業文化が適応することが求められる。

　調和のとれた相互作用を実現するうえでもっとも広くとられている方法のひとつは，一定の組織システムに適した人材を選抜し，企業の価値を会得させ，企業の慣行に参加させ，現存の行為モデルに従うよう鼓舞することによって，その人材を企業文化に適応させることである。このような方法をとる際の基本

的問題は，労働主体の適応の複雑さにある。労働主体は基本的活動現場（企業）の変更に伴ってひとつの企業文化から別な企業文化へ移る際に，すでに一定の組成されたプロフェショナル文化を持っているからである。

今日ロシア領内で，巨大多国籍企業の一部としてではなく操業している企業においては，現代ロシア型の企業文化，その特徴と特質の形成の経験が不十分である。そのような企業の特徴は，企業文化が弱体であるか，あるいは企業文化構築の必要性を拒否する企業「虚無主義」に陥っている点にある。

企業文化が弱体だと，通常，陰鬱な気分，無力感や存在の無意味感が従業員に表れる。専門職権限の過小評価は，最終的には，人間の労働能力に表れて活動の生産性の低下をもたらす。心理学者や社会学者や経済学者が企業文化の社会的要因に注目しているのは，企業文化が専門職活動の展開とプロフェショナル文化の形成への有力なプラス要因となっているからである。

このように，企業文化は労働主体のプロフェショナル文化の形成において重要な役割を演じており，価値指向の形で具体的な労働主体の意識に反映した諸価値を発達させ，組織内における自分の位置の自覚を可能とさせ，個人的諸特性の統一性，専門職の志向性，独自な性格的・知性的・感情的特性で特徴づけられる専門人としての骨格の形成を促す。

6．結　　び

プロフェショナル文化システムの各レベルでロシア企業の従業員を統合している諸特性と諸関係の合成から，具体的な労働主体の，企業における自らの役割，自らの職務の意義，自らの社会的真髄の自覚が生まれてくる。人にとって活動の目標が意義あるものであればあるほど，その人の労働活動における能力は開花し，その人は企業の要求条件とノルマの総体を「内面化」して深く受け入れる。そして生産関係システムにおける諸個人の特性を基礎づける，プロフェショナル文化形成の良好な条件が揃うようになる。

ロシア国内で活動するさまざまなロシア企業や多国籍企業における労働主体

のプロフェショナル文化の形成過程は，重要な意義のある社会経済的効果をもたらす。なぜならその過程は結果的に，社会文化の諸条件，企業文化の諸条件下で形成済みの一定水準のプロフェショナル文化を有する労働主体の総体，つまり社会の労働資源の状態を，質的に高めることになるからである。

(原文ロシア語　石川晃弘　訳)

第５部　中国における企業文化の動態

第 17 章
中国型企業文化の意義と特徴

張　世　忠

1．中国型企業文化の意義

　経済のグローバル化に伴い，国家間，および企業間の競争が激化している。市場経済の競争は，経済力と科学技術力の競争だけではなく，経済文化，とくに企業文化の競争である。優れた企業文化は人材，科学技術，利益，そして優勢な企業発展をともにもたらすことができる。中国の企業文化の構築にどのようなモデルを取り上げるのか，中国の企業文化はどのような特徴を持ちうるか，そしてそれはどのような役目を発揮しうるのかは，いま中国の経済発展と同様に世界中の学者と研究者に注目されている。

　企業文化は国家体制，民族文化，歴史的伝統によって影響され，その意義に関しては認識がさまざまである。一般的に，企業文化は企業の社会活動と経営実践のなかで形成された価値観と行動様式の統合として認識され，企業の存在根拠と発展の魂である。また，企業文化を，企業の経営哲学，価値観，精神，道徳倫理など，企業の精神的な意味に捉えるとすれば，それは各制度，体系および物質的な表現方式として企業社員の積極性と創造性を呼び起こし，企業の経済責任と社会責任を体現するものである。

　中国の企業文化のモデルは，社会主義体制と中華民族の優秀文化（中華思想）のなかから生まれてきて，社会の調和と人的管理を中心として構築されている。それは主に，企業哲学，企業精神，企業目標，企業道徳，企業風土，企業

民主主義,企業イメージ,企業価値観,企業活動の規範などの形式を体現する。

2. 企業成長における企業文化の作用

市場経済が始まったばかりの中国企業では,企業文化が企業の魂として存在し,企業の生存と発展にとって大きな役目を発揮している。そして企業の競争力は企業文化を基本として企業の盛衰にとって重要な要素である。

(1) 企業文化は企業の中心的な競争力を向上させる役割がある

企業の核心となる競争力は,企業の製品を通じて示されている。企業の製品は,その企業の技術によって生産され,厳格な管理が技術力の発揮を保障する。また,企業の管理は企業文化に依存し,企業にとって企業文化はその核心的な競争力の象徴である。ある意味でいえば,企業文化は企業社員の士気を表している。企業の管理にとって企業文化は企業の管理理念と企業家の精神の体現である。組織面では,企業の凝集力と企業の活力を示し,企業の市場競争力,企業の盛衰などにつながっている。優れた企業文化は企業の持続的発展にとっての精神的な柱をなす動力である。「世界500強」の調査発表によれば,優れた企業であるためには優れた企業文化を持つことが肝心である。技術革新,体制改革,新しい管理などを通して,企業は独特な文化を発揮して世界の市場を占める。世界的に有名な中国の「Haier（ハイアール）集団」は,優れた企業文化によってその製品が世界中の消費者に認められており,企業自体が人びとに称賛されている。

(2) 企業文化は企業の持続的発展の源泉である

企業文化は企業の短期的な利益を直ちにもたらすものでなくとも,企業の長期的な持続的発展につながっている。多くの世界的に有名な大手企業,老舗の発展の経緯は,優れた企業文化を育成することが企業の持続的な発展にとって重要なポイントであることを,われわれに物語っている。

一方，企業文化の不十分な企業は一時的に利益を得ていても，長期的，持続的な企業の発展を維持できない。たとえば，中国瀋陽市のある高圧鍋のブランド製品の企業は，生産した製品を一時的に全国で販売したが，管理が不十分なために新しい製品を出せなくなり，獲得していた市場を失い，企業は破産することになってしまった。ここで取り上げたような実例は中国の国内でまだ多数存在している。企業文化の重要性を十分に認識することは，企業が長期的に発展するための重要なポイントであるといえる。

(3) 企業文化は企業管理の精神的な原動力である

企業文化は企業全体に影響しつづけて，企業精神を構築し，企業の長期的な活力を保って，企業の個性，企業の中心的な競争力に深く影響する。そして企業内の社員の意識，行動様式と好みにも影響して，企業構成資本のなかに重要な要素であり，企業管理の精神的動力を推しつづけている。

中国においては，地域，民族文化によって企業文化は多様化している。以下では4つの効果に分けて中国の企業文化をまとめた。

① 企業の凝集効果：これは企業の利益と社員の利益を統合して，全員を団結させ，社員が協調して仕事をし，社員が帰属意識と誇りを持つことにつながる。

② 企業の協調効果：社員たちの間に信頼性が強くなる。交流しやすくなる。認識を共有にする。企業の各部門の仕事がスムーズに行く。

③ 企業の規律効果：企業文化は社員の間に無形の拘束力を形成し，集団的な道徳規範と行動規範を作り出す。外部的な規律と自己的な規律が統一される。

④ 企業イメージを塑像する効果：社会に企業の管理風土をアピールし，良好な経営状況と優秀な企業精神を社会に伝える。

たとえば，「中国瀋陽遠大集団」は優れた企業文化のおかげで，もともと国内でも小さい企業でありながら，あえて大手企業と競争しあい，現在は国際的に有名なブランドのガラス会社になっている。彼らの社是は"他の企業ができ

ないことこそ，われわれがやることである"。これにより中国の優れた企業文化が発揮される。

　企業文化は企業の大きな無形の財産であり，企業管理の要である。企業の核心的な競争力の精神的な柱である。そして企業文化は企業を健康的に発展させる中心的な動力である。企業文化は企業社員の自覚，自主性，統一性，創造性などを向上させて，新しい知識，新しいアイディアを受け入れながら時代の発展とともに進む原動力である。

　「中国Haier集団」のある社員は「Haier集団」を離れた後に，取締役に手紙を送った。

　「今，私の収入は確かに前より高くなっているが，どうしても何かが欠けている感じがします。思うに，欠けているのは文化でしょうか，団体精神でしょうか，透明性のある人的な交流関係でしょうか。」

3．中国型企業文化の特徴

　世界各国の文化は歴史と伝統によって異なっている。中国の企業文化は社会主義体制文化の特徴を持ち，そしてさらに企業の発展と実践のなかに中国伝統文化の粋が生かされている。他国の企業文化とくらべ，中国の企業文化は欧米の企業文化を引用しながらも，人間性をさらに重視することが特徴である。

(1) 企業文化のなかの伝統文化の粋

　現代中国の企業文化は，中国の伝統文化および優秀な伝統の管理理念の真髄から掘り出して，「古為今用」（昔のことを現代に取り入れる）の企業管理を組織的に実施し，科学的な"人本管理"（人本主義）の方式をとることを主な特徴とする。

　民族文化は企業文化の基礎であり，企業文化のなかに民族性が取り込まれ，異なる民族文化，異なる経済レベル，そして異なる政治・経済体制によって構築された企業文化は異なるものになる。莫大な中国民族の伝統文化は企業文化

の形成に深く影響している。代表的な"三子"（孔子，老子，孫子）文化の影響はいまだに世間に称賛されている。彼らの代表作である"三書"（論語，老子，孫子の兵法），三派（儒教，道教，仏教）文化のなかには多くの豊かな経営管理に関する思想が含まれており，世界中の企業に参考にされて，応用されている。中国の企業文化の創設において，"三子"思想は国粋文化の真髄を取り入れて，人と環境，人と人，そして他人と自己の調和関係に加え，企業の効率実用効果も重視し，企業全体の凝集力，持続可能な企業文化を構築した。

(2) 企業文化への政党，政治，社員，青年組織の作用

中国の胡錦濤国家主席は「十七回中国人民代表会議の報告」のなかで，中国の共産党は全国の人民を導いて中国型の社会主義の道を行くことを旨とし，国の状況を踏まえ，経済発展を中心に，主に社会主義市場経済，民主政治，先進的な文化・文明などの調和のとれた現代国家を創り出すと述べた。これによって，政党と政府の経済管理部門は企業文化の創設をとくに重視して，社会全体に企業文化の創設を普及させている。国有企業に対しては，行政政策を通じて企業文化の創設を普及し，民営企業に対しては，指導，支持と奨励の方式を通じて企業文化を構築させている。労働組合と中国共産党青年団組織は，労働者階級の社員を連合して積極的に企業文化の創設を促進し，社員たちとの協議のうえで共通の認識を作り出し，企業の発展に貢献する。そして党は，党員に対して率先して模範を示すように呼びかけて，講義，講座，育成クラス，見学などの方式で党員たちに正確な世界観，人生観，価値観などを持たせ，社員たちとともに企業文化の創設活動に参加させる。たとえば，中国瀋陽の飛行機製造集団は，会社の総経理（社長）と党の書記を委員長とし，党の副書記と労働組合の組合長，および副総経理（副社長）を副委員長とし，各部門のリーダを委員会メンバーとして企業文化創設委員会を設立して，企業文化の創設を指導する。

中国の企業文化が他国の企業文化と異なる大きな点は，政党，政治，工具，青年組織の緊密な連合によって形成された，企業文化創設にとって信頼できる組織を保障していることにある。企業文化と企業の思想政治の作業は協力を通

して進められ，交差的に進行する。企業文化の構築，政党の中心的活動，国家方針の政策は，同時的に着実に進行する。これは世界に注目される企業文化の成功経験であろう。

(3) 企業文化における調和と社会的責任

「調和」は，すでに中国伝統文化の中心的な思想であり，いまだに中国社会の主な建設目標である。調和社会の建設は調和的な企業と分離できず，調和的な企業には調和的な企業文化が必要である。調和的な企業文化には，人の自己調和，人と人との調和，人と組織との調和，企業と自然環境との調和，企業と社会との調和などさまざまな面の調和が必要である。調和的な企業文化は，適正で公平な競争を介して調和的な利益を達成し，企業全体の発展すべき目標に向かって，企業の社員や部門を率いていく。これにより総体的な利益を実現したうえで各自の利益をも得られ，企業内部の不良競争を避けて積極的な要素を内部調節して，企業内部の利益の平衡を保障する。よい企業のイメージが形成されて株主の利益を最大化し，企業の凝集力とリスクの制御力を強化し，調和的な企業が実現される。調和的な企業の実現は調和的な社会を建設する条件を作り出す。

企業の存続と発展は社会環境と有機的な結合関係にあり，分割できないものである。社会発展の歴史のなかで，企業の存続は社会の重要な一部である。社会および社会環境は企業存続の土壌である。企業存続の根本的な目的は社会にサービスを提供することである。もちろん，企業の直接の目標は利益であり，所有者の直接利益を考えなければならない。しかし，調和社会という共同的な理想は企業に社会的責任を強く要求し続けている。企業は株主の利益を最大化すると同時に，株主ではない者の利益の要求も満足させる責任がある。企業の経済的利益と社会の利益を一定の均衡を達成する状態になることが，最高の経営である。たとえば，中国の四川大地震の後，中国の企業は積極的に社会的責任を担って地震後の救災活動に参加し，救災地域に救済金と救援物資を送ることで，調和社会の精神を体現した。

4．中国型企業文化のモデル事例

　中国の民間部門の企業には3つの異なるモデル（温州モデル，蘇南モデル，珠三角モデル）があるが，企業文化の構築という点でみるとそれぞれ特徴の異なるモデルが形成されている。以下で5つのモデルをまとめて取り上げる。

　第1モデル

　中国青島のHaier（ハイアール）集団の企業文化を代表として取り上げる。Haier集団の企業文化は3つの層に分けて構築される。まず，最表層は物質文化，発展のスピード，製品とサービスの質などであり，中間層は制度行為文化（制度や行動面の文化）であり，核心層は価値観，精神文化である。そしてHaier集団は常に新しいことを創建するのが企業の価値観であると考えて，先進的な精神文化体系を構築した。

　企業理念，企業精神，企業イメージ，企業目標などを中心にしてHaierの独特な管理方法を構築し，OEC管理法，STT市場チェーン体制，6S管理法などの管理法則は世界中の企業に認められて評判となった。

　第2モデル

　北京市の企業文化を構築する協会が提唱している"一本三涵"というモデルを取り上げる。まず一本は"以人為本"（人のことを優先的に考える）で，そのうえで利益の方法を求める。これにより企業理念と経営戦略を結合して企業の精神を育成する。そして"三涵"は企業の制度，企業のイメージ，企業の道徳を作って"企業のイメージを作り出す"。以上の理念によって企業のイメージと社員のイメージを統合して企業の発展を追求する。

　第3モデル

　広東太陽神集団のCISモデルを取り上げる。広東太陽集団の企業理念のシステムは理念認識，行為認識，視覚認識を3つの面に分けて構築されている。企業のイメージと企業文化の創設をシステム化して，中国の市場経済と企業発展の需要を結合する。多くの企業が営業戦略面のCISを企業文化戦略に昇格

する趨勢となっている。

　第4モデル

　上海宝鋼集団の"用戸満意工程"（CS顧客満足戦略）の構築モデルを代表として取り上げる。企業の理念は顧客を満足させることを中心にし，顧客に製品面でもサービス面でも満足させることを重視して，企業の管理文化と企業の経営文化を統合して企業文化の形式を構築する。これは企業文化の構築にとって新しいモデルである。ISO 9000シリーズに顧客満足の指標を導入することでこのモデルの実施を質的に向上させた。

　第5モデル

　山東省黄台火力発電工場の"三維立体"のモデルを取り上げる。この企業は企業文化を中心主体して，工場の文化，地域の文化そして家庭の文化の三者を結合して，システム的に企業の文化を構築する。このモデルの特徴は工場と地域をつなげて社会主義の精神文明の建設に重要な意義を持つ。

　以上5つの企業文化は，中国企業および中国企業環境の特徴によって構築された企業文化である。それぞれの長所があり，比較的成熟した企業文化の構築経験の成功例であり，現代中国企業の間でよく応用されたり見習われたりして，広範に認められた企業文化である。

5．結びに代えて

　現在，中国の社会主義市場の経済体制はまだ不完全であるために，企業管理の状況や，経済発展水準の地域的不均等などの原因で，企業文化の構築にも影響が出ている。しかし中国の全体的な発展趨勢が迅速にかつ着実に進むなかで，世界的規模で中国伝統文化への関心が広がり，中国型の企業文化の構築も中国の経済発展とともに世界にますます注目されるようになるだろう。

　　　　　　　　　　　　　　　　　　　　　　　（原文中国語　北芳　訳）

第 18 章
中国私有化企業の企業文化
――中国東北地域の製造加工業調査から――

北　蕾

1．問題の背景と本章の課題

　経済の発展に伴い，中国では労働事情が日々変化している。2010年6月に中国華南地域にある台湾企業での従業員連続自殺事件やホンダ企業におけるストライキは，結果的に従業員への賃上げを受け入れ，企業内における従業員組織の強化を表明したことで，事件の悪化を食い止めたが，一連の事件を通して，企業文化の構築がいかに重要であるかが明らかになった。もし，これらの企業で経営が従業員と共通する価値観を持っていれば，今回のような，従業員に裏切られる事態は起きなかったであろう。ここでいう企業の価値観というものは，他でもなく企業文化そのものである。

　良好な文化を持つ企業は従業員を統一でき，彼らに企業を発展させる動機づけを与える。したがって，従業員との間に衝突が起こった企業には従業員らの共鳴を呼ぶ文化が欠けていると考えられる。

　上記の2つの事件は，中国に進出している外資系企業のなかで起こったが，中国にある他のすべての企業にとっても他人事ではない。そもそも企業文化の重要性はこれまでもずっと主張されてきた。しかしそれは創業者や経営者自身の価値観や意識によるところが多く，企業文化というよりもむしろ，あくまで個人価値観を実践するためのものにしかみえない。もちろん，企業文化には創業者や経営者自身の価値観が重要な位置を占めているが，その価値観が従業員

1人ひとりの持つ価値観とどの程度融合できるかということは，企業文化の成立にとってもっとも重要な核心となる。この意味で，中国華南地域で発生したストライキ事件は，従業員の視点から企業文化に対する再検討のきっかけが提起されたといえよう。

今日，経済大国に成長した中国では，労働者を取り巻く環境が変化してきたとともに，人びとの労働意識や労働スタイルにも変化が現れている。このような背景の下で，従業員の意識を反映できる企業文化が一層重要になり，かつ経済発展の新たな段階にある中国社会に求められるようになった。

本章は，国有企業の構造改革によって生まれた私有化企業を取り上げ，これらの企業の企業文化について考察する。

計画経済時代の国有企業では従業員側の声が比較的に重視されていた。それは社会主義イデオロギーを掲げたすべての社会主義体制国家の建前でもあるが，中国の企業は"企業の主人公は従業員である"という一種の企業文化が根付いていた。しかし，経済体制が転換した後，承知の通り，社会主義のイデオロギーはすでに有名無実なものになり，企業は従業員たちのものではなく，経営者の私的な財産となった。このような状況下で，かつての企業文化はどのような変容を遂げたのか，私有化企業は従業員と共有する企業文化を構築したのか。本章は実証データを用いてこうした問題の解明に努める。こうした問題の解明は激変する中国の労働事情のより一層の理解を深めることになろう。

本章は以下のように構成される。第2節では，本章で用いる実証データについて説明し，調査企業の特徴および調査対象者である従業員の属性を明らかにする。第3節では実証データから得られた結果に基づいて分析を行うが，この節では人材管理の諸制度に焦点を当てた。具体的には待遇，評価，従業員のモチベーションを高める制度などの項目が取り上げられる。第4節では従業員の仕事観や会社観を考察する。そして第5節では中国における企業文化の形成に欠かせない労働組合について考察し，最後の第6節では，各節で得られた結果を踏まえたうえで，私有化企業における企業文化の特色を明らかにする。

2．データ源と調査対象の属性

本章は2007年から2008年にかけて中国瀋陽市で実施した「現代企業文化国際比較調査」のデータに基づき分析を行う。この調査は8カ国で実施したものであり，筆者は中国での調査を率いた。調査対象企業はすべて国有企業を経て民営化された企業であり，機械，電機，流通の各産業から従業員規模300人以上の企業をそれぞれ2社，合計6社が選ばれた。ただし本章ではデータの統一性を求めるため，流通業を外し，製造業（機械，電機）の4社に絞った。調査対象者数は1企業300人，4社で1,200枚の調査票を配布し，このうち有効に回収されたのは724票，したがって有効回収率は61.8%となる（表18-1）。

表18-1 調査票の有効回収数（サンプル数）

	企業1	企業2	合計
機　械	197	165	362
電　機	186	176	362
合　計	383	341	724

調査対象となる従業員の構成についても述べておきたい。

性別は男性60.9%，女性39.1%で，男性優勢型の傾向が表われている。年齢構成（満）では25－34歳がもっとも多く，その割合が45.8%に達しており，比較的若い世代であることがわかった。男女別に年齢の分布をみても，男女とも25－34歳の比率が高い。ただ，男性だけに注目すると40－44歳および40－44歳の年齢層が多い一方，女性のほうが24歳以下の年齢層が目立っている。

学歴構成は「短大・高専卒」が38.9%でもっとも多く，「大卒」が31.8%，「大学院修了」が3.7%となっており，総計でみると高学歴の傾向がある。

勤続年数（満）について，総計でみてみると，1年未満1.5%，1－4年42.1%，5－9年29.2%，10年以上27.2%である。5年以上勤務している人が半分を超え，また勤続10年以上の長期勤務者も3割近くにも達している。

従業員の労働組合加入状況については，「非組合員」が34.7%に対し「現在

組合員」の比率が65.4%であり，従業員の組合に加入する比率が高いことが確認された。

以上，従業員の構成について紹介した。企業文化に対する考察は，こうした従業員に対する質問調査票の結果に基づいて行うが，主に3つの側面に着目する。それは，人材管理の諸制度，従業員による会社への価値観，および従業員の労働組合への帰属感である。

次節では人材管理の制度についてみていくことにする。具体的には従業員待遇，人事評価，モチベーション制度などの項目を取り上げる。

3．人事管理の諸制度

企業文化は企業競争力の源泉であるといわれているが，人事管理の施策は優れた企業文化の醸成に欠かせない。しかし，人事管理の手法が従業員たちの価値観と食い違っていると，人事管理の効率性が期待できず，勿論，企業文化の構築にも影響を与えることが考えられる。この節では，賃金制度や福利厚生，人事評価および従業員のモチベーションを高める手法など人事管理に関する諸制度を企業文化のなかで捉えていくことにする。

(1) 賃金制度

賃金に対する従業員の意識は，給料・諸手当に関する従業員の満足度で測定する。それの測定のために5段階の回答選択肢を設けている（1満足していない，2あまり満足していない，3どちらともいえない，4かなり満足している，5大変満足している）。回答結果は図18-1に示されており，「かなり満足している」(33.1%)，「大変満足している」(14.4%) を合わせた＜満足＞とする人は47.5%であることに対して，「あまり満足していない」(30.8%) と「満足していない」(0.4%) を合わせた＜不満＞とする人が31.2%となっている。この結果は，賃金に対する＜満足＞と思う人の割合が＜不満＞を20ポイント近く上回っていることを示しているが，全サンプルの過半数には達していない。

あえていえば，3割強を占める＜不満＞者の割合は大きいともいえる。そこで，＜不満＞者を職種，学歴，年齢，性別，勤続年数に分けてその関係をみてみることにした。

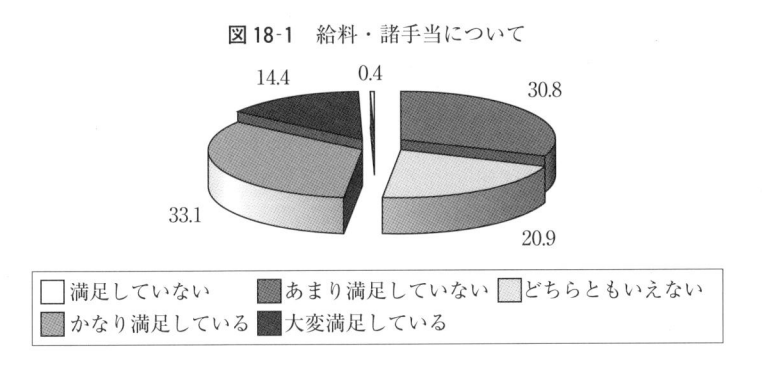

図 18-1　給料・諸手当について

30.8
20.9
33.1
14.4
0.4

□満足していない　■あまり満足していない　□どちらともいえない
■かなり満足している　■大変満足している

まず，職種別に＜不満＞の回答者の比率をみてみると，もっとも比率が高かったのは「技術・スタッフ職」の46.1％で，続いて「監督職」の31.5％である。

次に，学歴では，「中卒」以外，各学歴層において不満度の差は大きく開いていない，ただし「短大・高専卒」の不満度がやや目立っている。

さらに，年齢と性別では，年齢においては55歳以上のベテランに＜不満＞（57.9％）が大きく，性別においては男女差がそれほど大きくないことがわかった。

最後に，勤続年数においては，勤続年数が長いほど不満者が多く含まれ，とくに20年以上勤務した者の不満がもっとも高いことが示されている。

要約するならば，賃金制度に対して多数の従業員が満足感を示しているが，長期勤続者や高齢者ほど賃金に対する＜不満＞が高いことである。これと似た結果は，福利厚生に対する考察も読み取れた。

(2)　福 利 厚 生

企業の福利厚生に対する満足度は図18-2にみるように，＜満足＞（かなり

満足している＋たいへん満足している）が60.9%，＜不満＞（あまり満足していない＋満足していない）が22.7%である。＜満足＞と答えた人は＜不満＞を大きく上回り，2倍以上の差がついている。

しかし，福利厚生に対する＜不満＞の2割強を職種，学歴，年齢，性別，勤続年数ごとにみてみると，55歳以下の各年齢層において＜不満＞率がばらついて分布しているが，55歳以上の年齢層になると＜不満＞と回答した人が極端に増えており，また，勤続年数においては分極化の傾向がみられ，勤続5年以下と勤続25年以上の人が福利厚生に対する＜不満＞がやや目立っていることがわかった。

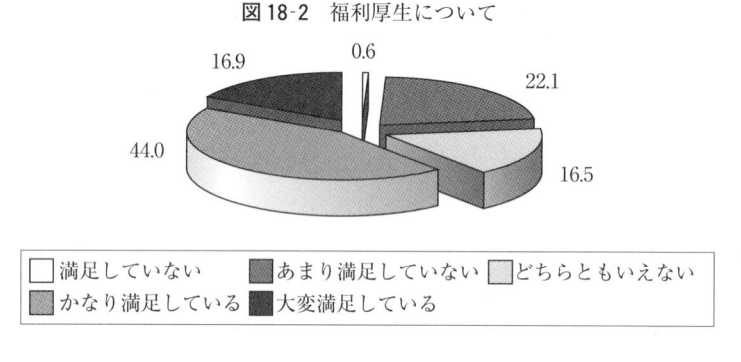

図18-2　福利厚生について

- 満足していない　16.9
- あまり満足していない　0.6
- どちらともいえない　22.1
- かなり満足している　44.0
- 大変満足している　16.5

この結果を踏まえ，賃金制度と福利制度を総合的に考えると，両制度は年功的な性質を持っていないとみることができる。つまり，成果が企業利益を配分するシステムの基軸だとみられる。能力・成果を重視する人事体制の下では若手従業員と熟練従業員との待遇に大きな差がつかないが，これによって長期勤続者やベテラン者の不満が募る。しかし企業従業員全体の意識からみれば，このような成果主義的な賃金制度および福祉制度が適合しているようにみえる。

(3) 人事評価制度

このように，賃金制度や福利制度からみる限り，企業人事管理の文化に成果主義的な性質が顕著にみられた。しかし，企業における成果主義の浸透によ

り，公平・公正な評価システムも求められるようになった。ここでは具体的な人事評価システムを考察することが主な目的ではないが，企業における人事評価システムへの従業員の意見をみてみた。公正な評価制度は従業員の行動を正しい方向に導き，従業員のモチベーション向上や優れた企業文化の形成を促進すると思われるからである。

質問調査票のなかに「あなたは職場で，ご自身がどのように評価されていると思いますか」という設問がある。回答選択肢は「十分評価されている」から「まったく評価されていない」の5段階で設けられている。

この設問に対する回答は以下のようになっている。「かなり評価されている」と回答した人が58.1％，これに「十分評価されている」の24.1％を合わせると，82.2％になり，従業員の8割以上が＜評価されている＞と考えている。一方，「あまり評価されていない」は4.2％で，「まったく評価されていない」の2.4％と合わせても＜評価されていない＞とする従業員はわずか6.6％にすぎない。図18-3はその結果を示している。

この結果により，企業における人事評価の制度は大多数の従業員から評価を得られているといえる。とくに高学歴が多数を占める管理職の満足度が目立っており，この事実は企業における人材の確保ができていることを反映しているとみてよい。人材の確保は企業の競争力の強化につながることはいうまでもな

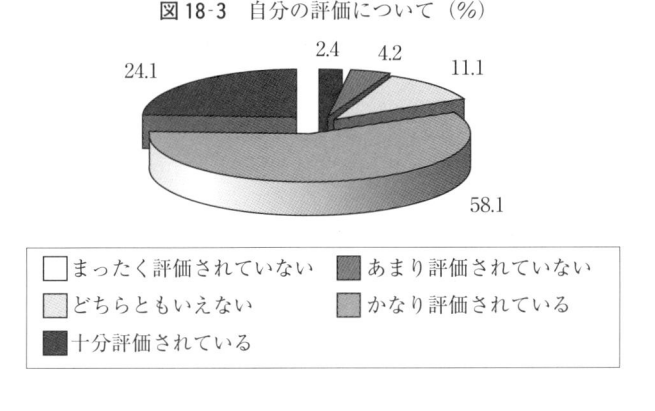

図18-3　自分の評価について（％）

- まったく評価されていない
- あまり評価されていない
- どちらともいえない
- かなり評価されている
- 十分評価されている

2.4　4.2　11.1　58.1　24.1

いが，もっと重要なことは，彼らのモチベーションを最大限に高めることである。次に，企業における人事管理の文化が従業員モチベーションの高揚や能力に貢献しているかどうかについてみてみよう。

(4) 従業員のモチベーション

一口に従業員のモチベーションを高めるといってもその手法がさまざまであり，従業員それぞれの働く意欲によってその効果もさまざまである。そもそも良好な企業文化の確立は従業員のモチベーションの向上につながるが，(4)項では，仕事への責任感と達成感との2点だけに絞って，従業員の労働意欲を考察してみる。これは，従業員に仕事への責任感と達成感を持たせることが従業員のモチベーションを高めるのにもっとも効果的な手法だと考えられるからである。

質問調査票には「仕事上の能力発揮」と「仕事上の自己裁量」に関する設問がある。

まず，自己裁量については，「かなり満足している」(43.4％)，「大変満足している」(14.4％) を合わせた＜満足＞は57.8％となり，従業員の5割以上は自己裁量に満足していることが確認された。これに対して，「あまり満足していない」が16.2％，「満足していない」が0.4％となっており，＜不満＞とする人は16.6％しかおらず，2割以下にとどまっていることが判明した。

しかし，興味深いことに，自己裁量に対して，「どちらともいえない」と回答する人の比率は25.6％で，＜不満＞とする人の割合を上回っていることである（図18-4参照）。つまり，従業員の多くは自己裁量に満足しているという意思を示しているが，2割強を占める曖昧的な意見を踏まえて考えると，その割合は決して高いとはいい切れない。

さらに，従業員の個人属性，職場の特性を変数として，その＜満足＞と＜不満＞の分布にどのような特性が読み取れるかを追究してみよう。

職種別と性別による自己裁量における＜満足＞と＜不満＞の分布に大きな差はみられないものの（職種別については図18-5を参照），学歴，年齢，勤続年数

図 18-4　自己裁量について

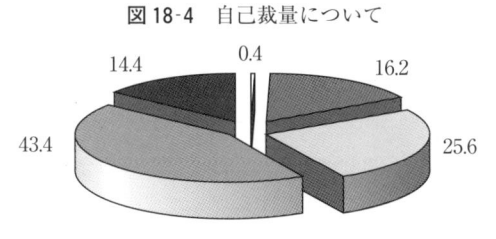

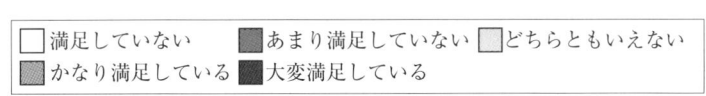

14.4　0.4　16.2
43.4　　25.6

□ 満足していない　■ あまり満足していない　□ どちらともいえない
■ かなり満足している　■ 大変満足している

図 18-5　業種と自己裁量

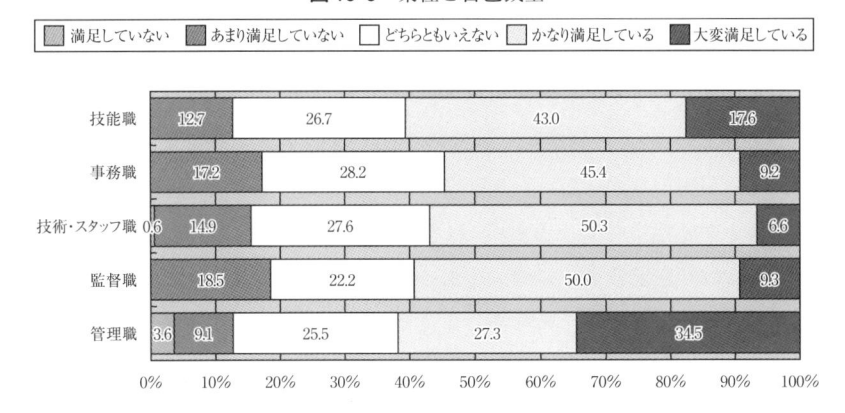

■ 満足していない　■ あまり満足していない　□ どちらともいえない　■ かなり満足している　■ 大変満足している

職種	満足していない	あまり満足していない	どちらともいえない	かなり満足している	大変満足している
技能職		12.7	26.7	43.0	17.6
事務職		17.2	28.2	45.4	9.2
技術・スタッフ職	0.6	14.9	27.6	50.3	6.6
監督職		18.5	22.2	50.0	9.3
管理職	3.6	9.1	25.5	27.3	34.5

および雇用形態における分布に以下の特徴がある。

　学歴については，図18-6にみるように「短大・高専卒」の満足度がもっとも低いが，「中卒」は「短大・高専卒」より満足度が高く，「大学院修了」者は「大卒」より高い特徴がある。「短大・高専卒」のやや低い満足度は学歴によるものだと考えられる。改革開放以前は，「短大・高専卒」者は高学歴者として企業に認められ，職場で重要な地位・役割を与えられていた。しかし，改革開放以後は，中国における教育制度の改革が行われたとともに，大学への進学率も高くなった。今は「大卒」以上の学歴者が多くを占める企業のなかでは，「短大・高専卒」者に，重要な地位・役割が与えられているとはいい切れない。彼

294 第 5 部 中国における企業文化の動態

図 18-6 学歴と自己裁量

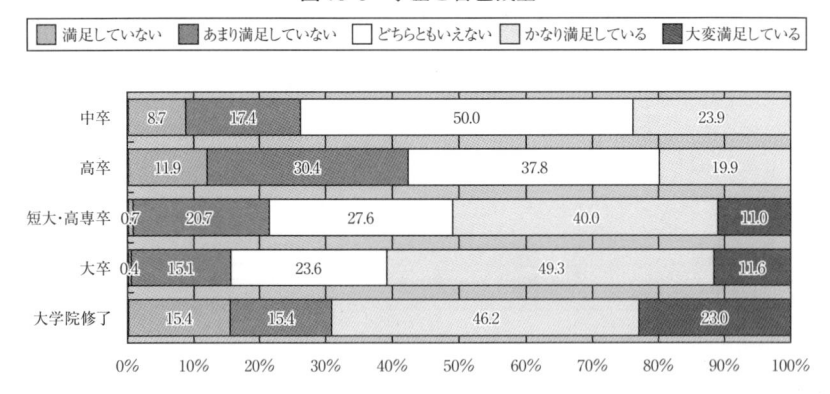

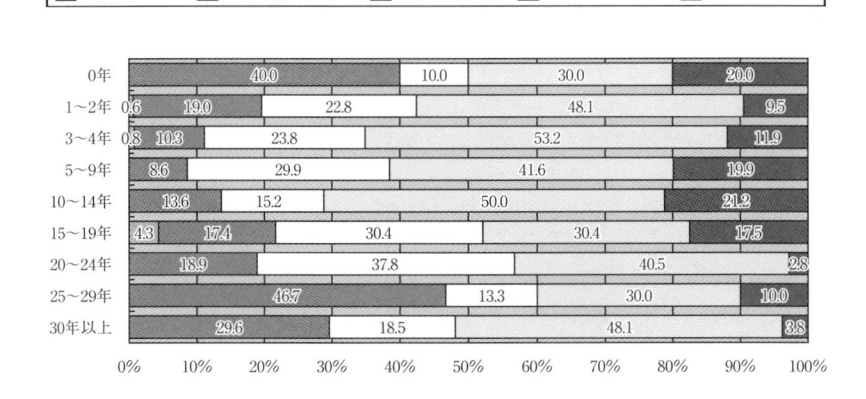

学歴	満足していない	あまり満足していない	どちらともいえない	かなり満足している	大変満足している
中卒	8.7	17.4	50.0	23.9	
高卒	11.9	30.4	37.8	19.9	
短大・高専卒	0.7	20.7	27.6	40.0	11.0
大卒	0.4	15.1	23.6	49.3	11.6
大学院修了	15.4	15.4	46.2	23.0	

らの持つ学歴が以前より相対的に低くなったことによって，彼らの職場での発言権力も弱まってきたとも考えられる。

このように，「短大・高専卒」は今の中国では低学歴でもなく高学歴でもないといえる現実のなか，どっちつかずのその複雑なポジションが，このグループの不満を引き起こしているとみられる。このことを裏づけるように，「中卒以下」の者は「自己裁量」についてもっとも高い＜満足度＞を示している。

さらに，勤続年数から，興味ある事実が読み取れた。すなわち，0 年以下の

図 18-7 勤続年数と自己裁量

勤続年数	満足していない	あまり満足していない	どちらともいえない	かなり満足している	大変満足している
0年		40.0	10.0	30.0	20.0
1～2年	0.6	19.0	22.8	48.1	9.5
3～4年	0.8	10.3	23.8	53.2	11.9
5～9年	8.6	29.9	41.6	19.9	
10～14年	13.6	15.2	50.0	21.2	
15～19年	4.3	17.4	30.4	30.4	17.5
20～24年	18.9	37.8	40.5	2.8	
25～29年	46.7	13.3	30.0	10.0	
30年以上	29.6	18.5	48.1	3.8	

勤続者を除いて，勤続年数「25-29年」の長期勤続者において自己裁量に対する＜不満＞（46.7％）が＜満足＞（40％）を超えていることである（図18-7を参照）。なぜ，長期勤続者の彼（彼女）等はかえって短期勤続者より＜不満＞が高いのか，これは，企業では年功序列的な権力構造が崩れてきており，勤務期間の長短が自己裁量の大きさに結びつかなくなってきているからではないだろうか。この仮説を検証するために，年齢別による自己裁量の結果もみた。同じ傾向が図18-8によって示されている。

図18-8　年齢と自己裁量

年齢	満足していない	あまり満足していない	どちらともいえない	かなり満足している	大変満足している
24歳以下		11.4	30.7	44.3	13.6
25～29歳	0.5	16.8	26.9	49.2	6.6
30～34歳		16.3	29.6	40.7	13.4
35～39歳		17.9	12.8	50.0	19.3
40～44歳	1.3	11.7	33.8	31.2	22.0
45～49歳	1.9	24.5	11.3	45.3	17.0
50～54歳		10.3	13.8	58.6	17.3
55歳以上		21.1	26.3	47.4	5.2

次に，仕事の達成感をみてみよう。

能力発揮についての満足度は，従業員の達成感を考察するうえで有効な項目だと思われる。総計で能力発揮の満足度をみてみると，＜満足＞（「かなり満足している」＋「大変満足している」）が73.3％（55.7％＋17.6％）で，サンプル全体の7割以上を占めていることが確認できた。一方，＜不満足＞のほうは，「満足していない」と回答したものが1人もいなかったが，「あまり満足していない」だけの回答率をみると，わずか12.7％であり，つまり，1割強しか占めていない（図18-9を参照）。この結果は自己裁量について考察した結果より，とくに＜満足＞度の高さがはっきりみられた。

一般には，自己裁量の権限が大きければ大きいほど，自己能力が発揮でき，

達成感がもっと得られると考えられるが，能力発揮の＜満足＞度（73.3%）が自己裁量に関する＜満足＞（57.8%）をはるかに越えたことは，「自己裁量」に＜不満＞，あるいは「どちらともいえない」者でも自己の能力が発揮できることを意味している。このことから自己裁量権が十分に与えられない人でも，仕事を遂行する過程で，自分の能力がなんらかの形で上司によって生かされ，結果的には仕事の達成感が得られるといえるだろう。そして，自分の能力が発揮できると感じることが従業員の仕事のモチベーション向上につながっているといえるだろう。

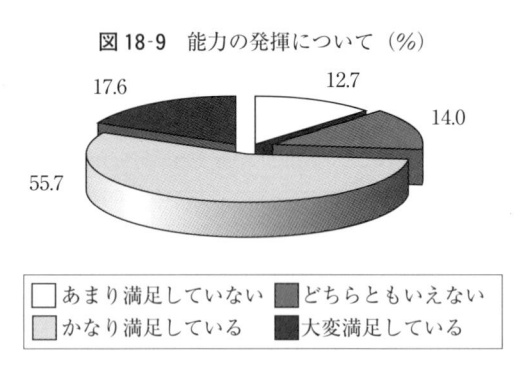

図 18-9 能力の発揮について（%）

- あまり満足していない：12.7
- どちらともいえない：14.0
- かなり満足している：55.7
- 大変満足している：17.6

ここまでは，人事管理を中心に考察してきたが，まとめてみると，成果主義を貫く労働成果の配分システムは従業員の価値観と基本的に一致し，従業員多数の支持を得ている。ただ，高い支持率の背景には公平な評価制度の存在が重要であることがこの節で明らかになった。そして，人事管理において，もっとも重要な要素のひとつである従業員のモチベーションについて考察したところ，ほとんどの従業員は高い労働意欲を持っていることが確認された。それは，従業員の仕事への責任感と達成感によって醸成された結果である。勿論，中国社会の変化とともに，中国人の労働意欲も多様化したことが考えられる。しかし，仕事への責任感や達成感は如何なる社会になっても，仕事へのモチベーションを促進できる基本的な要素であるだろう。本章で取り上げた私有化中小企業は，まさに，こうした基本要素を重視し，企業の所有権が「公」から

「私」に転換しても，従業員に仕事への責任感と達成感を与え，これによって，従業員に自らが企業の「主人公」という意識を持たせつつあると考えられる。

次節から，企業が私有化した後の従業員の仕事観を考察するとともに，従業員の「主人公」意識の変容を取り上げる。

4．従業員の仕事観と会社観

(1) 仕　事　観

従業員は何のために仕事をしているのか，あるいは従業員は自分の仕事に対してどのように思っているのかといった問題は，従業員の仕事の価値観を反映し，またその価値観は企業文化作りに影響する。この節では，従業員の仕事観と価値観を通して，私有化企業における企業文化の指向や特色を検討する。

従業員の仕事観を考察するのに，6項目を設けて，それぞれの質問にどの程度を重視しているかをみてみることにした。回答は「まったく違う」から「まさにその通り」までの5段階で設定している。表18-2は，6項目の回答結果（複数回答）を示している。

まず，仕事のどういった面がもっとも重視されているかをみてみよう。

＜その通り＞（「まさにその通り」＋「だいたいその通り」）がもっとも多く選ばれた項目は「夢中になれる」(72.8%)で，全サンプルの7割以上を占めてい

表18-2　仕事の意味　　　　　　　　(％)

	地位や名声	必要な収入	人との出会い	夢中になれる	社会への貢献	仕事が面白い
まったく違う	21.8	8.5	11.4	9.1	8.6	11.1
少し違う	17.7	11.6	10.1	5.1	6.4	7.4
どちらともいえない	23.2	13.5	17.4	13.1	15.5	18.7
だいたいその通り	24.3	42.5	41.8	45.5	46.6	37.9
まさにその通り	13.1	24.0	19.3	27.3	22.9	24.9

る。これに続いて，選ばれたのは「社会への貢献」(69.5%)という項目であり，前者との差はわずか3ポイントである。つまり，多数の従業員は仕事そのものを愛し，仕事を通して社会に貢献する意欲を持っていることが示されている。

この結果は，近年指摘されている中国社会における「一切向銭看」(お金を何より重視する)という現象，つまり「お金のためだけに働く」という意識から，仕事に打ち込むことや，自分の仕事が社会のために貢献しているという充実感を重視するという意識への傾向が読み取れる。このことは，経済的なゆとりが出てきたことにより，より高度な満足を求めるようになった結果といえよう。しかし，一方，「必要な収入」を重視する従業員もいまだに多数を占め(66.5%)，上の2項目に次いで3位に達することも注目すべきである。

以上の結果を踏まえて従業員の価値観をまとめてみると，仕事は従業員にとって必要な収入を得る手段であると認識するものの，より重視するのは仕事を通しての，労働の達成感と社会への貢献感だといえるだろう。

従業員意識に反映したこのような仕事観は，中国社会における全体的な経済水準の向上，および今回調査対象の属性と関係があるといえるだろう。

中国社会におけるさまざまな変化についてはここでは詳しい説明は割愛するが，今回調査対象とした従業員属性の特徴について，少し説明を加えたい。第1節で明らかにしたように，今回調査対象とした従業員のほとんどは農村部から出てきた出稼ぎ労働者ではなく，比較的に豊かな都市部で生活している，若い世代を中心とする労働者である。こうした背景をもつ従業員には1人子が多く，裕福な環境で育てられてきた人がほとんどであるので，仕事の収入を重視するより，豊かで充実した生活スタイルを構築しようとする人が多いと考えられる。

仕事の価値観について，従業員の全体像としては以上のような特徴が得られたが，属性別にみてみると以下の特徴点が加えられる。

職種別にみると，どの職種でも「夢中になれる」と「社会への貢献」が多く選ばれた項目であるが，「管理職」でその回答率がとくに高く，それぞれ

表 18-3　職種別に見た仕事の意味（％）

	地位や名声	必要な収入	人との出会い	夢中になれる	社会への貢献	仕事が面白い
技能職	46.0	69.2	63.3	66.7	76.7	70.4
事務職	36.0	67.1	67.9	73.0	65.0	63.1
技術・スタッフ職	25.8	64.2	52.0	75.1	69.4	56.9
監督職	41.5	66.0	68.6	73.1	76.9	60.4
管理職	46.3	76.4	74.1	84.9	80.0	78.2

（だいたいその通り＋まさにその通り）

84.9％と80％にも達している。これに対して，「地位や名声」という項目はどの職種においても低い値を示していて，多数の従業員が仕事の意味を「地位や名声」と結びつけて考えていない傾向がみられた（表18-3を参照）。

　学歴別では，「高卒」以下の者に「必要な収入」を選ぶ人が多く，その比率は「中卒」で66.7％，「高卒」でも69.9％であり，その重視度は2番目に高い。しかし，「短大・高専卒」以上の学歴になると，「必要な収入」を重視する回答者の比率が明確に減り，「短大・高専卒」，「大卒」者は「夢中になれる」と「社会への貢献」がそれぞれ1位と2位にくる。また「大学院修了」者は「仕事が面白い」と「社会への貢献」がそれぞれ1位と2位である（表18-4を参照）。

　最後に年齢別にみると，30歳以下の回答者が「夢中になれる」ことを重視

表 18-4　学歴別に見た仕事の意味（％）

	地位や名声	必要な収入	人との出会い	夢中になれる	社会への貢献	仕事が面白い
中　卒	40.0	66.7	57.8	64.4	66.7	64.4
高　卒	39.8	69.9	64.9	74.0	67.4	60.9
短大・高専卒	34.6	61.9	58.0	68.4	68.2	63.3
大　卒	37.7	68.6	62.5	78.0	71.0	59.8
大学院修了	44.0	72.0	64.0	76.0	80.0	84.0

（だいたいその通り＋まさにその通り）

する傾向がある一方，30歳以上の人には，「45-49歳」の年齢層を除いて「社会への貢献」に偏っている人がやや多いことが示されている（表18-5を参照）。「45-49歳」の年齢層でみられた「必要な収入」を重視する傾向は，この年齢層の生活負担，および社会責任が大きいことから解釈できるだろう。ただし，3つの項目に関する重視の程度にそれほどの差がないことも注目に値する。要するに，仕事の収入も重視されるが，他の世代と同様仕事そのものの意義，および社会への貢献も同じく重視されているといえる。

表18-5 年齢別にみた仕事の意味（％）

	地位や名声	必要な収入	人との出会い	夢中になれる	社会への貢献	仕事が面白い
24歳以下	40.2	64.0	67.1	76.7	66.7	55.2
25-29	32.8	66.7	60.1	73.6	65.4	63.5
30-34	40.3	70.9	65.7	73.1	73.9	64.4
35-39	45.5	70.1	60.5	78.7	78.9	69.7
40-44	44.0	66.7	62.7	75.7	76.0	75.0
45-49	23.1	56.6	42.0	53.8	55.8	50.9
50-54	34.5	53.6	50.0	55.6	62.1	48.3
55歳以上	26.3	47.4	57.9	63.2	68.4	63.2

(2) 会 社 観

従業員の仕事観を明らかにしたうえで，続いて従業員の会社観について考察してみたい。

さきにふれたように，従業員の仕事観は企業文化の形成に影響を与えるといえる。いいかえると，従業員の価値観が企業文化とマッチできれば，従業員と企業との共有価値が生まれやすいし，従業員の企業への貢献意識や帰属意識も高くなると考えられる。したがって，私有化企業の企業文化は従業員の仕事観とマッチしているかどうかを検証するために，従業員の会社観をみてみる必要がある。

従業員の会社観に関しては「あなたは，会社に対してどんな感じをお持ちで

すか」という設問を通して窺うことができる。この設問においては「会社については全く関心がない」、「会社に対してこれといった感じをもっていない」、「どちらともいえない」、「会社が私に報いてくれる程度に会社につくしたい」、「会社の発展のために自分の最善をつくしたい」との5つの回答選択肢が設けられている。

　サンプル全体でみると（図18-10を参照）、「会社の発展のために最善をつくしたい」の比率がもっとも大きく、62.3％で、6割以上に達している。それに次いで「報いてくれる程度につくしたい」が25.2％で、2割を超えているが、残った3つの選択肢の比率をみると、どれも1割以下に止まり、会社に関心を持っていない人が少ないことが明らかである。

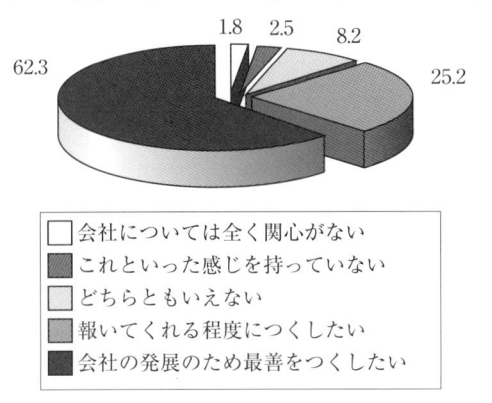

図18-10　会社に対してどんな感じを持っているか（％）

　会社に対して貢献意識が強くみられる「会社の発展のために最善をつくしたい」の項目について、従業員の年齢、学歴、性別、職種、勤続年数、雇用形態の6つの変数を取り上げ、それらとの関連をみてみると、勤続年数、年齢、雇用形態、性別においては、貢献意識が均等に分布しているものの、学歴と職種においては、バラツキがみられた。すなわち、学歴が高ければ高いほど貢献意識は上昇する傾向があるが、職種においては、管理職の貢献意識がもっとも高いのである。

以上の結果は，従業員の多くは会社に対して強い忠誠心を持ち，企業との絆ができていることを示している。これによって，従業員と企業とは共有する価値を持ち，従業員の仕事に託した夢が企業を通して実現していくことが考えられる。したがって，私有化企業の企業文化は従業員の意識とうまく融合され，社員とは運命共同体的な性質を持っているといえるだろう。

5．労働組合

この節では，労働組合を取り上げる。中国では企業文化の構築を呼びかけて以来，労働組合の企業文化構築における役割も重視されてきた。2001年に改正された「工会法」では労働組合の活動と企業の文化建設との緊密性を促している。では，実際に企業文化が形成される過程において労働組合はどのような役割を果たしているだろうか。また従業員は労働組合に対してどのような役割を期待しているのだろうか，本章の最後はこの点について追究してみる。

(1) 労働組合の組織状況

まず，従業員における労働組合組織率，および組合員の分布状況を確認しておこう。

調査対象者である従業員の組織状況が図18-11に示されている。

質問調査票では，「非組合員・組合員の経験はない」「現在非組合員・組合員の経験はある」「現在組合員」の3つの選択肢を設けている。「現在組合員」(以下現組合員と略称)はサンプルの大半を占め，その比率が6割強で，「現在は非組合員だが組合員の経験はある」者が1割弱である。これに対して「非組合員・組合員の経験はない」者は3割近くに達し，やや高い。

現組合員，非組合員の分布を個人属性別にみてみると，次のような特徴が明らかになった。

職種の構成からみた特徴は，組合員に占める割合がもっとも高いのは「技能職」(27.9%)と「技術・スタッフ職」(27.9%)で，もっとも低いのは「管理

図 18-11　組合員の比率（％）

- 非組合員・組合員の経験はない：26.6
- 現在非組合員・組合員の経験はある：8.1
- 現在組合員：65.4

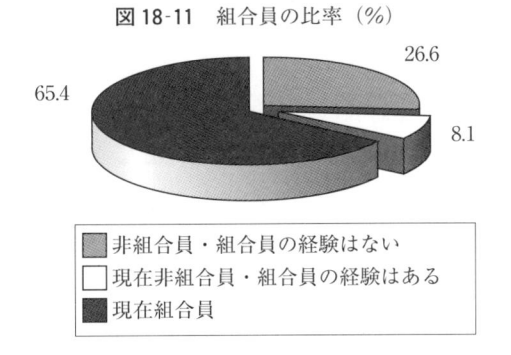

職」（7％）である。しかし非組合員のなかで，組合員経験がある者の職種は「管理職」がもっとも高い。

　男女の構成では，男性（68.6％）がやや多いが，女性（61％）との差は大きくない。また，非組合員の割合に注目すると，男女とも「非組合員・経験のない」の比率が「現非組合員・組合員の経験がある」の比率を上回っているが，女性の「非組合員・経験のない」者の比率が男性より際立って多いことが確認される。

　学歴については，もっとも多いのは「中卒」の 93.5％，次いで「高卒」の 75.2％ である。非組合員は主に短大以上の高学歴層に分布しているが，「非組合員・経験のない」と「現非組合員・経験のある」を対比させてみると，「大学院修了」者の非組合員には組合員の経験者がいないことがわかった。

　年齢と勤続年数をみてみると，組合員は主に 30 歳代以上，勤続 5 年以上に分布している。これは職場で年齢が高く，勤続年数も長い者が，労働組合に加入しているという傾向を示している。非組合員に注目すると，30 歳以下に主に集中するが，「非組合員・経験のある」者の分布にはばらつきがある。

　以上の結果を要約すると，次のようにいえるだろう。

① 労働組合の組織率は，6 割以上を占めている。しかし，この比率は決して高いとはいえないだろう。中国の労働組合法（「工会法」）は，従業員の労働組合への参加を強制していないものの，従業員労働賃金総額の 2％ が労働組合経費として天引きされることが明確に書かれている[1]。

このことは，実質的に従業員の組合への加入が義務づけられているといえるが，私有化中小企業のなかでは必ずしもそうなっていないようである。4割近くの従業員が組合に組織されていない理由として考えられるのは2つある。1つは非正規雇用者の存在で，もう1つは管理職の労働組合離れの現状である。ただ，本研究の調査対象に含まれる非正規従業員が1割弱という割合を考えると，後者が主な理由と考えられる。

② 組合員の分布特色から，管理職には組合員が少ないとみられた一方，低学歴で，年齢が30歳代以上，勤続年数が長い人が組合員の中心である事実も読み取れた。

このように，企業の所有権が変わった後の企業では，労働組合の設立が国によって実質的に義務づけられていても，実際には企業は従業員の労働組合への加入を強制していないようである。とくに，管理職の労働組合離れが目立っている。これは，中国の労働組合法に規定されていないものの，実際の現場では労働組合がすでに管理職以下の従業員を中心とする組織になっていくことを示しているのかもしれない。しかし，ここではあくまでも企業文化構築における労働組合の役割を論じることにとどまり，中国労働組合自身の問題に深入りするつもりはない。

⑵ 労働組合の活動状況

次に，労働組合の果たしている役割について，従業員の評価に基づいて検討してみよう。

現企業の労働組合がどのような活動をしているだろうか，「企業レベルの労働組合は，次のA-Pのような課題にどの程度取り組んでいますか。それぞれについて当てはまる番号に○をつけてください」という設問があり，全部で16の活動課題があげられている。それぞれの活動課題について5段階の評価選択肢が設けられており，「十分取り組んでいる」を5点，「まったく取り組んでいない」を1点とした尺度で回答が求められている。回答分布は表18-6に示してある。

表 18-6 労働組合活動に対する評価

	仕事の保障と雇用の確保	労働時間短縮	作業量・作業方法	夏季休暇など特別休日や有給休暇	賃上げ	福利厚生	教育訓練	労働災害や職業病	異動	経営施策への影響力	非正規従業員の均等待遇	仕事と家庭(生活)とのバランス	メンタルヘルス	男女の機会均等	未組織労働者の組織化	社会・政治活動
まったく取り組んでいない	6.9	15.7	8.1	18.8	11.7	7.6	6.9	6.5	5.4	6.2	6.3	11.6	11.6	5.6	7.5	6.1
あまり取り組んでいない	15.8	21.3	17.5	16.1	18.3	16.3	14.6	13.3	13.7	9.8	13.7	16.8	16.2	11.8	14.1	9.9
どちらともいえない	26.0	26.3	24.8	22.0	22.8	21.5	21.1	27.9	35.5	36.4	38.3	29.8	26.0	29.5	35.8	32.9
かなり取り組んでいる	28.0	18.6	25.4	24.3	28.0	34.4	32.5	29.1	24.5	22.8	22.1	23.6	24.8	30.0	22.4	30.1
十分取り組んでいる	23.3	18.1	24.2	18.8	19.3	20.2	24.8	23.3	21.0	24.8	19.6	18.2	21.4	23.1	20.3	21.0

　この表によると，取り上げた16項目のなかで，十分取り組んでいる上位5つは「教育訓練」，「経営施策への影響力」(ともに24.8%)，「作業量・作業方法」(24.2%)，そして「仕事の保障と雇用の確保」「労働災害や職業病」(ともに23.3%)，「男女の機会均等」(23.1%)であり，これらに「メンタルヘルス」(21.4%)などが続いている。

　従業員によってあげられた労働組合における教育訓練の活動は，主に，従業員への政治，技術，文化に関する教育活動であり，これは中国における労働組合の伝統的活動スタイルでもある。この活動が従業員に1位にあげられたことは，企業の所有制が変わっても，労働組合の役割が変わっていないことを表しているだろう。周知の通り，企業文化の構築や継承には従業員への教育が欠かせない。したがって，中国労働組合における伝統的な教育機能は，企業文化の構築において果たす役割もある程度期待できるといえるだろう。

　しかし，以上の順位づけは全体従業員から得られた結果である。調査対象の従業員を「現組合員」，「非組合員」，「現非組合員・経験のある」に分けて，労働組合活動に対する評価の異同をみてみると，どのようになっているか。ここでは，労働組合が「十分取り組んでいる」活動だけに注目し，それぞれのグルー

306 第5部 中国における企業文化の動態

表18-7 組合員籍別にみた労働組合活動（％）

	仕事の保障と雇用の確保	労働時間短縮	作業量・作業方法	夏季休暇など特別休日や有給休暇	賃上げ	福利厚生	教育訓練	労働災害や職業病	異動	経営施策への影響力	非正規従業員の均等待遇	仕事と家庭（生活）とのバランス	メンタルヘルス	男女の機会均等	未組織労働者の組織化	社会・政治活動
非組合員・組合員の経験はない	21.4	13.4	28.9	18.2	13.4	14.0	19.4	16.2	21.5	27.0	22.0	14.0	20.3	18.8	22.6	17.8
現在非組合員・組合員の経験はある	30.9	26.8	23.6	21.4	30.4	30.4	26.8	26.8	26.8	25.0	26.8	21.8	21.4	26.8	21.4	19.6
現在組合員	22.8	18.8	22.5	18.4	20.2	21.7	26.5	25.1	20.2	23.9	17.1	18.7	21.2	23.9	18.7	22.2

プの評価をみてみよう（表18-7を参照）。

　まず，「現在組合員」のあげた上位5項目までの労働組合の活動をみてみよう。

　それは「教育訓練」(26.5%)，「労働災害や職業病」(25.1%)，「経営施策への影響力」と「男女の機会均等」（ともに23.9%），「仕事の保障と雇用の確保」(22.8%)，そして「作業量・作業方法」(22.5%)の順である。第1位以外の順位は従業員全体でみた結果とはやや違うが，「教育訓練」という活動は労働組合の主な活動であることが再確認された。

　次に，非組合員グループの回答をみてみると，興味ある事実が読み取れた。非組合員に対する考察は「現在非組合員・組合員の経験はない」と「現在非組合員・組合員の経験はある」との2つに分けて行った。その結果は「経験のある」非組合員は労働組合の労使交渉活動をかなり評価する一方，「経験のない」非組合員の評価は「現在組合員」と似た評価が得られた。すなわち，「経験のある」非組合員のあげた上位5位までの順位は「仕事の保障と雇用の確保」(30.9%)，「賃上げ」「福利厚生」（ともに30.4%），「労働時間の短縮」「教育訓練」「労働災害や職業病」「異動」「非正規従業員の均等待遇」「男女の機会均等」（ともに26.8%），「経営施策への影響力」(25%)，「作業量・作業方法」(23.6%)の5つであり，従業員の権益を保護する活動が多く含まれている。

これに対する「経験のない」非組合員は「作業量・作業方法」(28.9%),「経営施策への影響力」(27%),「未組織労働者の組織化」(22.6%),「非正規従業員の均等待遇」(22%),「異動」(21.5%)が上位5位まであげられ,従業員への具体的な教育内容や,福祉など「現在組合員」と似たような回答をした。

では,なぜ,「経験のある」非組合員は今の労働組合における労使交渉の活動を評価しているのだろうか,それは,彼(彼女)等は以前の労働組合と比較する視点に立って今の労働組合を評価していることが考えられる。

周知のように,企業形態が多様化している今日の中国では,労使紛争も多くみられるようになった。それらに対する解決はいまだに国の権力頼りになっているが,労働組合の権利が国によって強化されつつあることも事実である。これには2001年に改正した「工会法」を参照すると明らかである。勿論,労使交渉において労働組合の自主権がまだ欠けているが,国の指導下,労使交渉に参与する機会が増えてきたことが否定できない。「経験のある」非組合員が労働組合のこうした変化に気付き,評価していることが十分考えられる。

ここまでの考察を踏まえて,労働組合の企業における役割を位置づけてみると,以下のことがいえるだろう。つまり,企業所有権が変わっていても,労働組合の伝統的な活動スタイルや役割が継承されている。確かに,労使交渉においての活動も以前より積極的になってきたが,従業員への教育訓練や労働への動員,および福祉厚生などの取り組みが相変わらず首位にあげられることは,中国における労働組合の役割が計画経済の時代とは大きな違いがないことを語っている。このことは,労働組合の政治的な役割を期待する見方にとっては好ましくない事実であるかもしれないが,企業文化の形成に教育の役割が重要という見方からすると,企業文化における労働組合の役割がまだまだ期待できそうである。

(3) 労働組合活動への期待

次に,従業員が労働組合に期待する役割について検討する。

従業員が今後の労働組合にもっとも取り組んでほしい仕事についてたずね

た,「今後,労働組合が重点的に取り組むべき上位3つをあげてください」という設問があり,16の項目が列挙されている。結果は表18-8,表18-9,表18-10のようになっている。

この16項目のなかから従業員が第1位として選んだのは「賃上げ」であり,サンプル全体の24.5%を占めている。

第2位としては「福利厚生」が26.2%を占めていて,もっとも多い。

最後に,第3位として選ばれた各項目の比率をみてみると,やはり「賃上げ」や「福利厚生」「教育訓練」に集中していて,そのなかでは,「福利厚生」がやや高いが,すでにこれは第2位としてリストされているので,第3位は「教育訓練」といってよいであろう。

このように,従業員の意思から,今後労働組合の活動に期待しているのは

表18-8 労働組合への第1期待

項　目	％
仕事の保障と雇用の確保	16.5
労働時間の短縮	11.6
作業量・作業方法	13.2
夏季休暇など特別休日や有給休暇	8.6
賃上げ	24.5
福利厚生	10.7
教育訓練	4.4
労働災害や職業病	1.6
異　動	0.3
経営施策への影響力	1.6
非正規従業員の均等待遇	0.9
仕事と家庭・生活とのバランス	3.3
メンタルヘルス	1.9
男女の機会均等	0.6
未組織労働者の組織化	0.1
社会・政治活動	0.4
合　計	100

表18-9 労働組合への第2期待

項　目	％
仕事の保障と雇用の確保	3.7
労働時間の短縮	11.4
作業量・作業方法	6.3
夏季休暇など特別休日や有給休暇	8.1
賃上げ	19.1
福利厚生	26.2
教育訓練	8.3
労働災害や職業病	2.9
異　動	1.4
経営施策への影響力	2.3
非正規従業員の均等待遇	1.0
仕事と家庭・生活とのバランス	3.0
メンタルヘルス	2.9
男女の機会均等	0.7
未組織労働者の組織化	1.0
社会・政治活動	1.7
合　計	100.0

「賃上げ」「福利厚生」「教育訓練」といった，より従業員の権益を反映する内容であり，労働者組織の活動の原点に位置づける内容であることが読み取れた。

この結果と対照しながら，今労働組合が実際に取り組んでいる活動を振り返って考えてみると，従業員の労働組合活動への期待はほとんど実現されているが，「賃上げ」に対する取り組みがまだ不十分であると指摘しなければならない。勿論，「福祉厚生」や「教育訓練」などに対する労働組合の活動も，結局のところ従業員の利益につながる。しかし，「賃上げ」のような活動は，労働組合が先頭に立ってやっていけば，従

表18-10 労働組合への第3期待

項　目	％
仕事の保障と雇用の確保	4.0
労働時間の短縮	7.4
作業量・作業方法	9.3
夏季休暇など特別休日や有給休暇	7.0
賃上げ	10.0
福利厚生	15.5
教育訓練	10.8
労働災害や職業病	6.0
異動	0.9
経営施策への影響力	2.9
非正規従業員の均等待遇	1.0
仕事と家庭・生活とのバランス	9.8
メンタルヘルス	6.7
男女の機会均等	1.3
未組織労働者の組織化	4.3
社会・政治活動	3.1
合　計	100

業員側の立場をより鮮明に出せ，また経営側との交渉も正当なものとされる。それゆえ労働組合のやるべき活動に対する従業員の「賃上げ」への期待は理解できる。したがって，社会主義市場経済に移行しても，中国共産党の指導下に位置づけられる中国労働組合は，いかに伝統的な活動を継承しながら，労働組合という組織の原点に当たる仕事を取り入れていくかという課題に直面している。また同時に，多種多様な企業形態にとっては，いかに労働組合の伝統的な役割を活かしながら，労働組合を従業員組織らしい組織に育てていくかも，喫緊な問題だろう。今後，中国の労働組合の役割が益々注目されるに違いない。

6. 総　　括

　本章は元国有中小企業が私有化した後の企業文化について考察した。人事管理の諸制度や従業員たちの仕事観，会社観，および企業内の教育機能を持つ労働組合といった項目への考察を通して，私有化企業における企業文化の特徴は以下のように要約することができる。
　まずは，賃金や福祉制度など待遇面における価値観には「成果主義」的な指向が強くみられた。こうした「成果主義」に基づく企業利益の配分システムには従業員にみとめられる評価制度を有することにより，「成果主義」的な人事管理文化は従業員の労働意欲を高めるのに効果的にみられた。
　次に，従業員たちの仕事観と会社観には充実する人生への実現や会社への強い忠誠心が映されている。これによって，従業員は企業での仕事を通して人生の達成感を得ようとし，また，企業とは共通な価値を持つことが考えられる。そこで「運命共同体」的な企業文化が生まれてきたのである。確かに，計画経済時代下におかれていた中国企業のほとんどは，従業員こそ企業の主人公であると明言していて，従業員との一体感を訴えていた。しかし，その時代におけるこのような「運命共同体」的な企業文化はあくまで政治的イデオロギーの表現であり，必ずしも従業員に企業と生死共存，あるいは共存共栄といった意識を共有していたとは限らない。一方，今日においてほとんどの企業が目指している「運命共同体」的な企業文化は，厳しい市場競争を勝ち抜くための最強の武器であり，企業の発展にとって欠かせないものであると同時に，従業員1人1人の豊かな人生を築く基盤ともなる。この意味では，私有化企業の企業文化は大いに評価できるだろう。
　良好な企業文化の伝播および継承には教育の役割が大きい。中国の企業労働組合は歴史的にその役割を担ってきている。今日における私有化企業の労働組合の活動でもこうした伝統的な教育機能や福祉機能が活かされていることで，組合活動を通じた企業文化のさらなる浸透や効果の発揮に期待できる。一方，

従業員の労働組合に対する労使交渉機能への強い期待は，労働組合に新たな課題を突き付けているともいえよう。

　したがって，本章では所有権の変革を経た私有化企業の企業文化は，「運命共同体」的なものとして特徴づけたい。それは，かつての「従業員は企業の主人公である」というようなイデオロギー的なスローガンではなく，従業員たちは企業での仕事を通して豊かな人生を実現しようという共同意識の表れである。本章は，あくまでも従業員意識調査の結果に基づいて私有化企業の企業文化に焦点を当てたものであるが，調査対象者の平均的把握や質問票調査の限界は認めざるをえない。また，分析する際に用いられた各項目が企業文化の一側面を描くことができたが，私有化企業における企業文化の全体像を提示するには，調査方法と分析方法のさらなる工夫が必要となろう。

　1)『工会法』第36条。

参 考 文 献

石川晃弘，2009,「企業の社会的責任と企業文化」『労働調査』3月号，労働調査協議会。
ホフステード, G., 2004,『多文化世界――違いを学び共存への道を探る』(岩井紀子・岩井八郎訳) 有斐閣。

補章 1
国際共同調査結果概要(1)
――企業文化と企業の社会的責任――

石 川 晃 弘

1. はじめに

　本書の土台となった国際共同研究「現代企業文化の国際比較」における調査結果の概要を紹介するのが，この章と次の章の目的である。この国際研究は「企業文化」「企業の社会的責任」「労働生活の質」の3つをキイワードとして設計され，調査は2007年～2008年に8カ国で実施された（その目的と方法については本書の序章を参照されたい）。調査実施国は（英語名でアルファベット順に列挙すると）中国，チェコ，エストニア，フィンランド，ドイツ，日本，ロシア，スロヴァキアである。
　本章では3つのキイワードのうちの「企業文化」と「企業の社会的責任」に関して，そして次章では「労働生活の質」に関して，データとその分析結果を紹介する。
　調査は企業の従業員を対象とした質問紙法（いわゆるアンケート法）で行われた。質問紙は自分の企業と労働生活に関する従業員個々の認知と態度をたずねる設問から構成されており，ここでいう「企業文化」も従業員の主観的回答を基にしている。したがって以下に示すデータの数値は，そのような従業員の主観的回答結果の集成にほかならず，それゆえその数値の解釈に当たっては，従業員の回答性向がそれぞれの国の文化の違いで微妙に異なることを考慮に入れる必要がある。たとえば日本人は控えめな回答を選択する傾向がある（統計数

理研究所 1991：第3部)，など。

　従業員サンプルの抽出は，原則として次の手順で行うこととした。まず各国で工作機械産業，電気機器産業，小売業からそれぞれ大手企業を2社ずつ選び，次いでそれぞれの企業から無作為に300人の従業員を抽出して質問紙を配る。しかし国によっては該当する産業や企業がなかったり，企業からの協力が得られなかったりしてこの原則通りにはサンプリングができず，他産業の企業を含めたり，サンプル数を減らしたりしている。結局，有効回答が得られた従業員の数と国別の比率は表補1-1のようになった。

表補1-1　国別にみた回答者数とその比率

	回答者数	比率（%）
中　国	1,150	18.9
チェコ	1,110	18.2
エストニア	623	10.2
フィンランド	239	3.9
ドイツ	113	1.9
日　本	1,570	25.8
ロシア	684	11.2
スロヴァキア	605	9.9
合　計	6,094	100.0

2．企業文化の類型とその国際比較

　まず企業文化に関連する設問への回答分布を整理し，企業文化の類型を描き出してみる。

　企業文化に関連する調査票中の設問は，Q18からQ23までの6問であるが，そのうちQ19は回答者個人の意見，Q22は企業の当為をきく質問であるので観察から除外し，Q23は後に企業の社会的責任を扱う部分で取り上げるのでここでは外すこととして，結局，Q18，Q20，Q21に盛られた諸設問への回答を分析することとする。

Q 18 には 6 問，Q 20 には 13 問，Q 21 には 20 問，合計 39 問があげられている。これらへの回答を因子分析（バリマックス回転）にかけ，3 つの因子を取り出してみた。回転後の負荷量平均和は表補 1-2 のようになっている。

表補 1-2　回転後の負荷量平均和

成 分	合 計	分散の%	累積%
1	9,937	25.481	25.481
2	3,002	7.698	33.178
3	1,873	4.803	37.981

注：因子抽出法：主成分分析

回転後の成分行列は表補 1-3 のようになった。

第 1 因子の内容をみると，①経営者がリーダーとして従業員からの信頼を受けていること，②従業員がその下で目標を共有し協力しあっていること，③従業員が仕事に能動的に取り組むように動機づけられていること，④組織が適切に整備されていること，といった特徴を見出せる。これを「統合型」と呼ぶことにする。

第 2 因子は，①経営者のリーダーシップに対する従業員の評価が高くなく，②組織と命令系統がよく整備されておらず，③指示や規則が仕事の妨げになるとみなされることがあり，④新しいアイデアが採用されず市場の変化への対応も遅れがちだという特徴を持つ。これを「アノミー型」と呼ぶことにする。

第 3 因子は，①職場には明文化されていない暗黙の規範やルールが支配しており，②従業員は会社のためなら公式の規則を曲げることもあり，③仕事が忙しければ監督者が自分の裁量で臨時に人手を入れたり，④顧客の利益にあまり気を配らなかったりしているという特徴がみられる。これを「非公式型」と呼んでみよう。

ここにあげた「統合型」「アノミー型」「非公式型」が，国際共同調査結果の因子分析から得られた企業文化の 3 類型である。

次に因子ごとにそれぞれ高い点を示している設問を選びだし，その平均値を

表補1-3　回転後の因子行列

	因子 1	因子 2	因子 3
経営者の行動（Q 18）			
経営者の約束事は，きちんと実行されている	**.632**	-.276	.049
経営者は，全部門の活動を完全把握している	**.598**	-.151	-.078
経営者は長期的な到達目標を持っている	**.662**	-.135	.109
経営者は従業員に明確な到達目標を提示している	**.677**	-.149	.107
経営者は，従業員のために取り決められた規定に自らも従っている	**.670**	-.208	.046
会社の行動を方向づけている一連の社是・社訓がある	**.591**	-.218	.114
職場の状況（Q 20）			
従業員は，会社のためになると思って会社の規則を曲げることがある	.006	.064	**.550**
グループ内のメンバーは，共通目標を共有している	**.535**	-.069	.013
会社の意思決定において，顧客の立場は無視されがちである	-.126	.019	**.672**
わが社は，縦の統制よりも横の調整で動いている	.202	.216	.230
われわれは競争相手に勝つため，仕事の方法を絶えず改善している	**.685**	-.052	-.004
社内では，困難な問題が生じても，たやすく合意が得られる	**.690**	.016	.012
意見が一致しない場合，みなはすみやかに，丸く治めようと努力している	**.669**	.020	-.055
同僚間の競争は，利益よりも害をもたらすことが多い	.270	**.340**	-.018
職場では，必要な情報は誰でも入手でき活用できる	**.597**	-.030	.050
職場で他人の陰口を言うことは，よくないこととされている	**.439**	.105	.008
問題が生じたとき，もっとも能力のある人が決定をしていない	-.108	**.558**	.146
職場には，明文化はされていない誰もが従う暗黙の規範やルールがある	.007	-.056	**.690**
プロジェクトは，職場の壁に阻まれることなくうまく機能している	**.612**	-.053	.040

会社の経営や施策（Q 21）

新しいアイデアが即刻活用されず，陳腐化している	−.326	**.416**	.291
わが社は，市場の変化とそれへの対応に遅れがちである	−.374	**.484**	.234
もっとも重要なことは，市場でリーダー格になることである	**.537**	.110	−.017
市場が要求すれば，わが社は迅速に自己変革できる	**.677**	.085	−.048
現在のビジョンは従業員によい刺激を与えている	**.745**	−.138	−.019
会社の目標は，社内の各部門において明確に設定されている	**.719**	−.114	.011
状況によっては，指示や規則が仕事の効率の妨げになっている	−.062	**.675**	−.014
部下の全ての質問に答えられなくても，よい管理者でありうる	.202	**.322**	−.056
ひとりの従業員が2人の上司を持っていることがある	.022	.195	**.419**
仕事の進行過程が指示や規則で，一齣ひとこまを細かく管理されている	**.347**	.279	−.079
会社は，仕事を意味あるものとすることを使命としている	**.653**	−.080	.067
会社は厳格なピラミッド型の秩序になっていない	.051	**.439**	.097
社内では，従業員の技能水準が競争力の非常に重要な源泉とみなされている	**.578**	.069	.070
社内の資源（資産や人材など）配分がきちんとしておらず，全体がうまくいっていない	−.294	**.618**	.116
職場で人手が足りなくなったら，その職場の責任者は非正規従業員を雇ってもよい	.210	.093	**.362**
成功の報酬は，皆の努力の賜物なのに，その職場には還元されていない	−.213	**.614**	.071
わが社は，非正規従業員にも気を使っている	**.482**	.275	−.086
社員は皆，わが社の将来がはっきりイメージできている	**.714**	−.077	.010
失敗は，学習と成長のためのいい刺激と考えられている	**.609**	.214	−.043
社員は皆，わが社の社会における役割の重要性を自覚している	**.676**	.168	−.095

注：因子抽出法：主成分分析　回転法：Kaiserの正規化を伴うバリマックス法。

算出してみる。選ばれた設問はそれぞれ以下の6つである。

統合型（因子1）
　「経営者は従業員に明確な到達目標を提示している」
　「われわれは競争相手に勝つため，仕事の方法を絶えず改善している」
　「社内では，困難な問題が生じても，たやすく合意が得られる」
　「現在のビジョンは従業員によい刺激を与えている」
　「会社の目標は，社内の各部門において明確に設定されている」
　「社員は皆，わが社の社会における役割の重要性を自覚している」

非公式型（因子3）
　「従業員は，会社のためになると思って会社の規則を曲げることがある」
　「職場には，明文化されていない誰もが従う暗黙の規範やルールがある」
　「ひとりの従業員が2人の上司を持っていることがある」
　「職場で人手が足りなくなったら，その職場の責任者は非正規従業員を雇ってもよい」
　「わが社は，縦の統制よりも横の調整で動いている」
　「会社の意思決定において，顧客の立場は無視されがちである」

アノミー型（因子2）
　「問題が生じたとき，もっとも能力のある人が決定をしていない」
　「状況によっては，指示や規則が仕事の効率の妨げになっている」
　「会社は厳格なピラミッド型の秩序になっていない」
　「社内の資源（資産や人材など）配分がきちんとしておらず，全体がうまくいっていない」
　「成功の報酬は，皆の努力の賜物なのに，その職場には還元されていない」
　「わが社は，市場の変化とそれへの対応に遅れがちである」

各設問は「まさにその通りだと思う」（5点）から「まったくそうは思わない」（1点）までの5点法による回答選択肢が設けられている。その5点から1点までの点の平均値を求め，国別にその値を示すと表補1-4のようになる。

表補1-4 国別にみた企業文化類型の平均値（範囲：5.00～1.00）

	統合型	非公式型	アノミー型
全　体	3.41	2.99	3.05
中　国	3.98 ①	2.94 ③	3.11 ③
チェコ	3.41 ④	2.82 ⑦	3.05 ④
エストニア	3.53 ③	3.36 ①	2.37 ⑦
フィンランド	3.20 ⑦	2.90 ⑤	3.40 ①
ドイツ	3.71 ②	2.84 ⑥	2.80 ⑤
日　本	3.03 ⑧	2.93 ④	3.17 ②
ロシア	3.29 ⑥	―	―
スロヴァキア	3.35 ⑤	3.10 ②	2.73 ⑥

注：1．マルのなかの数字は国の順位を示す。
　　2．ロシアの調査票には「非公式型」「アノミー型」に関連した設問が欠けていた。

この表によれば，フィンランドと日本を除くどの国でも「統合型」がもっとも強い。とくにそれが顕著なのは中国，ドイツ，エストニアである。このうち中国では「アノミー型」も比較的強く，エストニアでは「非公式型」も比較的強い。他方，フィンランドと日本でもっとも強いのは「アノミー型」である。

さきに触れたように，ここで観察している企業文化類型は，従業員が自社内の諸状況・諸関係について自らの認知を回答した結果から構成されたものであり，各類型の強度も従業員個々人の判断から導き出したものである。従業員の回答傾向は彼らが属する国の文化によって異なり，またそれぞれの国の企業文化の水準や従業員の期待水準の違いによっても異なろう。これまでにわれわれが行った労働者意識の国際比較調査では，日本人回答者は与えられた現状に対してどちらかといえば批判的回答を選択する傾向がみとめられた（電機労連1986；電機連合1996，2000）。このような回答傾向が今回の企業文化国際共同調査にも表れているとすれば，日本では「統合型」が他の諸国にくらべてもっと

も弱いというのは「客観的」事実を指しているというよりも，むしろ，日本の従業員が自社の企業文化を厳しく認知し評価していることの表れだとみたほうがいい。フィンランドについても同様であり，中国等についてはその逆である。

また，回答者が属する企業はごく少数の限られた事業体であり，それらがそれぞれの国の企業の全体をどれだけ代表しているかという問題もある。

3．企業の社会的責任に関する国際比較

企業の社会的責任（CSR）に関する設問は，調査票のなかのQ23とQ24にある。

Q23は，自社がCSR関連の取り組みをどの程度しているかという点についての従業員の評価を，11の項目をあげて問うている。回答はそれぞれの項目ごとに「行っている」（5点）から「行っていない」（1点）までの5点法で求めている。国ごとにその回答の平均値を示すと，表補1-5のようになる。

これによれば，「企業活動に関する法律に遵守」の評価点（従業員による）がもっとも高いのはエストニア，次いで中国，その次がドイツであり，もっとも低いのはスロヴァキア，次いで日本である。

「労働者保護に関する法律の遵守」でもっとも高いのはドイツ，次いでフィンランドで，もっとも低いのは日本である。

「消費者保護に熱心」では最高がドイツ，次いで中国で，最低は日本である。

「環境保全に熱心」では最高がドイツ，次いでエストニアで，最低は日本である。

「得意先との約束の厳守」では最高がドイツ，次いでエストニアで，最低は日本である。

「製品・サービスの安全性に配慮」では，最高がドイツ，次いで中国で，最低は日本である。

「製品・サービスの質の最高水準を追求」では最高がドイツ，次いでエスト

表補1-5 国別にみた企業の社会的責任行動の度合い（範囲：5.00-1.00）

	中国	チェコ	エストニア	フィンランド	ドイツ	日本	ロシア	スロヴァキア
企業活動に関する法律の厳守	4.12	-	4.37	3.99	4.08	3.82	-	3.72
労働者保護に関する法律の厳守	3.96	-	4.12	4.19	4.65	3.43	-	3.56
消費者保護に熱心	4.15	-	3.99	3.58	4.18	3.51	-	3.74
環境保全に熱心	4.11	-	4.20	3.60	4.62	3.51	-	3.67
得意先との約束の厳守	4.20	-	4.54	4.02	4.65	3.56	-	3.80
製品・サービスの安全性に配慮	4.36	-	4.22	4.14	4.58	3.71	-	3.96
製品・サービスの質の最高水準を追求	4.39	-	4.40	4.16	4.72	3.71	-	4.02
ユーザーへの最大限のアフターケア	4.30	-	4.30	3.35	4.73	3.51	-	3.73
企業情報の社会への公開	4.12	-	3.33	3.22	3.63	3.25	-	3.29
学術・文化の発展に寄与	4.00	-	3.21	2.75	3.59	2.98	-	3.00
地域に開かれた活動への取り組み	4.06	-	2.88	2.89	4.16	2.98	-	2.88

注：チェコとロシアの調査票には該当する設問がない。

ニアで，最低は日本である。

「ユーザーへの最大限のアフターケア」では最高がドイツ，次いでエストニアと中国で，最低はフィンランド，次いで日本である。

「企業情報の社会への公開」では最高は中国，次いでドイツで，最低はフィンランド，次いで日本である。

「学術・文化の発展に寄与」では最高が中国，次いでドイツで，最低はフィンランド，次いで日本である。

「地域に開かれた活動への取り組み」では最高がドイツ，次いで中国であり，

最低はエストニアとスロヴァキア，次いでフィンランドである。

これら全体を概観すると，自社が上記の諸活動によく取り組んでいると評価する従業員が多いのは，ドイツ，エストニア，中国であり，日本はここで取り上げている6カ国のなかで最低かそれに近い位置にある。

前に指摘したように，以上の結果は客観的指標で測定したものではなく，従業員の自社評価という主観的指標で得たものであり，したがってそこから直ちに，日本の企業が客観的にみて他国の企業にくらべてこれらの活動が不活発だと結論づけるわけにはいかない。しかし日本のデータをドイツのそれとくらべたとき，とくに「労働者保護（労働基準法など）に関する法律の遵守」と「ユーザーへの最大限のアフターケア」（ともに1.22ポイントの差），さらに「環境保全に熱心」（1.11ポイントの差）において大きな差がみられることは，注目されていい。

Q24は，自社の関連アクターをどの程度重視しているかを従業員に問うた結果である。これも5点法で測定されている。その平均値を国別に示すと，表補1-6のようになる。

表補1-6 関連アクターに対する企業の重視度（範囲：5.00－1.00）

	中国	チェコ	エストニア	フィンランド	ドイツ	日本	ロシア	スロヴァキア
取引先	4.28	4.18	4.26	4.44	4.68	3.75		3.83
下請・協力会社	4.07	3.88	3.52	3.02	3.86	3.42		3.57
消費者	4.33	4.00	3.83	3.70	4.30	3.89		3.79
株主	3.85	4.21	2.91	4.20	4.41	3.45		4.17
従業員	3.70	3.00	3.54	－	3.88	3.07		3.00
労働組合	3.69	2.66	2.42	2.45	4.07	3.04		3.06
行政	3.99	3.18	2.76	2.69	4.05	3.20		3.55
地域社会	3.96	3.02	2.64	2.78	4.38	3.14		3.50

注：ロシアの調査票ではこの設問が欠けている。

これによると，「取引先」をもっとも重視しているのはドイツ，次いでフィンランドで，最低は日本，次いでスロヴァキアである。

「下請・協力会社」については最高が中国，次いでチェコ，最低はフィンランド，次いで日本である。

「消費者」については最高が中国，次いでドイツで，最低はフィンランド，次いでスロヴァキアである。

「株主」については最高がドイツ，次いでチェコで，最低はエストニア，次いで日本である。

「従業員」については最高がドイツ，次いで中国であり，最低はチェコとスロヴァキアである。

「労働組合」については最高がドイツ，次いで中国であり，最低はエストニア，次いでフィンランドである。

「行政」については最高がドイツ，次いで中国であり，最低はフィンランド，次いでエストニアである。

「地域社会」の場合にはドイツが最高で，次いで中国であり，最低はエストニア，次いでフィンランドである。

日本の場合，ドイツとくらべてとくに差が顕著なのは「地域社会」や「株主」で，これらへの重視度が低い。この結果の解釈に当たっては，データが回答者の主観的判断結果に拠っているものだという点の考慮が必要であるが，ドイツとの比較で日本のデータを読む限り，対外的には日本企業は地域社会への関与が弱く，対内的には株主に対する重視度が低い。

ところで，国別に各アクターの重視度の順位をみると，ドイツ以外のどの国でも，「労働組合」に対する重視度は最低である。日本でもそうである。また「従業員」に対する重視度も，エストニア以外の国では「株主」よりも低い。日本でもそうである。「株主」の重視度は国によって異なるが，中国では行政や地域社会よりも低いが，中欧の脱社会主義国チェコとスロヴァキアでは「株主」が今では最優先されている。ドイツやフィンランドでは「株主」よりも「取引先」が優先されているが，「消費者」よりも「株主」のほうが上に位置する。日本の場合は「取引先」や「消費者」の方が「株主」よりも優先されているが，ドイツやフィンランドと同様に「下請・協力会社」は「株主」よりも下である。

4．要約と含意

以上の発見を日本に即して要約するならば，従業員は自社の企業文化や社会的責任行動に対してむしろ低い評価を与えている。企業文化に関しては「アノミー型」が「統合型」を上回り，自社の社会的責任行動に関する評価も，他の国ぐにに比較して低い。これは日本人回答者特有の回答傾向によるところが大きいかもしれないが，ドイツなどと比較してみれば，労働者保護の法律の遵守，ユーザーに対するアフターケア，従業員重視，地域社会重視を企業文化のなかにもっと取り入れる必要があると思われる。なお，ドイツやエストニアにくらべて，日本を含む他の国ぐにでは，労働組合に対する企業の重視度が低く，従業員に対する重視度も低い。株主優先度は国によって多様であるが，エストニアを例外として，日本を含むどの国でも，労働組合の重視度は従業員のそれを上回る。

参 考 文 献

電機労連, 1986,「10ヵ国電機労働者の意識調査結果報告」電機労連『調査時報』No. 212。

電機連合, 1996,「14ヵ国電機労働者の意識調査（第2回国際共同意識調査）結果報告」電機連合『調査時報』No. 287。

電機連合, 2000,「14ヵ国電機労働者の意識調査（第3回国際共同意識調査）結果報告」電機連合『調査時報』No. 315。

統計数理研究所, 1991,『意識の国際比較方法論の研究』（研究レポート71）統計数理研究所。

補章 2
国際共同調査結果概要(2)
——労働生活——

小 熊　　信

1. はじめに

　日本における労働者全体の年間総実労働時間の推移をみると，労働者全体でみた労働時間は減少傾向にあるものの，労働時間の短い労働者と長い労働者の双方の増加，すなわち，労働時間の二極化が進行している[1]。加えて，内閣府調査（2007年）[2]によれば，正規労働者の間では5年前にくらべて仕事上の責任・負担が増加したと感じている人が多数を占め，さらに，その理由では，昇任・昇格による責任・負担の増加ばかりでなく，従業員の減少，非正規労働者の増加，個人作業の拡大など職場の変容があることが指摘されている。こういった変化のなかで，正規労働者は現在の職業生活をどのように評価し，また，どのような職業生活を理想としているのだろうか。

　本章では，企業文化に関する国際比較アンケートから正規労働者の回答のみを取り出して，仕事についての満足度，および，会社への関わり方についての意識について，国際比較の観点から日本の正規労働者がおかれている状況について検討していきたい[3]。

2．仕事についての満足度

(1) 仕事についての満足度の全体像

はじめに日本の正規労働者が職業生活にどのように評価を下しているのか，仕事についての満足度を通して確認しておこう。満足度は職業生活を特徴づける複数の側面によって規定されるだろう。賃金や労働時間といった待遇は満足度の感じ方に影響を与えるだろうし，また，職場における権限，他の従業員との関係性も満足度を左右するだろう。調査では，［給料・諸手当］や［同僚との関係］など職業生活に関連する16の側面を取り上げ（表補2-1参照），それぞれ「大変満足している」から「満足していない」の5段階から選択してもらった。はじめに，「大変満足している」を5点，「かなり満足している」を4点，「どちらともいえない」を3点，「あまり満足していない」を2点，「満足していない」を1点とし，側面ごとに平均点を計算したうえで，16の側面の平均

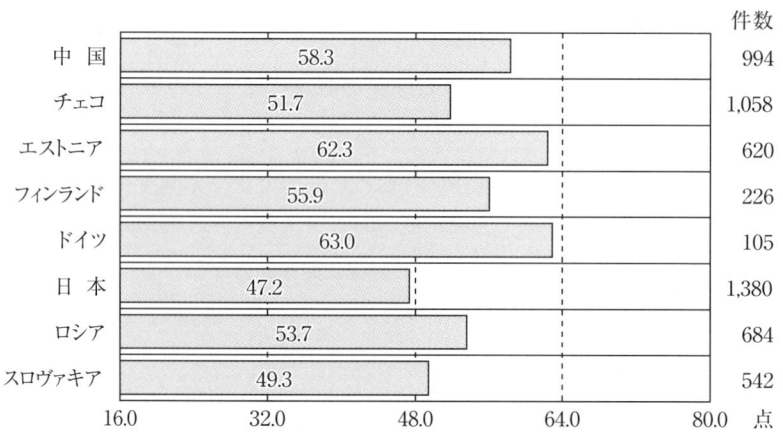

図補2-1　仕事についての満足度指数（正規労働者）

	点	件数
中　国	58.3	994
チェコ	51.7	1,058
エストニア	62.3	620
フィンランド	55.9	226
ドイツ	63.0	105
日　本	47.2	1,380
ロシア	53.7	684
スロヴァキア	49.3	542

出所：「企業文化に関する国際比較アンケート」より筆者作成（以下の図表も同様）。

点を足し合わせた指数をもとに，仕事についての満足度を概観してみよう（指数が高いほど，満足度が高いことを示す。指数は最高で80，最低で16であり，真ん中は48となる）。

図補2-1によると，指数の上位には，ドイツ（63.0），エストニア（62.3）が並び，これに中国（58.3），フィンランド（55.9）が続いている。他方，これら以外の4カ国はいずれも指数は真ん中の48前後に分布しており，ロシア（53.7），チェコ（51.7），スロヴァキア（49.3），日本（47.2）の順となっており，8カ国中，日本の指数が最低となっている。

(2) 職業生活の諸側面ごとにみた満足度

指標に違いが生じている要因をはっきりさせるために，指数を構成する16の側面それぞれの平均点についても確認しておこう。表補2-1は各側面での満足度を示しているが，ここでは最高が5点，最低が1点となる。

日本の結果に関してはさきに確認したとおり，合計の指数が他国を下回るものの，平均点が真ん中の3点を大きく下回る側面はみあたらず，あえていえば

表補2-1　側面ごとにみた仕事の満足度指数（正規労働者）

国別	仕事上の能力発揮	仕事上の自己裁量	作業環境	経理・管理者と従業員との信頼関係	作業量・作業負担	労働時間の長さ	給料・諸手当	経営者・管理者の能力	昇進の機会	教育訓練	雇用の保障	福利厚生	男女の機会平等	上司との関係	同僚との関係	会社から提供される経営情報	合計	件数
中国	3.7	3.5	3.5	3.8	3.5	3.4	3.3	3.7	3.4	3.7	3.8	3.8	3.6	4.0	4.1	3.6	58.3	994
チェコ	3.1	3.0	2.8	3.0	3.3	3.7	2.7	3.2	3.0	3.1	3.5	3.4	3.1	3.9	3.9	3.1	51.7	1058
エストニア	4.1	4.3	3.8	3.7	3.8	4.6	3.5	3.9	3.6	3.3	4.2	3.9	3.6	4.2	4.0	3.8	62.3	620
フィンランド	3.7	3.8	3.8	3.3	3.4	3.8	2.7	3.0	3.1	3.5	3.7	3.7	3.7	3.6	4.3	3.0	55.9	226
ドイツ	3.9	3.8	3.8	3.6	3.9	4.4	4.0	3.7	3.4	3.4	4.4	4.1	4.3	4.2	4.4	3.8	63.0	105
日本	3.1	3.1	2.9	2.9	2.7	2.7	2.6	2.8	2.5	2.7	3.3	3.1	3.1	3.2	3.5	3.0	47.2	1380
ロシア	4.0	4.1	3.4	3.4	3.4	3.8	2.6	3.2	3.0	2.8	2.9	3.4	2.6	3.7	4.2	3.3	53.7	684
スロヴァキア	3.2	3.1	2.8	2.9	2.9	3.4	2.3	2.8	2.8	3.0	3.4	3.4	2.7	3.8	4.2	3.0	49.3	542

注：下線数字は3.0点より0.5ポイント以上少ないことを示す。
　　薄い網かけ数字は3.0点より0.5ポイント以上多いことを示す。
　　濃い網かけ数字は3.0点より1ポイント以上多いことを示す。

［給料・諸手当］（2.6），［作業量・作業負荷］，［労働時間の長さ］，［教育訓練］（いずれも2.7）がやや不満に傾いている程度である。逆に，大きく満足に傾いている側面もみあたらない。つまり，日本以外の国では，評価が大きく満足に傾く側面がみられる一方で，日本ではそのような側面がみられないために，相対的に満足度の指数が低位にとどまっていることになる。

ただし，不満に大きく傾いている側面がみられないとはいっても，［上司との関係］，［同僚との関係］に関しては，日本以外の7カ国がいずれも4点前後と満足に傾いていることとくらべると，満足にも不満にも傾いていない日本の結果は特徴的といえる。

ところで，仕事についての満足度をさらに詳細に分析していくために，16の側面について因子分析をかけた。その結果を示しているのが表補2-2であ

表補2-2 仕事についての満足度に関する因子分析の結果

	因子1 労働条件	因子2 会社との関係	因子3 仕事の裁量	因子4 労働の負荷	因子5 職場内の人間関係
雇用の保障	0.776	0.100	0.036	0.138	0.143
福利厚生	0.735	0.262	0.017	0.135	0.019
教育訓練	0.613	0.330	0.263	−0.001	0.136
男女の機会平等	0.577	0.094	0.154	0.189	0.357
給料・諸手当	0.563	0.395	0.217	0.310	−0.098
昇進の機会	0.521	0.280	0.444	0.045	0.106
経営者・管理者と従業員との信頼関係	0.254	0.726	0.187	0.137	0.246
作業環境（採光，室温，騒音など）	0.155	0.679	0.158	0.295	0.026
経営者・管理者の能力	0.452	0.560	0.172	0.163	0.200
会社から提供される経営情報	0.355	0.553	0.220	−0.068	0.230
仕事上の能力発揮	0.140	0.225	0.826	0.136	0.149
仕事上の自己裁量	0.125	0.158	0.805	0.249	0.133
労働時間の長さ	0.152	0.058	0.202	0.824	0.203
作業量・作業負担	0.211	0.369	0.169	0.698	0.131
同僚との関係	0.082	0.086	0.171	0.107	0.853
上司との関係	0.231	0.350	0.094	0.222	0.668

注：因子抽出法：主成分分析　回転法：Kaiserの正規化を伴うバリマックス法。
　　固有値＝0.746,累積寄与率＝65.9%。

る。ここでは以下の5つの領域にまとめることができた（N＝5,203，累積寄与率65.9%，回転はバリマックス法）。

　第1は，［雇用の保障］，［福利厚生］，［教育訓練］，［男女の機会平等］，［給料・諸手当］，［昇進の機会］で，＜労働条件＞とした。

　第2は，［経営者・管理者と従業員との信頼関係］，［作業環境］，［経営者・管理者の能力］，［会社から提供される経営情報］で，＜会社との関係＞とした。

　第3は，［仕事上の能力発揮］，［仕事上の自己裁量］で，＜仕事の裁量＞とした。

　第4は，［労働時間の長さ］，［作業量・作業負担］で，＜労働の負荷＞とした。

　第5は，［同僚との関係］，［上司との関係］で，＜職場内の人間関係＞とした。

　ここから得られた因子得点をもとに，国ごとの平均値を示したものが図補2-2である。それぞれ特徴をみていくと以下のようになる。

　中国では，＜労働条件＞，＜会社との関係＞が評価され，それ以外についての評価は良くも悪くもない。チェコでは，＜仕事の裁量＞での評価が悪い。エストニアでは，＜労働の負荷＞をはじめ，＜仕事の裁量＞，＜労働条件＞に関しても評価が良く，逆に評価の悪い領域はみあたらない。フィンランドでは，＜会社との関係＞のみ評価が悪いが，他領域に関しては評価が良い。ドイツでは，＜労働条件＞，＜仕事の負荷＞，＜職場内の人間関係＞で評価が良く，エストニアと同様に評価の悪い領域はみられない。日本では，＜職場内の人間関係＞，＜労働の負荷＞での評価が悪いことが目立つことに加え，評価の良い領域がまったくみられない。ロシアでは，＜仕事の裁量＞が評価されている一方，＜労働条件＞での評価は悪い。スロヴァキアでは，＜職場の人間関係＞だけが評価をされており，他は，＜労働条件＞，＜会社との関係＞などいずれも評価が悪くなっている。

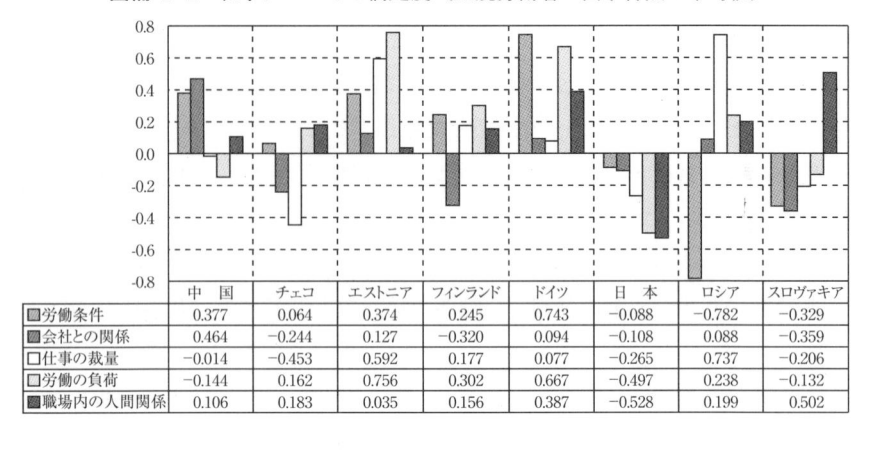

図補 2-2 仕事についての満足度（正規労働者・因子得点の平均値）

	中国	チェコ	エストニア	フィンランド	ドイツ	日本	ロシア	スロヴァキア
■労働条件	0.377	0.064	0.374	0.245	0.743	-0.088	-0.782	-0.329
■会社との関係	0.464	-0.244	0.127	-0.320	0.094	-0.108	0.088	-0.359
□仕事の裁量	-0.014	-0.453	0.592	0.177	0.077	-0.265	0.737	-0.206
□労働の負荷	-0.144	0.162	0.756	0.302	0.667	-0.497	0.238	-0.132
■職場内の人間関係	0.106	0.183	0.035	0.156	0.387	-0.528	0.199	0.502

　以下では，日本における満足度評価の特徴点をさらに探っていくために，年齢別にみた傾向を確認していきたい。

(3) 年齢別にみた職業生活への満足度

　日本について年齢別に因子得点の平均値を示したものが図補2-3である。ここからは，満足度評価が全般的に悪い日本のなかでも，領域によって悪い評価

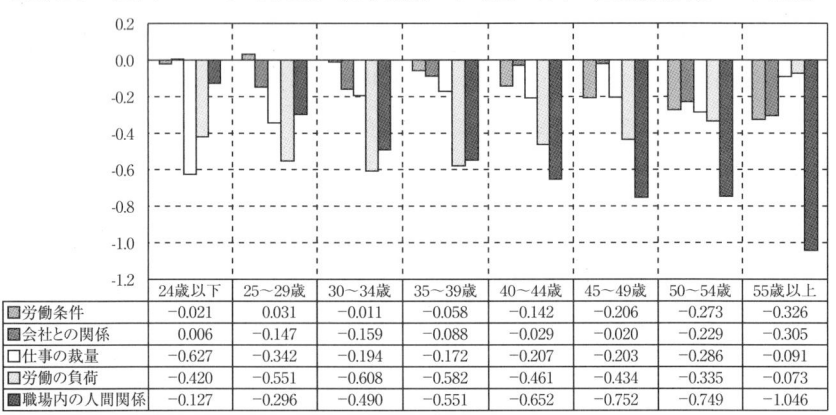

図補2-3 仕事についての満足度（因子得点の平均値・日本（正規労働者）の年齢別）

	24歳以下	25～29歳	30～34歳	35～39歳	40～44歳	45～49歳	50～54歳	55歳以上
■労働条件	-0.021	0.031	-0.011	-0.058	-0.142	-0.206	-0.273	-0.326
■会社との関係	0.006	-0.147	-0.159	-0.088	-0.029	-0.020	-0.229	-0.305
□仕事の裁量	-0.627	-0.342	-0.194	-0.172	-0.207	-0.203	-0.286	-0.091
□労働の負荷	-0.420	-0.551	-0.608	-0.582	-0.461	-0.434	-0.335	-0.073
■職場内の人間関係	-0.127	-0.296	-0.490	-0.551	-0.652	-0.752	-0.749	-1.046

を示している年齢層に偏りがみられることがわかる。特徴は以下のようにまとめられる。

①＜労働条件＞，＜会社との関係＞は年齢による差が相対的に小さい

いずれの領域についても50歳以上での評価がやや悪いが，他の側面にくらべると年齢による差は小さい。また，他領域にくらべても評価のマイナスへの傾きはわずかにとどまっている。

②＜仕事の裁量＞は入社間もない20代でやや悪い評価

29歳以下の若年層で，それ以外の年齢層にくらべて評価が悪くなっている。

③＜労働の負荷＞は中堅層の30代で評価が悪い

30代を中心とした層で評価が悪い。労働時間の二極化論のなかでは30代に長時間労働者が多いことが指摘されてきた。今回の国際調査においても，日本においては30代の在社時間が他の年齢層を上回っている。年齢間の評価の差は，労働時間の違いを反映している（表補2-3）。

表補2-3 正規労働者の在社時間（平均値，時分）

		中国	チェコ	エストニア	日本	スロヴァキア
	計	9:28	9:21	8:55	11:49	9:09
年齢別	29歳以下	9:27	9:28	8:55	11:42	9:22
	30歳代	9:31	9:24	8:56	12:00	9:09
	40歳代	9:28	9:33	8:59	11:52	9:14
	50歳以上	9:31	9:08	8:45	11:16	9:00

注：ドイツは回答件数は少ないため，フィンランド，ロシアでは，生活時間について質問していないため掲載していない。

④＜職場内の人間関係＞は高年齢層ほど評価が悪い

職場の上司や同僚との人間関係についての満足度に関しては，日本においては年齢層が高いほど評価が悪いという結果が示されている。

これらの特徴点を踏まえると，日本における仕事についての満足度評価は，

表補2-4　年齢と仕事の諸側面における満足度の相関係数

	中国 N=958	チェコ N=805	エストニア N=613	フィンランド N=214	ドイツ N=54	日本 N=1314	ロシア N=608	スロヴァキア N=446
	年齢	年齢	年齢	年齢	年齢	年齢	年齢	年齢
労働条件	-0.024	-0.041	0.041	0.028	0.125	-0.119**	-0.038	0.103*
会社との関係	0.083*	0.011	-0.011	0.043	-0.127	-0.029	-0.121**	0.038
仕事の裁量	0.113**	0.185**	0.060	0.157*	0.381**	0.117**	0.145**	0.117*
労働の負荷	0.057	0.028	-0.032	-0.128	-0.058	0.075**	0.062	0.018
職場内の人間関係	-0.029	-0.076*	0.070	-0.047	0.124	-0.231**	0.044	0.011

*:p＜.05　**：p＜.01

　全般的に同じような傾向を示しているのではなく，＜労働の負荷＞で評価を引き下げる中堅層，＜職場内の人間関係＞で評価を引き下げる高年層など，それぞれ際だった傾向をもつ年齢層が重なり合うことで形成されている。

　他方，日本以外の国では年齢の違いは仕事についての満足度にどの程度の影響を与えているのだろうか。表補2-4では，満足度の各領域と年齢との相関係数を国ごとに示している。これによると，すでに触れたとおり，日本では＜労働条件＞と＜職場内の人間関係＞での評価は年齢と負の関係にあり，＜仕事の裁量＞，＜労働の負荷＞での評価は年齢と正の関係にあることが示されている。それに対し，日本以外の国々では，＜仕事の裁量＞に関してエストニアを除く各国で，年齢とともに満足度が高くなる傾向が表れているが，それ以外の領域については，ロシアで＜会社との関係＞と年齢とに正の相関がみられる他は，年齢と仕事についての満足度の間にあまり関連は見出されない。他国とくらべたときの日本における特徴としては，ただ評価が悪いというだけでなく，年齢間で評価の違いが目立つことがあげられる。

3．職業生活における会社の位置

　日本では仕事についての満足度が相対的に低いことが明らかになったが，そのような評価のなかで，組織としての会社は職業生活のなかでどのように位置

づけられているのだろうか。ここでは，正規労働者の組織としての会社への関わり方の現状と希望に着目することで，日本の職業生活の一端を明らかにしていきたい。

(1) 会社に対する感情

はじめに会社に対してどのような感情をもっているのか，「会社についてはまったく関心がない」，「会社に対してこれといった感じを持っていない」，「どちらともいえない」，「会社が私に報いてくれる程度に会社につくしたい」，「会社の発展のために自分の最善をつくしたい」から１つ選んでもらった結果について図補2-4をもとにみてみよう。

このうち，「会社の発展のために最善をつくしたい」の比率をみると，中国，チェコ，エストニア，ドイツでは５割を超え，スロヴァキアでも４割を占める。一方，フィンランド，日本，ロシアでは２割前後と少なめで，「報いてく

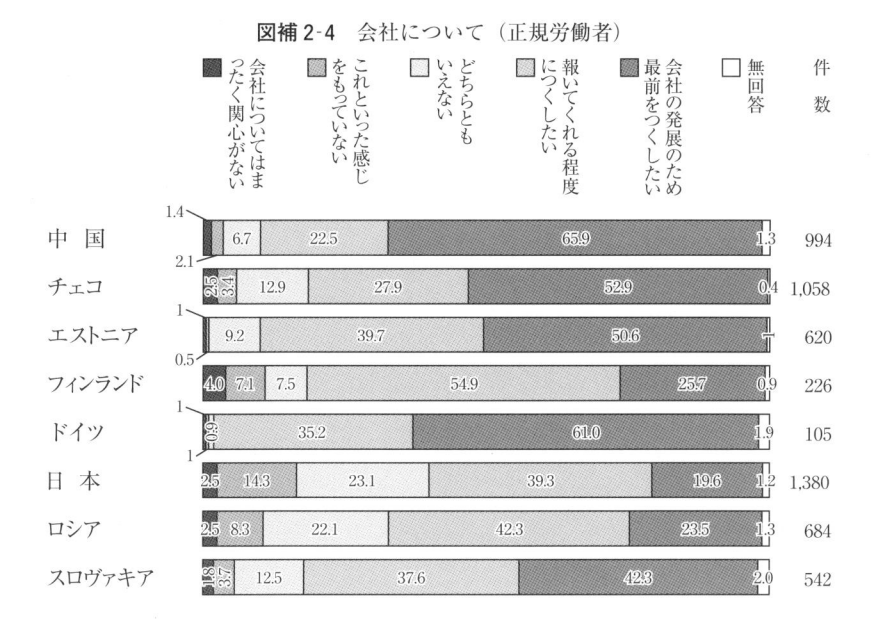

図補 2-4　会社について（正規労働者）

	会社についてはまったく関心がない	これといった感じをもっていない	どちらともいえない	報いてくれる程度につくしたい	会社の発展のため最前をつくしたい	無回答	件数
中国	1.4	6.7	22.5		65.9		1.3	994
チェコ	2.1/2.5/3.4	12.9	27.9		52.9		0.4	1,058
エストニア	1/0.5	9.2	39.7		50.6			620
フィンランド	4.0/7.1	7.5	54.9		25.7		0.9	226
ドイツ	1/0.6		35.2		61.0		1.9	105
日本	1/2.5	14.3	23.1	39.3		19.6	1.2	1,380
ロシア	2.5	8.3	22.1	42.3		23.5	1.3	684
スロヴァキア	1.8/3.7	12.5	37.6		42.3		2.0	542

表補 2-5 会社について（正規労働者）
「まったく関心がない」，「これといった感じをもっていない」をあわせた比率

		中国	チェコ	エストニア	フィンランド	日本	ロシア	スロヴァキア
	計	3.5	5.9	0.5	11.1	16.8	10.8	5.5
年齢別	29歳以下	3.6	10.3	1.8	10.0	24.9	9.9	4.2
	30歳代	3.3	4.5	0.0	16.4	18.5	11.1	8.1
	40歳代	3.6	4.0	0.0	10.0	8.4	9.2	3.2
	50歳以上	6.6	1.3	0.0	5.5	10.8	14.8	6.7

注：下線数字は計より5ポイント以上少ないことを示す。
　　薄い網かけ数字は計より5ポイント以上多いことを示す。

れる程度につくしたい」が最多となっている。日本は他の国ぐにくらべて会社に対し積極的に関与していく志向をもつ層が少なめである。

　会社に対する感情の各国間の違いは，とくに，若年層に顕著に表れている。表補2-5は回答数の少ないドイツを除いた7カ国を対象に，「まったく関心がない」と「これといった感じをもっていない」を足しあわせた比率を年齢別にみている。

　これによると，日本では若年層で会社への無関心層が多いことが目立ち，29歳以下では4分の1を占めている。日本以外でも若年層で無関心層が膨らむ傾向はチェコ，フィンランドにもみられるが，それでも1割と日本の半分以下にとどまっている。会社に対する考え方では，日本での世代間ギャップが目立っている。

(2) キャリア志向からみた希望する会社との関係

　会社への関わり方の希望について，キャリア志向の側面からみてみよう。図補2-5は，仕事をかえる機会があった場合の対応についてたずねた結果を国別に示している。日本では，＜現状維持志向＞が3割強（「今の仕事にとどまりたい」：31.4%），＜組織内上昇志向＞が2割（「もっと責任のある仕事につきた

図補2-5 仕事をかえる機会があった場合の対応（正規労働者）

	今の仕事にとどまりたい	もっと責任感のある仕事につきたい	監督職や管理職につきたい	自分自身の事業を始めたい	もう働きたくない	無回答	件数	組織内上昇志向	脱会社組織指向
中国	14.4	33.2	16.3	30.6	2.9	2.6	994	49.5	33.5
チェコ	43.6	24.3	12.9	13.6	3.0	2.6	1,058	37.2	16.6
エストニア	37.4	26.3	14.5	9.4	12.4	1	620	40.8	21.8
フィンランド	34.5	34.1	3.5	12.4	14.6	0.9	226	37.6	27.0
ドイツ	65.7	22.9	15.7	2.9	2.9		105	22.9	8.6
日本	31.4	15.3	7.4	28.5	12.8	4.7	1,380	22.7	41.3
ロシア	36.4	21.5	7.6	22.5	9.8	2.2	684	29.1	32.3
スロヴァキア	40.2	25.8	5.9	15.9	6.5	5.7	542	31.7	22.4

い」：15.3％，「監督者や管理職につきたい」：7.4％），＜脱会社組織志向＞が4割（「自分自身の事業を始めたい」：28.5％，「もう働きたくない」：12.8％）という構成になっている。現在は会社のなかで働いているものの，仕事をかえられるのであれば，会社を離れることを希望している人も少なくない。

　しかも，日本における＜脱会社組織志向＞は他国の比率をも上回っている。日本以外の＜脱会社組織志向＞比率をみると，中国（33.5％），ロシア（32.3％），フィンランド（27.0％）は3割前後，エストニア（21.8％），スロヴァキア（22.4％），チェコ（16.6％）は2割前後，そして，ドイツ（8.6％）では1割弱である。

　日本では職業生活において会社組織との関わり自体を希望していない人が他国にくらべると多い。

　＜脱会社組織志向＞の比率についても年齢別にみてみよう。表補2-6によると，日本では年齢とともに比率が上昇する傾向がみられるものの，すべての年齢層で＜脱会社組織志向＞は4割前後を占めている。

　他方，日本以外に目を向けると，若年層では，中国，ロシアでも29歳以下で

表補2-6　年齢別にみた〈脱会社組織志向〉の比率

(正規労働者)

		中国	チェコ	エストニア	フィンランド	日本	ロシア	スロヴァキア
	計	33.5	16.6	21.8	27.0	41.3	32.3	22.4
年齢別	29歳以下	36.2	17.6	28.3	16.7	36.0	35.8	23.4
	30歳代	33.5	13.8	20.9	28.4	40.6	33.5	26.3
	40歳代	26.3	18.0	19.0	22.8	44.6	30.6	22.4
	50歳以上	26.7	13.7	14.7	36.4	48.2	25.6	17.9

注：下線数字は計より5ポイント以上少ないことを示す。
　　薄い網かけ数字は計より5ポイント以上多いことを示す。

＜脱会社組織志向＞が4割弱を占め，日本と同水準にある。また，図示していないが，中国，日本，ロシアの29歳以下では，いずれも＜脱会社組織志向＞のうち「自分自身の事業を始めたい」が3割前後と多い点が共通している。これら3カ国の若年層では会社の外に職業生活の希望を見出そうとしている層が一定程度含まれている。ただし，高年齢層では＜脱会社組織志向＞が5割弱に達しているのは日本だけである。

(3)　組織への参画意志とリスク

　会社に抱いている意識についてさらに詳しくみるために，［私はいつも，管理者が採用できるアイデアを持っている］，［私は自分の意見が重要だと思うので，会社の意志決定に参加したい］，［私は状況が求めるのであれば，管理的な仕事を引き受ける用意がある］，［私は了解が得られれば，リスクをとる用意がある］，［誰でも会社のために，なんらかの犠牲を払うのは当然だ］について，「まったくそう思わない」から「まさにその通りと思う」の5段階でたずねた結果について因子分析を行った。その結果が表補2-7で，2つの因子が導き出された。ここでは因子1を組織への＜参画意志＞，因子2を組織に関わることによる＜リスク許容＞とした。

補章 2　国際共同調査結果概要(2)　337

表補 2-7　会社組織との関係に関する因子分析

	因子 1 参画意志	因子 2 リスク許容
私は自分の意見が重要だと思うので，社会の意思決定に参加したい	0.840	0.153
私はいつも，管理者が採用できるアイデアを持っている	0.755	0.126
私は状況が求めるのであれば，管理的な仕事を引き受ける用意がある	0.683	0.393
誰でも会社のため，なんらかの犠牲を払うのは当然だ	0.079	0.897
私は了承が得られれば，リスクをとる用意がある	0.409	0.690

注：因子抽出法：主成分分析　回転法：Kaiser の正規化を伴うバリマックス法。
　　固有値＝0.823，累積寄与率＝67.8％。

　因子分析から得られた因子得点の平均値を国別に示したのが図補 2-6 である。ここからわかる各国の特徴は次のとおりである。
　＜参画意志＞に関しては，エストニア，フィンランドの平均値がプラスとなっていて組織における決定などへの参画を希望する傾向が強いのに対し，チェコ，スロヴァキアでは平均値がマイナスで，組織への参画意志はどちらかといえば弱い。
　一方，組織に関与するうえでの＜リスク許容＞では，中国，スロヴァキアがプラスの結果となっていて，犠牲やリスクをとることに肯定的であるが，逆

図補 2-6　会社組織との関係について（正規労働者・因子得点の平均値）

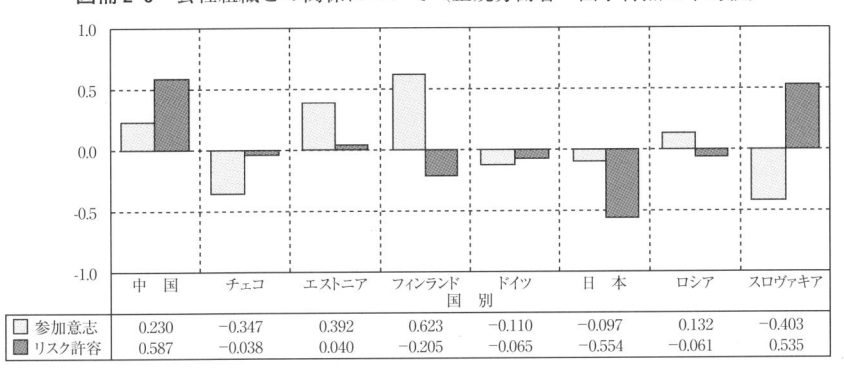

国別	中国	チェコ	エストニア	フィンランド	ドイツ	日本	ロシア	スロヴァキア
参加意志	0.230	-0.347	0.392	0.623	-0.110	-0.097	0.132	-0.403
リスク許容	0.587	-0.038	0.040	-0.205	-0.065	-0.554	-0.061	0.535

に，日本ではこれがマイナスで，リスクをとることへの否定的な姿勢が示されている。

4．理想的な仕事にとって重要なもの

日本の正規労働者の間では，仕事についての満足度は相対的に低く，会社との強いつながりもあまり求められていない。そのような日本では，どのような職業生活が理想とされているのだろうか。ここでは，理想的な仕事の条件を探るために，「A．家族と自分の生活に十分な自由時間が割けること」，「B．管理職との良好な関係が維持できること」，「C．失業の心配がないこと」，「D．協

表補2-8　理想的な仕事にとってもっとも重要なもの（正規労働者）

国別		家族と自分に自由時間が割ける	管理職との良好な関係が維持できる	失業の心配がない	協力できる人と働ける	上司が意見をよく聞いてくれる	昇進の可能性がある	無回答	件数
国別	中国	25.8 ①	14.2	12.3	20.6	8.7	15.1	3.4	994
	チェコ	35.3 ①	6.5	25.5	12.8	6.7	5.2	8.0	1,058
	エストニア	15.6	10.8	13.5	41.0 ①	14.2	4.8	0.0	620
	フィンランド	29.2	0.4	28.8	31.4 ①	2.7	6.6	0.9	226
	ドイツ	11.4	1.0	50.5 ①	27.6	4.8	1.9	2.9	105
	日本	50.5 ①	1.9	19.6	20.4	3.2	2.9	1.6	1,380
	スロヴァキア	17.7	3.7	29.9 ①	22.7	7.7	10.9	7.4	542

注：丸数字は比率の順位（第1位まで表示）。

力できる人と働けること」,「E. 上司がよく意見を聞いてくれること」,「F. 昇進の可能性があること」のなかから，もっとも重要とするものを選んでもらった結果をみてみよう。

表補2-8で日本の結果をみると，トップは「家族と自分に自由時間が割ける」（50.5％）で半数を占め，2番目以降にくる「失業の心配がない」（19.6％）や「協力できる人と働ける」（20.4％）を大きく引き離している。

日本以外では中国，チェコでも，「家族と自分に自由時間が割ける」が最多の条件となっている。しかし，その比率は3割前後にすぎず，日本にくらべれば回答は分散している。日本の正規労働者が求める理想的な仕事上の条件では，職業生活の中身の充実というよりも，生活に占める職業生活が占めるウェイトをより下げることに優先度がおかれている。

さらに，傾向の違いが明確になるのが年齢別にみた結果である。図補2-7は，理想的な仕事にとってもっとも重要なものとして「家族と自分に自由時間が割ける」をあげた比率を，国ごとに年齢別にみている。これによれば，若年層ほど比率が高まる傾向はチェコ，日本，スロヴァキアにみられるが，なかでも日本の若年層で比率が高くなっている。20, 30代では半数強が「家族と自分に自由時間が割ける」を条件としてあげている。

図補2-7 理想的な仕事にとって「家族と自分に自由時間が割ける」をもっとも重要なものとしてあげた比率（正規労働者）

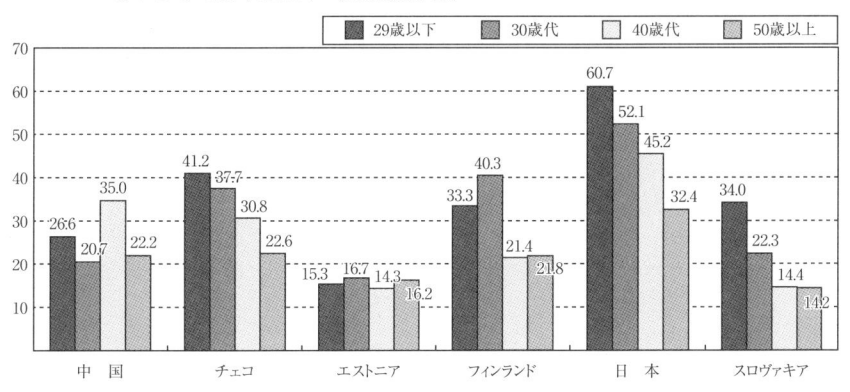

5．結びに代えて

　国際比較からみた日本の正規労働者の職業生活をめぐる意識をまとめると，仕事についての満足度はどちらかといえば低く，希望という点では，仕事の内実の充実というよりも，仕事以外の時間を拡大することへの欲求が前面にでている。また，会社との関わり方に関しては，会社に積極的に関与していく志向をもつ層は少なく，同様の傾向は，リスクを伴うような会社への関わり方が避けられていることを示す結果にも表れている。

　日本では，政府，労働界，経済界の間で 2007 年に結ばれた合意に基づきながら，健康で豊かな生活のための時間が確保できる社会などを目指したワーク・ライフ・バランス（仕事と生活の調和）の実現が目指されている。しかし，近年の年間総労働時間の動向を追っても，世界的な金融危機などの一時的な出来事を除けば，労働時間が長時間と短時間とに分岐する労働時間の二極化傾向はほとんど緩和していない。このような現状は，仕事についての満足度を否定的なものとする一要素となっていると考えられる。

　また，長時間労働の現状と会社とのあまり強くない一体感を重ね合わせてみると，日本の正規労働者による長時間労働は，会社に対する強い参画意志によって支えられているものではないという構図も想定される。このような組織への強い帰属感を伴わないままの長時間の行動が，どのような影響を労働者個々人に及ぼすのか，という観点からの検討もすすめていく必要はあるだろう。

1 ）厚生労働省「平成 19 年度　労働経済の分析」（2007 年）
2 ）内閣府「平成 18 年度　国民生活選好度調査」（2007 年 1 月実施）
3 ）本調査でデータが集められた国のうち，ロシアでは雇用形態についての設問を行っていない。そのため，ロシアについてのみすべての有効回答を分析の対象としている。

付録　調査票

2007年

企業文化に関する国際比較アンケート

企業文化研究日本チーム

お願い
　仕事と企業文化について，みなさんの率直なところをうかがいます。集計は全体をまとめて行います。個人的なことが外部に漏れることはありません。ご協力のほどよろしくお願いいたします。

記入上の注意
1. 回答は特に指示のない場合は1つだけ選んでください。
2. 回答の多くは，番号や数字を右枠もしくは所定の枠内に記入して頂きますが，設問によっては該当する番号を○で囲む場合もありますので注意してください。

Q1. あなたの職種。
　1. 技能職(流通は営業職)　　　　　　4. 監督者
　2. 事務職－営業・販売職を含む(流通は事務職)　　5. 管理者
　3. 技術職(流通は本部スタッフ職)　　6. その他＿＿＿＿

(5)

Q2. 今の会社での勤続年数(満)　□□ 年
(6-7)

Q3. つぎにあげる事項について、あなたはどの程度満足していますか。A～Pのそれぞれについて当てはまる番号に○をつけてください。
(8-23)

	満足していない	あまり満足していない	どちらともいえない	かなり満足している	大変満足している
A．仕事上の能力発揮	1	2	3	4	5
B．仕事上の自己裁量	1	2	3	4	5
C．作業環境（採光，室温，騒音など）	1	2	3	4	5
D．経営者・管理者と従業員との信頼関係	1	2	3	4	5
E．作業量・作業負担	1	2	3	4	5
F．労働時間の長さ	1	2	3	4	5
G．給料・諸手当	1	2	3	4	5
H．経営者・管理者の能力	1	2	3	4	5
I．昇進の機会	1	2	3	4	5
J．教育訓練	1	2	3	4	5
K．雇用の保障	1	2	3	4	5
L．男女の機会平等	1	2	3	4	5
M．福利厚生	1	2	3	4	5
N．上司との関係	1	2	3	4	5
O．同僚との関係	1	2	3	4	5
P．会社から提供される経営情報	1	2	3	4	5

Q4. あなたにとって仕事とは何ですか。A～Fのそれぞれについて当てはまる番号に○をつけてください。
(24-29)

	まったく違う	少し違う	どちらともいえない	だいたいその通り	まさにその通り
A．地位や名声が得られる	1	2	3	4	5
B．必要な収入が手に入る	1	2	3	4	5
C．夢中になれる	1	2	3	4	5
D．人との出会いがある	1	2	3	4	5
E．社会へ貢献ができる	1	2	3	4	5
F．仕事そのものが面白い	1	2	3	4	5

Q5. あなたの理想的な仕事にとって，つぎにあげる A～F のそれぞれについて当てはまる番号に○をつけてください。 (30-35)

	重要ではない	あまり重要ではない	どちらともいえない	やや重要	とても重要
A．家族と自分の生活に十分な自由時間が割けること	1	2	3	4	5
B．管理職との良好な関係が維持できること	1	2	3	4	5
C．失業の心配がないこと	1	2	3	4	5
D．協力できる人と働けること	1	2	3	4	5
E．上司が意見をよく聞いてくれること	1	2	3	4	5
F．昇進の可能性があること	1	2	3	4	5

Q6. 前問の A～F のうちで，あなたの理想的な仕事にとってもっとも重要なものは何ですか。アルファベットで記入してください。

(36)

Q7. もし，仕事をかえる機会があったら，あなたはどうされますか。
　1．もう働きたくない　　　　　4．監督職や管理職につきたい
　2．今の仕事にとどまりたい　　5．自分自身の事業を始めたい
　3．もっと責任のある仕事につきたい

(37)

Q8.（常日勤の方に伺います）あなたの平均的な出勤日の状況を 24 時間法で記入してください（24 時間法では，午前 7 時は 7 時，午後 10 時は 22 時となります）。

A．起床時刻		時		分	(38-41)
B．自宅をでる時刻		時		分	(42-45)
C．出勤時刻（勤務先への到着時刻）		時		分	(46-49)
D．退勤時刻（勤務先をでる時刻）		時		分	(50-53)
E．帰宅時刻		時		分	(54-57)
F．就寝時刻		時		分	(58-61)

Q 9. あなたは自由時間につぎに挙げる事柄をどのくらい行なっていますか。A～Eのそれぞれについて該当する番号に○をつけてください。　　　　　　　　　　　　(62-66)

	だいたい毎日	週に1～2回程度	月に1～2回程度	ほとんどない
A．会社の同僚とのつきあい	1	2	3	4
B．社外の人とのつきあい	1	2	3	4
C．持ち帰り仕事	1	2	3	4
D．メールなどでの仕事上の連絡や指示	1	2	3	4
E．仕事に関する自己研鑽	1	2	3	4

Q 10. 労働時間の短縮で自由時間が増えたさい，あなたは何に使いたいですか。主なものを2つ以内で選んでください。

1. 家族と過ごしたり，家事をする　　4. 自己啓発　　7. 副業
2. 健康維持・向上　　　　　　　　　5. 社会活動　　8. 趣味
3. 友達との交際　　　　　　　　　　6. 慈善活動

(67-68)

Q 11. 企業レベルの労働組合は，つぎのA～Pのような課題にどの程度取り組んでいますか。それぞれについて当てはまる番号に○をつけてください。　　　　　　　　　(69-84)

	まったく取り組んでいない	あまり取り組んでいない	どちらともいえない	かなり取り組んでいる	十分取り組んでいる
A．仕事の保障と雇用の確保	1	2	3	4	5
B．労働時間の短縮	1	2	3	4	5
C．作業量・作業方法	1	2	3	4	5
D．夏季休暇など特別休日や有給休暇	1	2	3	4	5
E．賃上げ	1	2	3	4	5
F．福利厚生	1	2	3	4	5
G．教育訓練	1	2	3	4	5
H．労働災害や職業病	1	2	3	4	5
I．異動	1	2	3	4	5
J．経営施策への影響力	1	2	3	4	5
K．非正規従業員の均等待遇	1	2	3	4	5
L．仕事と家庭（生活）とのバランス	1	2	3	4	5
M．メンタルヘルス	1	2	3	4	5
N．男女の機会均等	1	2	3	4	5
O．未組織労働者の組織化	1	2	3	4	5
P．社会・政治活動	1	2	3	4	5

Q12. 前問のA～Pのうち，今後，労働組合が重点的に取り組むべき上位3つをアルファベットで記入してください。

第1位 ☐　第2位 ☐　第3位 ☐　(85-87)

Q13. あなたは職場で，ご自身がどのように評価されていると思いますか。
 1. まったく評価されていない　　4. かなり評価されている
 2. あまり評価されていない　　　5. 十分評価されている
 3. どちらともいえない　　　　　　　　　　　　　　☐ (88)

Q14. あなたは，会社に対してどんな感じをお持ちですか
 1. 会社についてはまったく関心がない
 2. 会社に対してこれといった感じをもっていない
 3. どちらともいえない
 4. 会社が私に報いてくれる程度に会社につくしたい
 5. 会社の発展のために自分の最善をつくしたい　　☐ (89)

Q15. あなたは，ここ5年間で，社内外の教育訓練やセミナーに参加されましたか
 1. 参加した
 2. 参加しなかった
 3. わが社には，そのような制度はない　　☐ (90)

Q16. あなたの会社の現在の競争力についてうかがいます。A～Jのそれぞれについて当てはまる番号に○をつけてください。 (91-100)

	まったく競争力はない	あまり競争力はない	どちらともいえない	かなり競争力はある	非常に競争力がある
A. 会社のイメージ	1	2	3	4	5
B. 商品やサービスの質	1	2	3	4	5
C. コスト	1	2	3	4	5
D. ブランド	1	2	3	4	5
E. 技術力	1	2	3	4	5
F. 営業力	1	2	3	4	5
G. スケールメリット	1	2	3	4	5
H. アフターケア	1	2	3	4	5
I. 労働力の質	1	2	3	4	5
J. 経営トップの能力	1	2	3	4	5

Q17. 事業所長・工場長・店長の指導力は何を基盤にしていると思いますか。3つ以内で選んでください。
 1. 社内での政治力（根回しや調整力など）
 2. 社内での伝統（以前からある秩序や慣行）
 3. 情熱
 4. 企業家精神
 5. 個人的なカリスマ的才能

(101-103)

Q18. あなたの勤務先の経営者や会社の行動についてうかがいます。A～Fのそれぞれについて該当する番号に○をつけてください。

(104-109)

	まったくそうは思わない	あまりそうは思わない	どちらともいえない	かなりそう思う	まさにその通りと思う
A．経営者の約束事は，きちんと実行されている	1	2	3	4	5
B．経営者は，全部門の活動を完全掌握している	1	2	3	4	5
C．経営者は長期的な到達目標を持っている	1	2	3	4	5
D．経営者は従業員に明確な到達目標を提示している	1	2	3	4	5
E．経営者は，従業員のために取り決められた規定に自らも従っている	1	2	3	4	5
F．会社の行動を方向付けている一連の社是・社訓がある	1	2	3	4	5

Q 19. あなたは，会社との関係でつぎのような事柄についてどのように考えていますか。A～F のそれぞれについて該当する番号に○をつけてください。 (110-115)

	まったくそうは思わない	あまりそうは思わない	どちらともいえない	かなりそう思う	まさにその通りと思う
A．私はいつも，管理者が採用できるアイデアを持っている	1	2	3	4	5
B．私は自分の意見が重要だと思うので，会社の意思決定に参加したい	1	2	3	4	5
C．私は状況が求めるのであれば，管理的な仕事を引き受ける用意がある	1	2	3	4	5
D．私は了解が得られれば，リスクをとる用意がある	1	2	3	4	5
E．誰でも会社のため，なんらかの犠牲を払うのは当然だ	1	2	3	4	5
F．私は時々，自分が大きな機械の歯車のように感じる	1	2	3	4	5

Q20. あなたは，職場でつぎのような事柄についてどのように考えていますか。A～Mのそれぞれについて当てはまる番号に○をつけてください。 (116-128)

	まったくそうは思わない	あまりそうは思わない	どちらともいえない	かなりそう思う	まさにその通りと思う
A．従業員は，会社のためになると思って会社の規則を曲げることがある	1	2	3	4	5
B．グループ内のメンバーは，共通目標を共有している	1	2	3	4	5
C．会社の意思決定において，顧客の立場は無視されがちである	1	2	3	4	5
D．わが社は，縦の統制よりも横の調整で動いている	1	2	3	4	5
E．われわれは競争相手に勝つため，仕事の方法を絶えず改善している	1	2	3	4	5
F．社内では，困難な問題が生じても，たやすく合意が得られる	1	2	3	4	5
G．意見が一致しない場合，みなはすみやかに，丸く治めようと努力している	1	2	3	4	5
H．同僚間の競争は，利益よりも害をもたらすことが多い	1	2	3	4	5
I．職場では，必要な情報は誰でも入手でき活用できる	1	2	3	4	5
J．職場で他人の陰口を言うことは，よくないこととされている	1	2	3	4	5
K．問題が生じた時，最も能力のある人が決定をしていない	1	2	3	4	5
L．職場には，明文化はされていない誰もが従う暗黙の規範やルールがある	1	2	3	4	5
M．プロジェクトは，職場の壁に阻まれることなくうまく機能している	1	2	3	4	5

Q21. あなたは，つぎにあげるような会社の経営や施策に関する事柄についてどのように考えていますか。A～Tのそれぞれについて当てはまる番号に○をつけてください。

(129-148)

	まったくそうは思わない	あまりそうは思わない	どちらともいえない	かなりそう思う	まさにその通りと思う
A．新しいアイデアが即刻活用されず，陳腐化している	1	2	3	4	5
B．わが社は，市場の変化とそれへの対応に遅れがちである	1	2	3	4	5
C．最も重要なことは，市場でリーダー格になることである	1	2	3	4	5
D．市場が要求すれば，わが社は迅速に自己変革できる	1	2	3	4	5
E．現在のビジョンは従業員によい刺激を与えている	1	2	3	4	5
F．会社の目標は，社内の各部門において明確に設定されている	1	2	3	4	5
G．状況によっては，指示や規則が仕事の効率の妨げになっている	1	2	3	4	5
H．部下の全ての質問に答えられなくても，よい管理者でありうる	1	2	3	4	5
I．ひとりの従業員が2人の上司を持っていることがある	1	2	3	4	5
J．仕事の進行過程が指示や規則で，一齣ひとこまを細かく管理されている	1	2	3	4	5
K．会社は，仕事を意味あるものとすることを使命としている	1	2	3	4	5
L．会社は厳格なピラミッド型の秩序になっていない	1	2	3	4	5
M．社内では，従業員の技能水準が競争力の非常に重要な源泉とみなされている	1	2	3	4	5
N．社内の資源（資産や人材など）配分がきちんとしておらず，全体がうまくいっていない	1	2	3	4	5
O．職場で人手が足りなくなったら，その職場の責任者は非正規従業員を雇ってもよい	1	2	3	4	5
P．成功の報酬は，みなの努力の賜物なのに，その職場には還元されていない	1	2	3	4	5
Q．わが社は，非正規従業員にも気を使っている	1	2	3	4	5
R．社員は皆，わが社の将来がはっきりイメージできている	1	2	3	4	5
S．失敗は，学習と成長のためのいい刺激と考えられている	1	2	3	4	5
T．社員は皆，わが社の社会における役割の重要性を自覚している	1	2	3	4	5

Q22. あなたは，つぎのような事柄についてどのように考えていますか。A～Kのそれぞれについて該当する番号に○をつけてください。

	まったくそうは思わない	あまりそうは思わない	どちらともいえない	かなりそう思う	まさにその通りと思う
A．たとえ，そうすることが会社のためになると思っても，従業員は会社の規則に違反してはならない	1	2	3	4	5
B．グループ内では，自分個人のためではなく，皆の共通目標の達成のため最善をつくすべきである	1	2	3	4	5
C．新しいアイデアは，陳腐化する前に，即刻活用すべきである	1	2	3	4	5
D．大変重要なことは，市場の変化を的確に感じとり，それに適宜対応することである	1	2	3	4	5
E．ひとりの従業員が二人の上司を持ってはならない	1	2	3	4	5
F．仕事の進行過程の一齣ひとこまを細かく管理する指示や規則が必要である	1	2	3	4	5
G．会社は厳格なピラミッド型の秩序を持つべきである	1	2	3	4	5
H．社内の資源（資産や人材など）配分をきちんとしないと，全体がうまくいかなくなる	1	2	3	4	5
I．成功の報酬は，みなの努力の賜物なので，その職場に還元すべきである	1	2	3	4	5
J．問題が生じた時，職制でなくても，最も能力のある人が決定をくだすべきである	1	2	3	4	5
K．社員は皆，わが社の社会における役割の重要性を自覚すべきである	1	2	3	4	5

(149-159)

Q 23. あなたの会社の取り組みについてうかがいます。つぎのA～Kのそれぞれについて該当する番号に○をつけてください。 (160-170)

	行っていない	どちらかといえば行っていない	どちらともいえない	どちらかといえば行っている	行っている
A．企業活動に関する法律を厳守している	1	2	3	4	5
B．労働基準法などの労働者保護に関する法律を厳守している	1	2	3	4	5
C．消費者の保護に熱心である	1	2	3	4	5
D．環境の保全に熱心である	1	2	3	4	5
E．得意先との約束を厳守している	1	2	3	4	5
F．製品やサービスの安全確保に熱心である	1	2	3	4	5
G．製品やサービスに関しては最高レベルの質をめざしている	1	2	3	4	5
H．ユーザーへのアフターケアは最大限行っている	1	2	3	4	5
I．企業情報を社会へ向け公開することに熱心である	1	2	3	4	5
J．学術・文化の発展に寄与している	1	2	3	4	5
K．地域に開かれた活動をしている	1	2	3	4	5

Q 24. あなたの会社はつぎのような人たちや組織・機関をどの程度重視していると思いますか。A～Hのそれぞれについて該当する番号に○をつけてください。 (171-178)

	ほとんど重視していない	あまり重視していない	どちらともいえない	かなり重視している	とても重視している
A．取引先	1	2	3	4	5
B．下請け・協力会社	1	2	3	4	5
C．消費者	1	2	3	4	5
D．株主	1	2	3	4	5
E．従業員	1	2	3	4	5
F．労働組合	1	2	3	4	5
G．行政	1	2	3	4	5
H．地域社会	1	2	3	4	5

最後に，データの取りまとめに必要なあなたご自身のことをおたずねいたします。

F1. 通常月の税込み月収　□□万　□千円
　　　　　　　　　　　　　　(179-181)

F2. 学歴
　　1. 中卒　　　　　　　4. 大卒
　　2. 高卒　　　　　　　5. 大学院修了　　　□
　　3. 短大・高専卒　　　　　　　　　　　　(182)

F3. 年齢（満）□□歳
　　　　　　　(183-184)

F4. 性別
　　1. 男性
　　2. 女性　　　　　　　　　　　　　　　　□
　　　　　　　　　　　　　　　　　　　　(185)

F5. 既未婚（共同生活を含む）
　　1. 既婚・子どもあり
　　2. 既婚・子どもなし　　　　　　　　　　□
　　3. 未婚　　　　　　　　　　　　　　(186)

F6. 雇用形態
　　1. 正社員　　　　　　　　　　　　　　　□
　　2. 非正社員　　　　　　　　　　　　(187)

F7. 勤務形態
　　1. 常日勤勤務
　　2. 交替勤務　　　　　　　　　　　　　　□
　　3. その他（　　　　　　　）　　　　(188)

F8. 組合員籍
　　1. 非組合員・組合員の経験はない
　　2. 現在非組合員・組合員の経験はある　　□
　　3. 現在組合員　　　　　　　　　　　(189)

ご協力，たいへんありがとうございました。

Questionnaire

Q 1. What is your current position?

1. Unqualified worker
2. Qualified worker
3. Administrative worker (including sales and marketing)
4. Engineer
5. Supervisor (Lower manager)
6. Middle-Higher manager
7. Other_____

Q 2. How long have you been working in the present company?

_____years

Q 3. Are you satisfied with following working conditions?

	Dissatisfied		More or less		Satisfied
a. Self-actualization of your ability at work	1	2	3	4	5
b. Range of your competence at work	1	2	3	4	5
c. Labor conditions (e.g. light, heating, noise)	1	2	3	4	5
d. Trust between workers and management	1	2	3	4	5
e. Work load	1	2	3	4	5
f. Length of working time	1	2	3	4	5
g. Payments and bonuses	1	2	3	4	5
h. Competence of management	1	2	3	4	5
i. Promotion possibilities	1	2	3	4	5
j. Training and retraining	1	2	3	4	5
k. Security of employment	1	2	3	4	5
l. Equal opportunities for men and women	1	2	3	4	5
m. Welfare provisions in the firm	1	2	3	4	5
n. Interaction with your boss	1	2	3	4	5
o. Interaction with your colleagues	1	2	3	4	5
p. Access to information about organization	1	2	3	4	5

Q 4. What do you think about the meaning of work?

	Entirely disagree		More or less		Completely agree
a. Work gives you status and prestige	1	2	3	4	5
b. Work provides you with income that is needed	1	2	3	4	5
c. Work keeps you absorbed in and excited	1	2	3	4	5
d. Work provides you with social contact with other people	1	2	3	4	5
e. Work is a way for you to serve for society	1	2	3	4	5
f. Work is in itself interesting	1	2	3	4	5

Q 5. Choosing ideal job, how do you think important the following factors are?

	Not important	Not very important	More or less	Important	Very important
a. Free time enough for family and personal life	1	2	3	4	5
b. Having good relations with management	1	2	3	4	5
c. Without the fear of losing a job	1	2	3	4	5
d. Having good workmate to cooperate	1	2	3	4	5
e. Having a boss who listens your opinion properly	1	2	3	4	5
f. Having good career possibilities	1	2	3	4	5

Q 6. What is the most important for an ideal job? Please choose one from a. to f. above and circle it.

a   b   c   d   e   f

Q 7. If you would have an opportunity to change your job, what would you like to do? Please choose one from the below.

1. Not to work any more
2. To keep the current job
3. To get promoted to a position with more responsibility
4. To get to the position of a manager
5. To start to run own business

Q 8. How about your usual time budget in a working day?

	o'clock	minutes
(For example) Getting up	06	30
Getting up		
Leaving home		
Ariving at office		
Leaving the office		
Arriving at home		
Going to bed		

Q 9. How often do you spend your free time for the following activities?

	Almost everyday	Once or twice in a week	Once or twice in a month	Very seldom or not at all
a. Company with people working in the same firm	1	2	3	4
b. Company with people not working in the same firm	1	2	3	4
c. Working at home what are necessary for the firm	1	2	3	4
d. Exchange of information and instruction by e-mail or computer for the job	1	2	3	4
e. Self-education for job	1	2	3	4

Q 10. If you would have more free time due to reduction of working time, what would you prefer to do? (choose TWO)

1. Spend time with family, household chores
2. Healthcare
3. Company with friends
4. Self education
5. Participation in social actions
6. Participation in charity activities
7. Side job
8. Hobby

Q 11. How does the trade union tackle with following issues inside the firm?

	Not at all		Unsure		Enough
a. Job and employment security	1	2	3	4	5
b. Reduction of working time	1	2	3	4	5
c. Quantity and methods of work	1	2	3	4	5
d. Paid holidays	1	2	3	4	5
e. Salaries rise	1	2	3	4	5
f. Welfare provision	1	2	3	4	5
g. Training and education	1	2	3	4	5
h. Labor accident and disease	1	2	3	4	5
i. Transference and rotation of personnel	1	2	3	4	5
j. Increase in workers' influence at managerial decisions	1	2	3	4	5
k. Liquidation of discrimination for irregular employees	1	2	3	4	5
l. Balancing between working and private life	1	2	3	4	5
m. Improvement of mental health	1	2	3	4	5
n. Gender equalization	1	2	3	4	5
o. Unionization of unorganized workers	1	2	3	4	5
p. Social and political actions	1	2	3	4	5

Q 12. What do you think is the most important for the trade union to do? Please choose three from the above a.-p. and write below.

The most important:

The second:

The third:

Q 13. How do you think you are estimated properly at your work?

1. Not at all	2. Less estimated	3. Unsure	4. Rather estimated	5. Greatly estimated

Q 14. What do you feel toward the firm you are working for?
1. I don't care for the firm
2. I feel almost nothing towards the firm
3. Unsure
4. I would apply as much effort, as much will be rewarded by the firm
5. I would put maximum effort toward the firm's success

Q 15. These five years have you attended trainings or seminars organized by the firm inside or outside?

| 1. Yes, I have | 2. No, I haven't | 3. It doesn't happen in our firm |

Q 16. How much do you think your firm is powerful in competition against rivals concerning different aspects below raised?

	Powerless at all		Unsure		Powerful enough
a. Image of the firm	1	2	3	4	5
b. Quality of products and service	1	2	3	4	5
c. Cost	1	2	3	4	5
d. Brand	1	2	3	4	5
e. Technology	1	2	3	4	5
f. Marketing	1	2	3	4	5
g. Scale merit	1	2	3	4	5
h. Aftercare service	1	2	3	4	5
i. Quality of human resources	1	2	3	4	5
j. Capability of Top management	1	2	3	4	5

Q 17. In your opinion, what is the manger's leadership in your plant (establishment) based on? Please choose three from the below.
1. Politics in the organization
2. Traditions in the organization
3. Strong aspiration
4. Entrepreneurship
5. Personal charisma

Q 18. As for the behavior of your firm and management, do you agree the following views?

	Disagree		Unsure		Agree
a. If management promised something, then it will be surely done as promised	1	2	3	4	5
b. Management is sure that it controls activity of all departments	1	2	3	4	5
c. Leaders of organization have long term goals	1	2	3	4	5
d. Management puts clear goals for workers	1	2	3	4	5
e. Leaders & managers follow principles they set for the organization	1	2	3	4	5
f. There is a clear set of principles that are followed by organization in its activity	1	2	3	4	5

Q 19. How do you think of your attitudes toward the firm?

	Disagree		Unsure		Agree
a. I always have ideas that can be approved by management	1	2	3	4	5
b. I would like to take part in company's decision making, because I think my opinion is important	1	2	3	4	5
c. I could take managerial position is situation demand it	1	2	3	4	5
d. I am ready to take risk if it is approved	1	2	3	4	5
e. It is normal to sacrifice something for organization's sake	1	2	3	4	5
f. Sometimes I feel myself a screw in a large machine	1	2	3	4	5

Q 20. How do you perceive the situations of your workplace?

	Disagree		Unsure		Agree
a. Rules of the firm are occasionally disobeyed when an employee thinks it would be in favor of the firm	1	2	3	4	5
b. Workers of any division have equal perspectives	1	2	3	4	5
c. Customers' interests are often ignored in decision making of organization	1	2	3	4	5
d. Our organization relies more on horizontal control and coordination, rather than strict hierarchy	1	2	3	4	5
e. We constantly improve our methods of work to gain advantages over rivals	1	2	3	4	5
f. Agreement is easily achieved even concerning hard problems in organization	1	2	3	4	5
g. During conflict everybody tries to solve it quickly and mutually profitable	1	2	3	4	5
h. Competition between colleagues usually brings more harm than use	1	2	3	4	5
i. Information is available for everyone. One can get any needed information	1	2	3	4	5
j. It is not accepted to talk about people behind their back	1	2	3	4	5
k. Most capable persons don't commit in decisions to solve an urgent problem	1	2	3	4	5
l. We have informal norms and rules which are to be followed by everyone	1	2	3	4	5
m. Projects are coordinated easily through all functional units	1	2	3	4	5

Q 21. How do you perceive the situations of management and policy of your firm?

	Disagree		Unsure		Agree
a. Fresh creative ideas are not actualize on time and become old and obsolete	1	2	3	4	5
b. Management is apt to be behind the time for reacting to changing market	1	2	3	4	5
c. We always try to overcome our rivals	1	2	3	4	5
d. If market demands it, our organization can quickly restructure	1	2	3	4	5
e. Current vision creates stimuli for workers	1	2	3	4	5
f. Goals of organization are clearly set on all organization's levels	1	2	3	4	5
g. In some situations instructions and regulations are obstacles to effective work	1	2	3	4	5
h. It is possible to be a good manager even not knowing answers to all questions of subordinates	1	2	3	4	5
i. In some cases one worker is under two managers	1	2	3	4	5
j. Every process of work is governed in detail by instructions and rules	1	2	3	4	5
k. Company realizes clear mission that gives meaning and sense to work	1	2	3	4	5
l. The order of organization is not hierarchically structured rigidly	1	2	3	4	5
m. Employees qualification is considered to be a very important source of competitive domination	1	2	3	4	5
n. Resources including human resources are not allocated properly nor integrated totally	1	2	3	4	5
o. If department is short on hands, department's leader may hire temporary workers by himself	1	2	3	4	5
p. Reward for success does not go to the department although everyone put an effort	1	2	3	4	5
q. Our organization cares even about temporarily hired workers	1	2	3	4	5
r. We all clearly imagine future of our organization	1	2	3	4	5
s. Failure is considered as a stimulus to learning and development	1	2	3	4	5
t. We realize our input into society and feel our importance	1	2	3	4	5

Q 22. How do you think about the following opinions?

	Disagree		Unsure		Agree
a. Rules of the company must not be disobeyed even if employee thinks that he acts in favor of company	1	2	3	4	5
b. In group everyone must put maximum effort to achieve common goal	1	2	3	4	5
c. New ideas must be applied immediately otherwise they become old and obsolete	1	2	3	4	5
d. It is very important to feel market changes to react contemporarily	1	2	3	4	5
e. It must not happen, that one worker had two managers	1	2	3	4	5
f. Instructions and regulations are needed to govern every process of work	1	2	3	4	5
g. Organization must have strict hierarchy	1	2	3	4	5
h. One needs to control spending of resources strictly, or total disorder will happen	1	2	3	4	5
i. Reward for success must go to department, because everyone put an effort	1	2	3	4	5
j. Most competent representative of group must make decisions even if formally he is not a leader of the group	1	2	3	4	5
k. All the employees should be aware of the important role of the their firm in society	1	2	3	4	5

Q 23. To which extent does your firm pay effort to perform for the following issues?

	Not at all		More or less		Very actively
a. Compliance with the laws for business activities	1	2	3	4	5
b. Compliance with the laws for worker protection	1	2	3	4	5
c. Care and service for consumers	1	2	3	4	5
d. Environmental protection	1	2	3	4	5
e. Trustful relations with customers	1	2	3	4	5
f. Safety and Security of products and services	1	2	3	4	5
g. Realization of the best quality of products and services	1	2	3	4	5
h. Aftercare for users	1	2	3	4	5
i. Publicity of company information for society	1	2	3	4	5
j. Contribution to science and culture	1	2	3	4	5
k. Public activities for local community	1	2	3	4	5

Q 24. How much do you your firm respects the interests of the following agents?

	Not at all		More or less		Fully
a. Customers	1	2	3	4	5
b. Subsidery, subcontract firms	1	2	3	4	5
c. Consumers	1	2	3	4	5
d. Stock holders	1	2	3	4	5
e. Employees	1	2	3	4	5
f. Trade union	1	2	3	4	5
g. Public administration	1	2	3	4	5
h. Local community	1	2	3	4	5

F 1. The amount of your average salary for month (including tax and the like):

　　　　　　　＿＿＿＿＿＿Euro (or else)

F 2. Your education level:
1. Obligatory level (primary or elementary school with 8-9 years)
2. Middle level (secondary or high school)
3. Upper level (two-three years college or similar professional school)
4. High level (university or the higher school as the level of university)
5. Scientific degree (graduate or post–graduate school with diploma)

F 3. Age: ＿＿＿＿＿＿＿years old

F 4. Sex:　　　　1. Male　　　　2. Female

F 5. Marital status:　　1. Married　　　　2. Unmarried

F 6. Employment status:
1. Regular employee
2. Irregular employee (contract, dispatched, casual, part-time and the like)

F 7. Working pattern:　　1. Daytime　　2. Shift　　3. Other (specify＿＿＿＿)

F 8. Union membership:
1. I have never been a member
2. I used to be a member, but not now
3. I am a member at present

　　　　　　　　　　　　　　　　　　　　Thank you for your answer!

Summary

CORPORATE CULTURE IN GLOBALIZATION

Edited by Akihiro Ishikawa, Masamichi Sasaki, Toshimasa Shiraishi and Nikolay Dryakhlov

Published by Chuo University Press, Tokyo 2012

Preface

Masamichi Sasaki

First identified in the 1950s, interest in organizational (and especially corporate) culture grew slowly during the 1960s and 1970s, but took off in the early 1980s as "Japanese management" became the new buzzword in management research and literature both academically and practically. The ensuing interest was driven by academics and consultants as they examined the role of globalization, especially in emerging multinational corporations. Their presence posed a new set of challenges to previously conventional ways of dealing with corporate structures and their integration. Could various types of corporate cultures explain varied corporate performance? The answer appeared to be yes; however, one must be wary of over simplifying as there are dozens of definitions of corporate culture and notable difficulties measuring corporate performance. The literature does reveal a few core conclusions: (a) corporate cultures are unique; (b) they reflect intrinsic values, assumptions, perceptions, norms and behavioral patterns; (c) they constitute an internal force not visible to outsiders; (d) they create energy which moves their members to perform; (e) they control behaviors; and finally(f) they vary widely in strength from one organization to another. These observations led many researchers to propose various differing types of corporate cultures, in an effort to perform more in-depth analyses, including dealing with organizational change.

Unquestionably, globalization has forced profound changes to business environments, through international mergers and acquisitions for example, which have forced corporations to work with many new and different cultures. Whether to adopt or embrace a new cultural partner is a complex issue. The simple answer would certainly be to create a multicultural environment which maximizes a corporation's efficiency and economic performance.

For mature nations, such as Japan, with contracting markets, it is especially important to identify foreign markets to act as substitutes for otherwise lost revenue. Clearly, the time has come for corporations to look beyond their traditional internal cultures and embrace the multitude of cultures outside their own spheres. This is the common recognition of corporations in our globalized world.

Introductory Chapter: Intention of the Research

A. Ishikawa, M. Sasaki, T. Shiraishi and N. Dryakhlov

Each industrial country has developed its own corporate culture rooted in its particular national culture and conditioned by its economic and political situations. Under globalization, however, it is going through the radical changes that are presumed to bring forth a kind of anomie at work and in society together with a deterioration of working life. If the corporation should perform a role of intermediating the individual workers to society, rebuilding of the corporate culture would be necessitated for social integration and economic development. Having such an assumption as a background, we have carried out an international joint research with three key words: corporate culture, corporate social responsibility and the quality of working life.

This research was conducted in 2007-2008 by means of a questionnaire survey over the employees of machine manufacturing companies and large-scale retail shops in eight countries: China, Czech Republic, Estonia, Finland, Germany, Japan, Slovakia and Russia. The majority of chapters in this volume are the products of comparative analyses of the international data. Besides those countries, colleagues from Belgium, Poland and Sweden joined us with their own research outcomes to contribute to this volume.

Part I: Corporate Culture, Corporate Social Responsibility and the Quality of Working Life

Chapter 1:
Corporate Social Responsibility and Corporate Culture

Akihiro Ishikawa

This chapter aims at finding a relationship between the pattern of corporate culture and the activities of the corporation with respect to social responsibility. Data are from our international joint research referred to in **Introduction**.

As for corporate culture, it is assumedly consistent of the following five subcultures: "Integration-oriented culture" (e.g. employees are integrated in an organization by sharing the common target and values, and consensus formation is practiced in any case of problem solving), "Innovation-oriented culture" (e.g. the organization adjusts itself properly to the changes of market by actualizing new ideas and constantly improving work method), "Formality-oriented culture" (e.g. organizational structure is tightly hierarchical with strictly defined rules), "Participation-oriented culture" (e.g. employees are ready to propose their own ideas to management and eager to devote themselves to the success of their firm), and "Leadership-based culture" (e.g. management maintains a clear long-term target and presents it employees openly to mobilize them with trustfulness).

Activities of the corporation in terms of social responsibility are classified into two categories: "Business-related responsibility" (e.g. low compliance; cares and services for consumers; high quality of products and services; strict observance of the promises with customers; protection of environment, proper after-care service for users) and "Society-related responsibility" (e.g. disclosure of corporate information to society; contribution to the development of science and culture; engagement in community affairs).

Analysis of Japanese data reveals that the active engagement in "Business-related responsibility" is significantly correlated with "Leadership-based culture", while "Society-related responsibility" is with "Innovation-oriented culture". Relations between the pattern of corporate culture and the activeness of corporations for social responsibility are diverse from one country to another.

Chapter 2:
Corporate Governance and Employees' Working Life:
An International Comparison

Toshimasa Shiraishi

This chapter figures out the perception of employees concerning the governance of their firms: in China, Czech Republic, Estonia, Japan and Slovakia.

Firstly, the author raises five types constructed by employees' perception regarding whom the greatest importance is attached to in their firm: "stock holders", "employees", "both stock holders and employees", "others" and "difficult to say". Then, correlation of those types with job satisfaction, employees' attitudes toward their firm, the degree of autonomy of their working group in the firm, the competitiveness of their firm and the activities of the trade union are analyzed.

As far as the Japanese case is concerned, the "stock holder" type, compared to other types of corporate governance, displays lower job satisfaction and less autonomy of the working group, and the union engagement in managerial issues is played down in this type.

Chapter 3:
Work-Life-Balance Problems in the Japanese Context:
From an International Comparison of Employees' Daily Time Budget

Yoshinobu Kobayashi

The author analyzes the daily time budget of employees in five countries (China, Estonia, Germany, Japan and Slovakia) to reveal the problems of work-life-balance in the Japanese context. Data for analysis is obtained from the international joint research on corporate culture.

Japanese employees spend in average 11 hours and 40 minutes in their workplace, while those of other surveyed countries spend less than 9 hours and a half. This produces at least two problems: Firstly, they do not have time enough to engage themselves in social and cultural activities, to enjoy recreations, nor to have a happy family circle. Secondly, there is an accumulation of fatigue that might damage their physical and mental conditions of health.

There have been proposals and attempts by the Government and some socio-economic associations to improve the conditions of work-life-balance by decreasing the actual working time, but with insufficient effects so far. At present it is noticeworthy how the disaster by the catastrophic earthquake and tsunami in March 2011 would affect the time budget structure of Japanese employees.

Chapter 4:
Corporate Social Responsibility as a Predictor of the Factors at Individual and Organizational Levels

Ülle Übius and Ruth Alas

The purpose of this chapter is to investigate how corporate social responsibility would predict the factors of working life at the individual and the organizational levels. The survey was conducted in Estonian and Japanese retail stores, electronic and machine-building enterprises in the framework of the international joint research on corporate culture. Data from two countries were compared by means of the ANOVA test. Linear regression analysis was carried out in order to analyze the connections between corporate social responsibility on one side, and job satisfaction, meaning of work, attitudes toward the firm, powerfulness of the firm in competition against rivals, behavior of management and policy of the firm on the other.

The results of this empirical study in Estonia and Japan indicate significant differences, as well as similarities, in individual factors–job satisfaction, meaning of work, attitude toward the firm; and also in organizational factors–competitive power of the firm, behavior of management, policy of the firm; and in 2 facets of corporate social responsibility–the firm's performance concerning social issues and the firm's respects concerning the interests of agents. Corporate social responsibility predicts job satisfaction, meaning of work, competitive power of the firm, behavior of management and policy of the firm, but it varies between countries. Two models are developed to explain how corporate social responsibility predicts the factors at the individual and the organizational levels in Estonian and Japanese enterprises.

Chapter 5:
Corporate Culture and Satisfaction at Work

Jocelyne Robert and Aigul Asfarova

This chapter is composed of two parts: First, to reveal the job satisfaction in the Belgian context and its relationship with corporate culture by using the data of the researches conducted in 2005 and 2007, and second, to display the views of the personnel managers concerning corporate culture, corporate social responsibility (CSR) and employees' job satisfaction.

Main findings in Part 1 are that (1) job satisfaction by Belgian employees was enhanced between 2005 and 2007, and (2) corporate culture and the stability of a given firm play a significant role as the determinants of job satisfaction. Part 2 figures out a difference of the definition of corporate culture between different firms, as well as a variety of CSR activities among firms that are clasified into four models: "Rational", "Relational","Learning"and "Quality".

Chapter 6:
Corporate Culture, Job Satisfaction and Economic Efficiency: An International Comparison

Vladimir Davydenko, Evgenyi Gaidarzhi and Elena Andrianova

This chapter aims at finding a correlation between corporate culture on one hand, and job satisfaction and economic efficiency on the other, by analyzing the data from the international joint research on corporate culture. The authors set up four types of corporate culture: "Adhocracy", "Hierarchy", "Clan" and "Market", to observe a spread of those types in different countries, and then look into a statistical correlation between each of those types and the degree of job satisfaction as well as economic efficiency in the perception of respondents.

Main findings are as follows. Firstly, the two types are predominant commonly in surveyed countries: "Adhocracy" and "Clan". Certainly, those two types of corporate culture are indispensable by the management for flexible adaptation to external market conditions as well as for integration and coordination in internal organizational situations. Secondly, the relations between the type of corporate culture on one side, and job satisfaction and economic efficiency on the other, are diversified from one country to another.

Job satisfaction and economic efficiency are also analyzed in relations to the social climate for consensus formation at work, and a positive correlation between those factors is found in each surveyed countriy.

PART II: DYNAMICS OF CORPORATE CULTURE IN NORTHERN EUROPE

Chapter 7:
Changes of Corporate Behavior and Corporate Social Responsibility

Erkki Asp

In globalized economy, many of the firms in industrially advanced countries are transferring their production bases to less developed countries to seek lower labor costs and higher profits. This means a frequent occurrence of the closure of plants accompanying the redundancy of workers and the deterioration of local life. Finland is one of those cases.

Traditionally, the Finnish corporate culture was based on trust between employers and employees and the corporate behavior followed the ethic disciplines. However, such culture and behavior have been deteriorated by the wave of globalization and replaced by the spirit of open money-seeking. In former time employees were regarded as an essential treasure of the firm, but today they are treated as one of the means for profit-making. This trend accompanies necessarily a decline of the sense of corporate social responsibility.

On the other hand, according to our international joint research on corporate culture, working life seems not to become worse, as far as the employees of the firms still functioning in Finland are concerned.

Chapter 8:
Changes in Trust Capital: What are the Impacts of Globalization?

Veli Matti Autio

Globalization means the dominance of international trade, the increase of transnational investment, the international transference of technology, the reduction and abolishment of state regulations, the transborder emigration/immigration of workforces and so on, that means the emergence and enlargement of borderless market. It is doubtful, however, whether these economic processes would unify different local cultures into a universally homogeneous culture. There would emerge social tensions and conflicts between those two processes. In Finland this problem is clearly noticeable in the firms that have closed plants to move abroad. Employees lose their trust on management.

The author concludes by using Hofstede's parameter that globalization has brought on the enlargement of power distance between management and employees, the spread of managerial individualism, the higher level of man-like aggressiveness, and the increase of a sense of uncertainty among employees.

Chapter 9:
The Swedish Model under Global Pressure: Corporate Culture, Labor Market Organization and Atypical Employment

Simon Flyman

As in most other advanced capitalist economies of the world, the number of atypical employees has increased drastically in Sweden in later years. Yet, the situation in Sweden is in many respects different from that in other countries.

Starting out from a discussion of the Swedish model, this chapter displays the situation of part-time employees and temporary help agency workers in the Swedish labor market. In contrast to countries such as Japan and the US, the hourly earnings of part-time workers are on par with full-time workers and atypical workers of all sorts are covered by the social security system.

Such differences indicate that atypical employment is conditioned to a large extent by the surrounding national political measures and the overall organization of the labor market. The Swedish labor market has been typically characterized by high labor union density, high female participation and the dominance of collective agreements over labor legislation. Even though the Swedish model has been through some changes in later years, many of the main characteristics are still present and seem to play a regulatory role in the atypical employment sector as well.

PART III: DYNAMICS OF CORPORATE CULTURE IN CENTRAL EUROPE

Chapter 10:
Corporate Culture of Czech and Slovak Firms:
Compared to Firms of Other Surveyed Countries

Pavel Kuchař

This chapter displays some results of the international joint research on corporate culture. It analyzes the characteristics of Czech and Slovak firms by comparing them with those of other countries that participated in the joint research.

The term "corporate culture" was operationalized as an intersection of the employees' attitudes toward work and work environment on one side, and the firm organisational rules on the other. The attitudes toward work and working environment were explored by means of the traditional indicators used in social climate surveys, such as the opinions on a sense of the work performed, the images of an ideal job and the evaluation of working conditions. This chapter aims at analyzing the rules of managerial and employees' behavior in a firm, and their opinions on the mutual relations between employees and their organisation.

Corporate culture is analyzed hereby from three dimensions: The managerial behavior (or employees' reliability on management), the mode of business management, and the pattern of interrelations inside the firm. Generally, both Czech and Slovak employees have commonly positive attitudes toward their firms. However, concerning the attitudes toward the management of their firm, Slovak employees are more critical than Czech colleagues.

Chapter 11:
Working Life under Changing Corporate Culture in Slovakia

Monika Čambáliková and Monika Čambáliková (Jr.)

This chapter is devoted to indicating some selected aspects of the corporate culture in Slovakia, focusing on the working life and its changing and persistent patterns under globalization and economic development.

The basic data was provided by the international joint research which the University of Višegrad in Sládkovičovo (in Slovakia) participated in.

This chapter firstly describes in short the general aspects of the economic, legal and business environments to provide the background information for understanding of the corporate culture and working life in Slovakia; followed then by a summary of the survey results (supplemented with some results from another national survey by the authors) regarding the characteristics of working life and its changing pattern.

Changes are noticed in (1) individualization and the dominance of competition, (2) longer working time, (3) emphasis on efficiency and achievement, and (4) greater uncertainty of employment, while the following traits are unchanged, namely (1) avoidance of open conflict, (2) no attempt of harsh labor disputes, (3) respect of hierarchical order, (4) self-restriction under the superior and, (5) strong concern of family life.

Chapter 12:
Corporate Culture as an Independent Valuable:
Studies on Management in Polish Manufacturing Companies

Piotr Chomczyński

The main aim of this chapter is to present some selected results of a research regarding the corporate culture of Polish manufacturing companies. The research was conducted in 55 manufacturing enterprises by using a standardized questionnaire with the samples of 440 managers of top and middle levels.

The research relies methodologically upon the idea of Trompenaars and

Hampden-Turner in their cross-national research of corporate culture. In his study the author with his co-researchers investigated the cultural differences between organizations located in four cities in Poland–Warsaw, Łódź, Poznań and Rzeszów. The differences between values and norms that relate to private life and professional life are also investigated.

Regarding managers' consciousness, we could not find any significant differences between four cities. Their consciousness seems to be independent from locality and gender, but is homogeneous due to a commonness of their job function as a manager. In professional life they are human network oriented, rather than meritocracy oriented, while in the private realm it is not as such.

Chapter 13:
Trust Culture of Multi-national Corporations in Poland during the Time of Transformation: Theory and Practice

Zofia Rummel-Syska

Trust is essential to social institutions, governments, economies and communities in order for them to function properly. It is an inevitable condition for productive human relationship and a base of effective changes in organization. Trust in labor relations in the corporation is a case. The aim of this chapter is to present trust and truth as essentially important values in management. The research compasses the time of changes from planned to business economy in Poland and the time of cultural changes on the turn of XX and XXI century. The author presents the culture of trust at the global automobile companies in Poland in 1992-2002, based on her research and practice as one of directors there.

The theory of trust in this article stems from social sciences. The notion of trust in leadership and management has a long history. Its importance was indicated first by ancient philosophers. Trust was always an important factor in effective management, but recently some institutions and administrations have forgotten to include it in their value system or mission statement. All companies with high reputation would always put trust as the basic value in their Codes of Ethics.

This chapter presents that trust and truth are the indispensable conditions for a human relationship between managers and employees in order to keep the effectiveness and the overall success of a company. The chapter will present theory and practice of trust, by raising a question: What should be done to implement and cultivate trust culture in the company? This presentation is expected to contribute to the actualization of trust in practice. This is given a lot of attention in the turbulence time of economic crisis in the world.

PART IV: DYNAMICS OF CORPORATE CULTURE IN RUSSIA

Chapter 14:
Trust and Ethic Problems of Doing Business Internationally: The Russian Pecularities

Liudmila Simonova

This chapter intends to present the meaning of business ethics and the role of trust in the context of present Russia. The analysis of this topic is indispensable also for foreign companies doing business in Russia. Sources and dynamics of trust in business transactions are analyzed as well. By describing the Russian business practice, the author reveals the main essence of *trust problem* and its key role in international strategic alliances and joint ventures. Conditions and obstacles of its emerging are also discussed.

As a general conclusion, the traditional category of "economic rationality" in classic economics should be compensated by the category of "ethic rationality" in globalized business activities.

Chapter 15:
Russian Peculiarity of Corporate Culture:
A Comparative Analysis by Hofstede's Parameters

Gulnara Romashkina

This chapter aims at figuring out the Russian characteristics of corporate culture by using Hofstede's parameters for measuring the national culture of different countries: "Individualism vs. Collectivism", "Power Distance", "Man-like Society vs. Woman-like society" and "Avoidance of Uncertainty". Following each of these parameters, the author illustrates firstly the note-worthy views on Russian national character described by Russian sociologists and philosophers, and then displays some findings of the empirical research on "Corporate Culture and Informal Economy in Russia" conducted in Tyumen (located in the central part of Russia) and two other areas.

Geographically Russia is located between East and West. Concerning corporate culture, Russia is situated rather to the side of East in terms of "Collectivism" (relying on others) and is weak in terms of "Avoidance of Uncertainty" (not ready for risk, weak willingness to control the future). As for "Power Distance", it is changeable affected by socio-economic changes and is a significantly differed between regions: In an advanced area like Moscow and Tyumen the equality-oriented culture in organization is wide-spread, while in a stagnant local area a hierarchy-oriented culture is still dominant.

Chapter 16:
The Place and the Role of Corporate Culture for the Formation of Professional Culture in Russia

Nikolay Dryakhlov and Anna Kalekina

In the globalized environment, training and recruitment of the professionals who are capable to work internationally under different cultures is of great necessity. There must be a universal professional culture.

This chapter firstly displays a conceptual structure of the professional culture that is composed of the value-orientations which professional responsibility and conscience stem from; secondly analyzes the relations between professional culture, working subjects and external environment; and finally maintains the interactions of professional culture and corporate culture.

The conclusion is that a formation of professional culture among the working subjects in Russian and multi-national firms would bring on the significant socio-economic effects on Russian society by developing the human resources qualitatively.

PART V: DYNAMICS OF CORPORATE CULTURE IN CHINA

Chapter 17:
Significance and Characteristics of the Chinese Model of Corporate Culture

Shi-zhong Zhang

The Chinese model of corporate culture stems from the modern socialist system and the traditional Sino-centric thought. It is built of social harmony and human-oriented management. The essence of traditional Chinese culture founded by Kong Zi (Confucius), Lao Zi and Sun Zi is adopted in the Chinese model of corporate culture. "Harmony" is an essential thought of the Chinese traditional culture, and Chinese socialism is struggling for its realization in society.

For the construction of harmonious society, harmonious corporate culture is indispensable. Harmony in this context means the harmony of individual personality, the harmony between individual persons, between individual persons and the corporation, between the corporation and society, between the corporation and the natural environment, etc. An ideal of the realization of harmonious society requires the corporation to share social responsibility.

The Communist Party and the Government pay great efforts to build and spread the relevant corporate culture in enterprises by mobilizing not only management but labor unions, youth organizations and working people.

Chapter 18:
Corporate Culture of the Privatized Enterprise in China: The Cases of Manufacturing Sector in the North-Eastern Region of China.

Lei Bei

In accordance with a rapid economic development the situations of working life are radically changing in China. It brings forth serious problems in management and labor, and requires a building-up of proper corporate culture particularly in privatized enterprises. In order to build a corporate culture, it is indispensable for management and employees to share common views and values as to company life.

The author analyzes the data of the international joint research of corporate culture, focussing on employees' views and values regarding on their work, firm and union. According to her findings, the orientation of working life and personnel management is meritocratic and this orientation is accepted largely by employees; employees are inclined to achieve a sense of self-fulfilment by means of their job performance in a given enterprise, and their loyalty and identity with the enterprise is quite strong.

Corporate culture in the privatized enterprise is assumedly based on a sense of the common destiny shared by both management and employees. They regard their enterprise as a "community". Previously the state enterprise was also said to be a "community" based on socialist ideology of "The master of an enterprise is workers", while today's sense of the enterprise community stems from the collective sense of employees whose orientation is to enrich their own life by performing a job effectively in their enterprise.

ANNEXED CHAPTER

Some Outcomes of the International Joint Research (1): Focussing on Corporate Culture

Akihiro Ishikawa

These annexed two chapters give an outline of the outcomes of our international joint survey on corporate culture (See **Introduction**), which include mainly three issues: corporate culture, corporate social responsibility and the quality of working life in globalized environments. This chapter deals with corporate culture and corporate social responsibility in international comparative perspectives, while the next chapter concerns with working life. For reference, those issues are not measured by any objective indicators but constructed by employees' perception of their firms, so that there might be in the data the biases produced by a difference of the frame of reference between employees from different countries.

In the questionnaire of the survey there are 39 questions regarding corporate culture. By means of factor analysis three types of corporate culture have been extracted: "Integrative type", "Informal type" and "Anomy type". In the surveyed countries except Japan and Finland, "Integrative type" is predominant, but in Japan "Anomy type" is more visible than others.

Concerning the corporate social responsibility in the Japanese context, the compliance with labor standard law and the respect for employees' interests are fairly low compared to other countries, particularly Germany. In surveyed countries except Germany the trade union is not respected by the firm so much as customers, subcontractors, consumers, stock holders, public administration or local community.

Some Outcomes of the International Joint Research (2): Focussing on Working Life

Shin Oguma

The focus of this chapter is left on the attitudes of employees regarding their working life in different countries. The data shows that Japanese regular employees are not satisfied with their working life so much as those of other countries and have a strong desire to keep more free time for their private life. Concerning their attitudes toward the firm, those who involve themselves strongly in company life are not many, while most of those maintain the "give-and-take" relations with the firm.

Authors (alphabetical order of the family name)

Ruth Alas: Professor, Estonian Business School, Tallinn, Estonia.

Elena Andrianova: Associate Professor, Tyumen State University, Tyumen, Russia.

Aigul Asfarova: Assistant, HEC-ULG Management School, University of Liège, Liège, Belgium.

Errki Asp: Emeritus Professor, Turku University, Turku, Finland.

Veli Matti Autio: Independent Researcher, Aidasmaentie 32B, Helsinki, Finland.

Lei Bei: PhD Candidate, Graduate School of Social Sciences, Waseda University, Tokyo, Japan.

Monika Čambáliková: Senior Research Fellow, Institute for Sociology, Slovak Academy of Sciences, Bratislava, Slovakia.

Monika Čambáliková (Jr.): Lecturer, Sládkovičovo University, Sládkovičovo, Slovakia.

Piotr Chomczyński: Assistant Professor, Institute of Sociology, Łódź University, Łódź, Poland.

Nikolay I. Dryakhlov: Professor, Faculty of Psychology, Moscow State University, Moscow, Russia.

Vladimir Davydenko: Professor, Tyumen State University, Tyumen, Russia.

Simon Flyman: PhD Candidate, Department of Sociology, Stockholm University, Stockholm, Sweden.

Evgenyi Gaidarzhi: Assistant Professor, Tyumen State University, Tyumen, Russia.

Akihiro Ishikawa: Professor Emeritus, Chuo University, Tokyo, Japan.

Anna Kalekina: Associate Professor, Omsk State University, Omsk, Russia.

Yoshinobu Kobayashi: Director, Global Research Institute for Industrial Relations, Tokyo, Japan.

Pavel Kuchař : Associate Professor, Faculty of Social Sciences, Charles University, Prague, Czech Republic.

Shin Oguma: Research Fellow, Labor Research Council, Tokyo, Japan.

Jocelyne Robert: Professor, HEC-ULG Management School, University of Liège, Liège, Belgium.

Gulnara Romashkina: Professor, Tyumen State University, Tyumen, Russia.

Masamichi Sasaki: Professor, Chuo University, Tokyo, Japan.

Toshimasa Shiraishi: Special Research Fellow, Labor Research Council, Tokyo, Japan.

Liudomila Simonova: Professor, Tyumen State University, Tyumen, Russia.
Zofia Rummel-Syska: ODP Consulting, Warsaw, Poland. (Visiting Professor, Assumption University, Bangkok, Thailand).
Ülle Übius: Researcher, Estonian Business School, Tallinn, Estonia.
Shi-Zhong Zhang: Director, Service Center for Medium-and Small-Scale Businesses in Shen-Yang City, China.

Cooperators in International Joint Research

Görgy Széll: Professor Emeritus, Osnabrück University, Osnabrück, Germany.
Claudia Westerhus-Germann: PhD Candidate, Osnabrück University, Osnabrück, Germany.

執筆者・翻訳者・調査協力者紹介（姓 50 音順）

執筆者

ヴェリ・マッティ・アウティオ
　　　　　　　　　独立調査研究者，前トゥルク大学助手（フィンランド）
エルッキ・アスプ　トゥルク大学名誉教授（フィンランド）
アイグル・アスファロヴァ
　　　　　　　　　リエージュ大学 HEC-ULG 経営学院助手（ベルギー）
ルート・アラス　　エストニア・ビジネス・スクール教授（エストニア）
エレナ・アンドリアノヴァ
　　　　　　　　　チュメン国立大学助教（ロシア）
石　川　晃　弘　　中央大学名誉教授，
　　　　　　　　　中央大学社会科学研究所客員研究員（日本）
小　熊　　　信　　労働調査協議会調査研究員，
　　　　　　　　　中央大学社会科学研究所客員研究員（日本）
エヴゲニイ・ガイダルジ
　　　　　　　　　チュメン国立大学助教（ロシア）
アンナ・カレーキナ　オムスク国立大学准教授（ロシア）
パヴェル・クハシュ　カレル大学社会科学部准教授（チェコ）
小　林　良　暢　　グローバル産業雇用総合研究所所長（日本）
佐々木　正　道　　中央大学文学部教授，
　　　　　　　　　中央大学社会科学研究所研究員・幹事（日本）
リュドミラ・シモノヴァ
　　　　　　　　　チュメン国立大学教授（ロシア）
白　石　利　政　　労働調査協議会客員調査研究員・元常務理事（日本）
ヴラヂミール・ダヴィデンコ
　　　　　　　　　チュメン国立大学教授（ロシア）
モニカ・チャンバーリコヴァー
　　　　　　　　　スロヴァキア科学アカデミー社会学研究所主任研究員
　　　　　　　　　（スロヴァキア）

モニカ・チャンバーリコヴァー（ジュニア）
　　　　　　　　　　スラートコヴィチョヴォ大学講師（スロヴァキア）
張　　世　　忠　　中国遼寧省瀋陽市中小企業サービスセンター主任（中国）
ニコライ・ドリャフロフ
　　　　　　　　　　モスクワ国立大学心理学部教授（ロシア）
シモン・フライマン　ストックホルム大学博士課程生（スウェーデン）
北　　　　　蕾　　早稲田大学大学院アジア太平洋研究科博士後期課程在籍，
　　　　　　　　　　中央大学社会科学研究所準研究員（中国）
ピオトル・ホムチンスキ
　　　　　　　　　　ウーチ大学社会学研究所助教（ポーランド）
ユッレ・ユビウス　　エストニア・ビジネス・スクール研究員（エストニア）
ゾフィア・ルンメル＝シスカ
　　　　　　　　　　タイ国アサンプション大学客員教授，
　　　　　　　　　　ODPコンサルタント（ポーランド）
ジョセリーヌ・ロベール
　　　　　　　　　　リエージュ大学HEC-ULG経営学院教授（ベルギー）
グルナラ・ロマシュキナ
　　　　　　　　　　チュメン国立大学教授（ロシア）

翻訳者

石　川　晃　弘　　前出
北　　　　　芳　　中央大学大学院文学研究科博士後期課程在籍，
　　　　　　　　　　中央大学社会科学研究所準研究員（中国）

調査協力者

クラウディア・ヴェスターフス＝グラウマン
　　　　　　　　　　オスナブリュック大学博士課程生（ドイツ）
ジェルジ・セール　　オスナブリュック大学名誉教授（ドイツ）

グローバル化のなかの企業文化
―国際比較調査から―
中央大学社会科学研究所研究叢書 25

2012 年 2 月 10 日　発行

編著者　　石　川　晃　弘
　　　　　佐々木　正　道
　　　　　白　石　利　政
　　　　　ニコライ・ドリャフロフ

発行者　　中 央 大 学 出 版 部
代表者　　吉　田　亮　二

〒192-0393　東京都八王子市東中野 742-1
発行所　中 央 大 学 出 版 部
電話 042(674)2351　FAX 042(674)2354
http://www2.chuo-u.ac.jp/up/

ⓒ 2012　　　　　　　　　　　　　電算印刷㈱
ISBN 978-4-8057-1326-6

中央大学社会科学研究所研究叢書

1　自主管理の構造分析
　　　－ユーゴスラヴィアの事例研究－

中央大学社会科学研究所編

Ａ５判328頁・定価2940円

80年代のユーゴの事例を通して，これまで解析のメスが入らなかった農業・大学・地域社会にも踏み込んだ最新の国際的な学際的事例研究である。

2　現代国家の理論と現実

中央大学社会科学研究所編

Ａ５判464頁・定価4515円

激動のさなかにある現代国家について，理論的・思想史的フレームワークを拡大して，既存の狭い領域を超える意欲的で大胆な問題提起を含む共同研究の集大成。

3　地域社会の構造と変容
　　　－多摩地域の総合研究－

中央大学社会科学研究所編

Ａ５判462頁・定価5145円

経済・社会・政治・行財政・文化等の各分野の専門研究者が協力し合い，多摩地域の複合的な諸相を総合的に捉え，その特性に根差した学問を展開。

4　革命思想の系譜学
　　　－宗教・政治・モラリティ－

中央大学社会科学研究所編

Ａ５判380頁・定価3990円

18世紀のルソーから現代のサルトルまで，西欧とロシアの革命思想を宗教・政治・モラリティに焦点をあてて雄弁に語る。

5　ヨーロッパ統合と日欧関係
　　　－国際共同研究Ⅰ－

高柳先男編著

Ａ５判504頁・定価5250円

ＥＵ統合にともなう欧州諸国の政治・経済・社会面での構造変動が日欧関係へもたらす影響を，各国研究者の共同研究により学際的な視点から総合的に解明。

6　ヨーロッパ新秩序と民族問題
　　　－国際共同研究Ⅱ－

高柳先男編著

Ａ５判496頁・定価5250円

冷戦の終了とＥＵ統合にともなう欧州諸国の新秩序形成の動きを，民族問題に焦点をあてて各国研究者の共同研究により学際的な視点から総合的に解明。

中央大学社会科学研究所研究叢書

坂本正弘・滝田賢治編著
7 現代アメリカ外交の研究
A5判264頁・定価3045円

冷戦終結後のアメリカ外交に焦点を当て，21世紀，アメリカはパクス・アメリカーナIIを享受できるのか，それとも「黄金の帝国」になっていくのかを多面的に検討。

鶴田満彦・渡辺俊彦編著
8 グローバル化のなかの現代国家
A5判316頁・定価3675円

情報や金融におけるグローバル化が現代国家の社会システムに矛盾や軋轢を生じさせている。諸分野の専門家が変容を遂げようとする現代国家像の核心に迫る。

林　茂樹編著
9 日本の地方CATV
A5判256頁・定価3045円
〈品切〉

自主製作番組を核として地域住民の連帯やコミュニティ意識の醸成さらには地域の活性化に結び付けている地域情報化の実態を地方のCATVシステムを通して実証的に解明。

池庄司敬信編
10 体制擁護と変革の思想
A5判520頁・定価6090円

A.スミス，E.バーク，J.S.ミル，J.J.ルソー，P.J.プルードン，Ф.N.チュッチェフ，安藤昌益，中江兆民，梯明秀，P.ゴベッティなどの思想と体制との関わりを究明。

園田茂人編著
11 現代中国の階層変動
A5判216頁・定価2625円

改革・開放後の中国社会の変貌を，中間層，階層移動，階層意識などのキーワードから読み解く試み。大規模サンプル調査をもとにした，本格的な中国階層研究の誕生。

早川善治郎編著
12 現代社会理論とメディアの諸相
A5判448頁・定価5250円

21世紀の社会学の課題を明らかにし，文化とコミュニケーション関係を解明し，さらに日本の各種メディアの現状を分析する。

中央大学社会科学研究所研究叢書

石川晃弘編著

13 体制移行期チェコの雇用と労働

A5判162頁・定価1890円

体制転換後のチェコにおける雇用と労働生活の現実を実証的に解明した日本とチェコの社会学者の共同労作。日本チェコ比較も興味深い。

内田孟男・川原　彰編著

14 グローバル・ガバナンスの理論と政策

A5判300頁・定価3675円

グローバル・ガバナンスは世界的問題の解決を目指す国家，国際機構，市民社会の共同を可能にさせる。その理論と政策の考察。

園田茂人編著

15 東アジアの階層比較

A5判264頁・定価3150円

職業評価，社会移動，中産階級を切り口に，欧米発の階層研究を現地化しようとした労作。比較の視点から東アジアの階層実態に迫る。

矢島正見編著

16 戦後日本女装・同性愛研究

A5判628頁・定価7560円

新宿アマチュア女装世界を彩った女装者・女装者愛好男性のライフヒストリー研究と，戦後日本の女装・同性愛社会史研究の大著。

林　茂樹編著

17 地域メディアの新展開
　　－CATVを中心として－

A5判376頁・定価4515円

『日本の地方CATV』（叢書9号）に続くCATV研究の第2弾。地域情報，地域メディアの状況と実態をCATVを通して実証的に展開する。

川崎嘉元編著

18 エスニック・アイデンティティの研究
　　－流転するスロヴァキアの民－

A5判320頁・定価3675円

多民族が共生する本国および離散・移民・殖民・難民として他国に住むスロヴァキア人のエスニック・アイデンティティの実証研究。

中央大学社会科学研究所研究叢書

19 連続と非連続の日本政治
菅原彬州編
A5判328頁・定価3885円

近現代の日本政治の展開を「連続」と「非連続」という分析視角を導入し，日本の政治的転換の歴史的意味を捉え直す問題提起の書。

20 社会科学情報のオントロジ
―社会科学の知識構造を探る―
斉藤　孝編著
A5判416頁・定価4935円

オントロジは，知識の知識を研究するものであることから「メタ知識論」といえる。本書は，そのオントロジを社会科学の情報化に活用した。

21 現代資本主義と国民国家の変容
一井　昭・渡辺俊彦編著
A5判320頁・定価3885円

共同研究チーム「グローバル化と国家」の研究成果の第3弾。世界経済危機のさなか，現代資本主義の構造を解明し，併せて日本・中国・ハンガリーの現状に経済学と政治学の領域から接近する。

22 選挙の基礎的研究
宮野　勝編著
A5判150頁・定価1785円

外国人参政権への態度・自民党の候補者公認基準・選挙運動・住民投票・投票率など，選挙の基礎的な問題に関する主として実証的な論集。

23 変革の中の地方政府
―自治・分権の制度設計―
礒崎初仁編著
A5判292頁・定価3570円

分権改革とNPM改革の中で，日本の自治体が自立した「地方政府」になるために何をしなければならないか，実務と理論の両面から解明する。

24 体制転換と地域社会の変容
―スロヴァキア地方小都市定点追跡調査―
石川晃弘・リュボミール・ファルチャン・川崎嘉元編著
A5判352頁・定価4000円

スロヴァキアの二つの地方小都市に定点を据えて，社会主義崩壊から今日までの社会変動と生活動態を3時点で実証的に追跡した研究成果。

定価は消費税5％を含みます。